铁血文库

— HOT-BLOOD SERIES —

010

宋毅◎主编

时代文艺出版社

图书在版编目（CIP）数据

铁血文库. 10 / 宋毅 主编. —长春：时代文艺出版社，2016.12

ISBN 978-7-5387-5289-2

Ⅰ. ①铁… Ⅱ. ①宋… Ⅲ. ①战争史－世界 Ⅳ. ①E19

国版本图书馆CIP数据核字(2016)第236815号

出品人 陈琛
产品总监 郭力家
责任编辑 方伟
助理编辑 胡军
装帧设计 孙利
排版制作 陈阳

铁血文库 010

宋毅 主编

出版发行 / 时代文艺出版社
地址 / 长春市泰来街1825号 时代文艺出版社 邮编 / 130011
总编办 / 0431-86012927 发行部 / 0431-86012957 北京开发部 / 010-63108163
官方微博 / weibo.com / tlapress 天猫旗舰店 / sdwycbsgf.tmall.com
印刷 / 三河市万龙印装有限公司
开本 / 710mm × 1000mm 1 / 16 字数 / 257千字 印张 / 13.75
版次 / 2016年12月第1版 印次 / 2016年12月第1次印刷 定价 / 39.80元

图书如有印装错误请寄回印厂调换

内容简介

从 19 世纪末期开始，出于种种原因的考虑，英国开始加强与东亚地区的新兴强国日本的友好关系。在双方几十年较为密切的往来与合作中，一战期间的海军合作因为种种原因经常被人所忽略。然而，在这段时间的合作中，双方可谓各取所需，并且在某种程度上也悄然改变了之后数十年东亚乃至世界的格局。《貌合神离的"蜜月"——英日联盟小史》就讲述了这段英日之间表面友好、内里勾心斗角的历史。

《三国演义》中，曹操与刘备青梅煮酒论英雄，刘备共提到十位群雄，其中就有孙策，但整本《三国演义》中讲他的故事并不多，从出世到征服江东三郡，集中在第十五回。即使熟读《三国演义》的人，对这位江东小霸王也未必有多少了解。《三国英雄谱——江东小霸王孙策传》一文让我们看看这位只活跃了五年的青年，如何从一个懵懂少年，成长为拥有"六郡八十一州"的英雄。

三国末年，河内司马氏掌握了魏国实权，皇帝成了傀儡。公元 263 年（魏景元四年、蜀汉炎兴元年），魏灭蜀汉。公元 265 年（魏咸熙二年、晋泰始元年），司马炎受禅，登基改制，建立晋朝。从东汉末年的军阀混战到三足鼎立，持续了一百多年的乱世，如今距离统一只有一步之遥。《终结三国——晋灭吴之战》便在这样的历史背景之下展开了。

第一次世界大战和俄国内战中，一支由捷克和斯洛伐克战俘为主体组成的部队——捷克军团，不幸成为当时国际权力棋局上的一颗棋子。怀揣着创建国家的梦想，捷克军团成员们或是在法国小镇的废墟中艰苦战斗，或是在意大利的崇山峻岭上侦察敌情，或是艰难地跋涉在无边无际的西伯利亚大铁路上。他们得到过堆山积海的财富，又意外地促成了沙皇一家的死亡。历经残酷的战火、漫长的行军，荣耀和背叛，他们的故事是一战中一个引人入胜的注脚，却渐渐被遗忘在历史的角落……《火中取栗——捷克军团的发展历史和装备概况》将要揭开罩在捷克军团上的神秘面纱，从编制、战史和装备角度详细解读这支近现代历史上的奇异部队。

主编简介

宋毅：《铁血文库》系列 MOOK 主编，中国散文协会会员，上海作协会员，著名历史、军事作家，曾获《现代兵器》杂志 2009 年度优秀作者一等奖等荣誉。出版有《战争特典：隋唐英雄》《壬辰 1592 ：决战朝鲜》《祖先的铁拳：历代御外战争史》等多部畅销历史、军事著作。

宋毅战争史官方微信平台

仅需用微信扫描二维码即可！

QQ 群：123520160

投稿 QQ ：24621756

投稿邮箱：24621756@qq.com

CONTENTS

目 录

貌合神离的“蜜月”

——英日联盟小史

作者：翁伟力

从 19 世纪末期开始，出于种种原因，英国开始加强与东亚地区的新兴强国日本的友好关系。在双方几十年较为密切的往来与合作中，一战期间的海军合作因为种种原因经常被人所忽略。然而，在这段时间的合作中，双方可谓各取所需，并且在某种程度上也悄然改变了之后数十年东亚乃至世界的格局。

引子

在潜望镜的视野内，一艘驱逐舰的轮廓已经清晰可见，它实在是离自己太近了，甚至有可能只有几百米的距离。虽然时值正午，但是它似乎并没有发现有一个暗藏在水下的刺客正在对自己虎视眈眈，对自己即将到来的命运还浑然不觉。

可以说，对于任何一个潜艇艇长而言，这都是个天赐良机。就在这样的情况下，这艘潜艇的艇长果断地下达了攻击的命令："发射！" 鱼雷的航向非常精确，直接击中了驱逐舰的前部。正在用午餐的舰员们顿时陷入了慌乱之中，舰体内燃起的大火瞬间就夺去了不少人的生命……

这是发生在 1917 年 6 月 11 日的一幕。当时，奥匈帝国海军 U–27 号潜艇在希腊克里特岛（Crete）外海袭击了一艘协约国驱逐舰。虽然该舰伤亡惨重，不过最终还是挣扎着返回了港口。不过，就在 U–27 号艇长罗伯特·托伊费尔·冯·费恩兰（Robert Teuflvon Fernland） 看见自己的猎物被成功击中的时候，他或许并没有注意

⊙ 正在下水中的 U–27 号潜艇

到，在这艘舰艇上所悬挂的，既不是米字旗，也不是三色旗，而是一面之前在这一片海域十分稀有的红色太阳旗，而这艘舰船本身也有着一个颇有些诗情画意色彩的名字——“榊”(さかき，罗马拼音：Sakaki)。

⊙“榊”号的姊妹舰“樺”号

日本海军的舰艇是如何从日本海千里迢迢驶向了地中海，在这台前幕后又有哪些鲜为人知的缘由？这些问题的根源，实际上都来自于几十年前的一场意外……

一、当米字旗遇到旭日旗——英日同盟的起源

“不打不相识”的英日合作

作为18世纪以来欧洲乃至全世界范围内无可争议的海上霸主，英国在全世界不断扩张，获取了广阔的殖民地。在此期间，西班牙、荷兰、法国等欧洲大陆强国都曾经对其地位发起挑战，但最终均铩羽而归。除了依靠其强大的海军实力之外，英国还经常使用巧妙的外交手腕，在欧洲大陆推行均势政策，在不断对各方势力进行合纵连横的同时，巩固自身作为欧洲主宰的地位。正如19世纪英国首相亨利·帕麦斯顿（Henry Palmerston）所言，“没有永远的朋友，只有永恒的利益！”

不过，随着时间的推移，到了19世纪中后期，伴随着美国、德国等新兴国家的逐渐崛起，英国一家独大的局面已经被打破。而为了在这样的形势下最大限度地保证其国家利益，英国人开始更加积极地采取结盟策略，依靠其成熟老练的外交手段，借力打力，在世界舞台上纵横捭阖。

就在征服南亚次大陆并且不断向内陆扩展的过程中，英国势力不断向中亚渗透，之后即不可避免地与同样对这一片地区志在必得的沙皇俄国产生对抗。由于受制于多种因素，

英国在这一地域难以投入较大的资源，因此在与沙俄的对抗中显得力不从心。虽然一度在当地也扶持了一系列割据势力，但是这些最终都未能站稳脚跟，反而纷纷被沙皇俄国和清朝消灭。因此，英国深感在这一地区孤立无援，需要寻找到一个可以作为自己盟友的国家。这样的国家必须具有一定的能力，可以对沙皇俄国进行一定的牵制，同时又不能过于强大，以免养虎为患，反而影响到英国的利益。

几乎与此同时，就在东亚地区，也有一个国家正在为谋求他国援助而殚精竭虑。作为中华文化圈的一员，虽然曾经一次次被击退，但是偏居于海上的岛国日本却从来没有放弃过扩张领土的欲望。就在“黑船事件”之后，日本被迫敞开大门，就在日本国内倒夷风潮涌起时，也有一部分人见识到了西方先进技术的有识之士发起倒幕维新的运动，希望学习西方，变法自强。不过，就在维新思想不断传播的过程中，对外扩张的野心也在不断膨胀。不过，此时的日本深知，以自身目前的实力，要想继续获得扩张的机会，必须仰仗于一个强有力大国的帮助，在各方面扶持其成长，直到自身足以独当一面。

一方是需要获得帮手，一方是要获得师父，而就在此时，历史吊诡地将双方合作的契机选择在了一次意外的冲突事件中。1862 年 9 月 14 日，在横滨郊外的生麦村，由于礼节问题，几名英国商人遭到当地武士的砍杀。为了从萨摩藩方面获得赔偿金，英国皇家海军分舰队在 1863 年 8 月开往鹿儿岛，并且在 8 月 15 日与萨摩藩岸炮群展开对射，史称“萨英战争”（Anglo-Satsuma War）。

虽然在战前，英国人和萨摩方面都认为，此战将以己方的胜利而告终，不过，最终的结果却出乎双方的意料。一方面，虽然英军所使用的新式火炮无论是在命中率还是射程方面都远远优于萨摩军所使用的大炮，但是在开战时由于暴风雨来临，英国皇家海军舰艇摇晃严重，难以对陆上目标进行瞄准，因而火炮命中率极低。而萨摩方面虽然占据地利优势，而且英国舰队停泊的地方正好是萨摩军经常举行军演训练的地方，但是由于技术方面的不足依然导致了较大的伤亡。另外值得一提的是，日后在明治维新

⊙ 描绘萨英战争交战场面的绘画

时期扮演重要角色的不少大人物都参与了此战，例如曾经击中英舰的一名炮手名叫大山岩，后来成为日军中最早的元帅，而他所在的炮组中有两名装弹手分别名叫山本权兵卫和东乡平八郎，当然这两位在未来更是以日本海军名将的身份而闻名。

⊙ 在1860年英国伦敦万国博览会上的日本遣欧使团成员

经历了一场两败俱伤的战斗后，双方均意识到合作的价值。一方面，作为世界强国的英国在战前并没有将萨摩藩放在眼里，但是在战斗中却付出了相当大的代价，因此开始对萨摩藩另眼相看，改变了原先支持幕府的方针。而萨摩藩在此战之后也意识到西方军队的实力，痛感军备近代化的必要，放弃了盲目排外，转向维新变法。可以说，这次意外的交火事件在客观上反而促成了萨摩藩与英国的合作，可谓是“不打不相识”。

就在萨摩藩积极和英国等西方国家加强联系的同时，当时日本的实际统治者——德川幕府也意识到闭关政策已经无法延续，也开始和西方国家进行交流。1859年7月6日，首任英国驻日本公使卢瑟福·阿尔科克（Rutherford Alcock，即阿礼国）上任，并在高轮东禅寺辟地作为英国驻日本总领事馆，标志着英日现代外交关系的开始。1860年1月19日，日本历史上第一个访美使团启程前往旧金山港，在之后的访问过程中，使团成员游历了旧金山、华盛顿、纽约等城市，对美国有了初步的了解。此后到了1862年，日本“第一次遣欧使团”（实际上是继1582年和1613年之后的第三次）出发前往欧洲，在此期间40名使团成员相继访问了法国、英国、荷兰、普鲁士、沙皇俄国和葡萄牙。访问的结果，更加加深了日本人学习西方以图自强的决心。

由于在权力斗争上所存在的巨大矛盾，1868年1月1日，以德川幕府所发出的《讨萨表》为标准，戊辰战争正式爆发。从战争的一开始，面对具有优势的幕府军，倒幕军开始了全面的改革。在此期间，英国也向其提供了大量的援助，不仅由英国商人出售了大量的新式枪械火炮，并且英国军队的编制方法也被引入，使得倒幕军被训练成为一支颇具有战斗力的近代化军队。而相比起来，虽然幕府军也进行了一定的改革，但是依然保留了较多的旧军队残余，而这样的差异也很快在战场上得到了验证。倒幕军在战场上相继取得了一系列胜利，尤其是在关键性的鸟羽伏见之战中，幕府军遭到了惨重的伤亡。最终在战场上的败局面前，末代德川幕府将军德川庆喜被迫交出江户城（今日本首都东京），德川幕府时代结束。

⊙ 正在讨论战事的萨摩藩武士，注意后排右侧二人身着西式军服

就在取得了戊辰战争的胜利之后，新成立的明治政府加快了维新变法的步伐，和西方国家的关系更趋紧密，而基于在戊辰战争中和倒幕势力的合作，英国也走在了各国的前列。老谋深算的英国政治家们深知日本的重要性，由于日本独特的地缘优势，使得其具有制衡中国和俄国的价值，而且日本人在之前的一系列战事中所体现出的战斗力也不容小觑，在未来的战争中也有作为英军得力助手的潜质。当然，对于日本人而言，作为当时世界第一强国的英国自然是他们学习的不二对象，而且英国君主立宪制的政体也颇为契合明治天皇本人的胃口——从这点上也就不难理解，为什么明治政府成立宣言却是由英国外交官欧内斯特·萨道义（Ernest Satow）协助草拟完成，而且之后的日本政府架构和当时的英国政府几乎如出一辙。

从世界角度上来看，当时世界上正在经历近代化改革的国家为数众多，但是最终能取得如日本般成就的可谓寥寥无几，而在此期间，英国出力颇多。英国资本在日本进行了大量投资，一大批英国企业开始进入日本市场。同时，一大批来自英国的实业界专家和技术人员受到日本政府和企业聘请来到日本，为其建设出谋划策。

在一系列英日合作的项目中，最为人所熟知的，当数今天在世界上也颇具声名的日本铁路。最初的修建正是来自于英国人的建议：1869 年，时任英国公使的哈利·帕克斯（Harry Parkes，即巴夏礼）向日本政府建议，修建铁路有助于国家的现代化，必须尽快开始修建。日本政府对此颇为动心，在他的推动下，第一条铁路线路的勘测在 1870 年开始。不过就在此时，日本人发现，他们既缺乏足够的资金以推进项目，同时也缺乏相应的技术和人才。在这样的情况下，又是英国人伸出了援手。在帕克斯的引荐下，曾经长期在中国混迹的英国人霍雷肖·纳尔逊·雷（Horatio Nelson Lay，即著名的李泰国）答应帮助日本政府解决这一难题。此人颇有商业头脑，他一方面在伦敦金融市场发行了年息 9% 的铁路债券用以融资；另一方面又和日本政府签订了一份年息 12% 的 10 年期政府贷款协议，换言之，他从中可以赚取至少 3% 的差价。就在日本政府发现其中的猫腻之后，他们便转而通过英国东方银行（Oriental Bank）的银行信贷项目获得投资。不过雷本人也并非毫无贡献，他在英国采购了大量日本政府所急需的工程设备，并且设法招募了大量工程师和技术人员赶赴日本协助进行设计和施工工作。在 1874 年的高峰期时，在日本铁路服务的英国工程技术人员数量达到了 119 人。其中，英国工程师埃德蒙·莫雷尔（Edmund Morell）为日本铁路建设出力甚多，将其生命的最后精力都倾注在了日本铁路事业上，也因此被尊称为“日本铁路之父”。而为了尽快掌握相关的技术，日本方面也派出一部分人员前往英国学习铁路知识，例如，作为日本铁路第一位日籍实际指挥者的井上胜即为伦敦大学学院（University College of London）的毕业生。在英日两国工程人员的共同努力之下，日本第一条铁路——连接首都东京和横滨的铁路的勘测工作于 1870 年 4 月 25 日开始，之后正式动工修建。值得一提的是，这段全长 29 公里的铁路线所使用的轨距为

⊙ 英日关系中的关键人物，英国外交官萨道义（1843—1929），出生于伦敦北部的克莱普顿（Clapton），毕业于伦敦政治经济学院，1862 年到达日本，在日期间出版大量政论文章，后被以《英国政策》之名在日本广为流传，间接推动了明治维新的进程。1872 年在横滨发起成立日本亚洲学会，让之前仅仅由荷兰商人零散整理归纳的日本学发展成为受国际重视的专门学科，期间与日本女子武田兼育有 2 子 1 女（由于其外交官身份，因此他并没有在法律上与其结为夫妻关系）。庚子之变后担任英国驻华大使，参与《辛丑条约》的谈判工作，并且代表英国政府在最终文本上签字，1906 年退职

⊙ 带有鲜明浮世绘风格的大阪火车站绘画

1.067 米，这和英国当时在各个殖民地所修建的铁路规格大体一致。经过近两年的努力，到了 1872 年 6 月 12 日，铁路投入商业运营，初期为日均 2 班往返，在两年后增加到了 6 班。铁路的修建极大地提高了日本国内的交通水平，到了 1891 年，日本全国已有铁路通行里程 887.1 公里。

除了帮助日本发展各种近代工商业之外，英国还设法在日本建立起一系列近代中高等学府，帮助日本培养大量精通西学的各类人才。1873 年，后来大名鼎鼎的工部大学堂（前身为 1871 年成立的工学寮）正式成立，英国人亨利·戴耶（Henry Dyer）成为学校的第一任校长。作为日本当时在技术和人文学科方面的高等学府之一，该校下设自然科学、数学、建筑学、化学、美术学、英语语言文学和工程学等课程，科任教师也大多为英国人。值得一提的是，为了体现学生的良好精神风貌，工部大学堂学生统一穿着深蓝色的立领西式制服，开了日本近代学生装的先河。而这种仿自西方国家陆军制服的“诘襟”，经过多年改良，最终成为现代日本中学男生校服。

提到校服，在这里不妨再提及一下被后世所津津乐道，并且成为

⊙ 富有英式风格的工部大学堂校舍

日本文化一个重要标志的水兵服式校服。这种制服当然也是“舶来品”，而学习的对象则自然是当时的世界第一海军强国英国。由于英国皇家海军在英国国内的崇高地位，因此作为其标志之一的水兵制服成了英国贵族儿童的童装样式的范例。随着水兵服式童装在上流社会的流行，一些贵族学校也将其引入到校服的设计当中。曾经在英国作为交流学生学习的伊丽莎白·李（Elizabeth Lee）对此颇为情有独钟，也正因为如此，在她于 1921 年就任福冈女子大学校长后，她就开始将水兵服引入日本校园，成为女学生制服。由于其式样美观，加之易于剪裁，因此迅速在日本女子学校中普及开，最终成为当今日本女学生校服的主流。

⊙ 大正年间身着水兵服式校服的两名女学生，注意其式样与今天的日本女学生制服在设计剪裁方面存在一定区别

当然，在明治维新期间的一系列进步方面，不得不提的就是新式军队尤其是海军的发展。与日本的岛国性质相对应的，在新式军队中，海军被放在了非常重要的地位。虽然初期日本海军对法国舰艇的设计一度较为推崇，从法国购买了一系列舰艇，但是在实际使用的过程中，日本海军发现，这些舰艇由于设计思想、建造水平等原因，往往华而不实，适航性等指标严重不足，而英国人则不失时机地向日本方面推销其最新建造的舰艇，这让日本方面十分受用。从“浪速”级开始，日本从英国购买了大量新式防护巡洋舰，并且在英国的技术援助下，依靠本国造船厂设法建造了一批同类型战舰，这些舰艇性能在当时居于世界先进水平，为日本海军迅速扩大规模立下汗马功劳。

⊙ 日本海军“高砂”号防护巡洋舰，建造于英国阿姆斯特朗怀特沃斯（Armstrong Whitworth）造船厂

除了从西方购买大批新式战舰之外，日本海军

⊙ 江田岛海军兵学校校舍，同样具有鲜明的英式风格

把人员培养放在了非常重要的地位，特别是在军官教育方面，日本海军几乎全盘参考了英国皇家海军的军官培养模式。1870 年 5 月 4 日，在继承幕府军舰和海军设施的基础上，设在东京驻地的原幕府海军操练所得到恢复，并于 1870 年 1 月 11 日举行了首届学员开学典礼。之后，该校被迁往濑户内海南端的江田岛，日后声名显赫的江田岛海军兵学校就此诞生。从一开始，日本海军就有意识地将其按照达特茅斯皇家海军学院（Britannia Royal Naval College Dartmouth）的模式进行建设，不仅在学制、教材等方面学习英国，连建造学员宿舍用的红砖，都是从千里迢迢之外的英伦三岛采购而来。除了依托本土力量培养技术骨干之外，日本海军还选派了大量青年军官前往国外留学，在这些人中日后也涌现出了一大批具有较高水平的海军将领。

黑手背后的推手

到了 19 世纪末期，日本的工业化建设已经粗具规模，而日本海军也已经成为一支颇为精干的海上力量，日本统治阶级的殖民扩张的欲望也随之不断膨胀。而出于其自身利益考虑，英国人时而左右逢源，利用日本和其对手之间的矛盾从而获得利益，时而推波助澜，直接挑动争端从而获得利益。

⊙ 西乡从道与部分侵台日军合影

早在明治维新刚刚开始，日本就开始蓄谋侵略中国，而目标正是垂涎已久的琉球和台湾。虽然在1609年时，萨摩藩派兵进攻琉球，使其逐渐沦为半殖民地，但是此后一直没有正式吞并，而台湾由于其丰富的物产资源和重要的战略位置也一直为日本所垂涎，一直妄图借机染指。1871年12月，60多名琉球人乘船遭遇台风，漂流到台湾南部登陆，其中54人被台湾土著居民杀害，其他人则被清政府送回国，史称牡丹社事件。事件发生之后，日本认为侵略台湾时机已到，便迫不及待地设立以大隈重信为长官的所谓的"台湾番地事务局"，由陆军中将西乡从道（西乡隆盛之弟）率军进攻台湾。3月23日，日本侵略军在琅乔强行登陆，一路烧杀抢掠，并在龟山设立都督府，妄图霸占台湾。

就在日本侵台后，考虑到战事对英国在台湾的商业利益的打击和对英国在中国沿海贸易的影响，英国政府对日本的侵略行径表示了反对。帕克斯公使本人对日本侵台一事表示出了非常的关切，并且对时任日本外务卿寺岛宗则就出兵台湾一事所做的所谓"台湾地位未定论"的辩解进行了驳斥，指出台湾为中国领土的一部分。此外，英国政府拒绝本国船只被租用给日本方面用于侵台战事，并且带动美国等国共同对战事保持中立态度。

此时的日本政府已经陷入了骑虎难下的境地，侵台日军中暴发瘟疫，减员增多，加之清政府派兵援台，日本政府财力无力支持侵台战争，遂提出与清政府和谈。就在帕克斯对日本政府进行施压的同时，英国驻华公使的托马斯·韦德（Thomas Francis Wade，即威妥玛）开始居中调停，为日本政府解了这一燃眉之急。他貌似"公正"地处理中日之间的矛盾，不过在这样态度之下却掩藏着自己的算盘：开始时，韦德试图以所谓的"保护制度"换取清政府同意开放沿海口岸和河流，并且在云南四川设立领事，在被清政府拒绝后又提出所谓"台土通商"，也没有得到清政府的同意。

1874年10月31日，中日《北京专条》签订，日本在获得了清政府的"赔偿金"后，得以体面地退出台湾。对于韦德的调停，日本人可谓感激涕零，寺岛宗则在当年11月12日曾经专门致信帕克斯，称其"一直在为日中双方的利益而努力，并且最终劝导双方签订了一个使日本政府极为满意的协议"。可以说，此次退出台湾对日本人而言并不算是完全的失败，不仅利用《北京专条》的漏洞确定了对琉球的所谓"统治"，于1879年正式吞并琉球，而且由此拉近了和英国的关系，对日后的一系列事件影响深远。

⊙ 时任英国驻华公使托马斯·韦德（1818—1895），出生于伦敦，其父为皇家苏格兰团第3营少校军官，其母为爱尔兰贵族。1838年被父亲安排进入第81徒步步兵团，后在第98徒步步兵团以中尉身份参加第一次鸦片战争，1847年退役后留华，先后担任英国驻上海副领事、上海海关第一任外国税务司、英国驻华公使馆参赞，期间于1868年发明著名的早期汉语拼音——韦氏拼音，1869年至1882年任英国驻华全权公使，1883年回国，任剑桥大学首任汉学教授

失之东隅收之桑榆，日本在如愿以偿正式吞并琉球之后，胃口大增，新的目标锁定为曾经让丰臣秀吉饮恨不已的朝鲜半岛。而受到之前佩里的“启发”，日本决定也对朝鲜进行一次“炮舰外交”。就在入侵台湾失败之后的1875年5月25日，由井上良馨指挥的日本海军“云扬”号炮舰侵入朝鲜釜山海域，并且和之后到达的“第二丁卯”号炮舰一道在朝鲜海域内进行非法侦察和武力威胁。由于朝鲜方面并没有做出较大抵抗，尝到了甜头的日本海军遂在9月又派出“云扬”号、“第二丁卯”号和“春日丸”号3艘炮舰驶向朝鲜西海岸的军事重地江华岛。在进行武装侦查的过程中遭到驻守的朝鲜军队阻击，日军登陆部队遂以此为借口发起进攻，并且在占领永宗镇后对朝鲜平民展开大规模屠杀，酿成一起惨案。9月22日，日军离开江华岛，“凯旋”归国。

日本依靠武力最终打开了朝鲜的大门，逼迫朝鲜于1876年2月26日签订了不平等的《江华条约》。从此，日本等国的商品如潮水般涌入朝鲜，而朝鲜的粮食等物资则被源源不断地输往日本，这样的掠夺性贸易造成朝鲜国内矛盾激化，动荡不安，而这样的动荡局面又反过来给日本侵略朝鲜制造了口实。1882年朝鲜爆发反对执政的闵妃集团的壬午军乱，日本认为时机到来，借口日本公使馆遭到袭击，派兵进入朝鲜。不过由于此时深知其中利害关系的清政府也派出约3000人的兵力驰援朝鲜，在兵力上占据下风的日本最终只能暂时收手。到了1884年，朝鲜开化党人为进行资产阶级改革，发动了针对闵妃集团的甲申政变，日本在政变中积极资助政变势力，希望由此扩大在朝鲜利益。虽然在袁世凯率领的驻朝军队的镇压下，政变以失败告终，但是日本借机勒索朝鲜，于1885年1月签订《汉城条约》，又在同年4月由伊藤博文与李鸿章订立《天津会议专条》，在事实上在朝鲜确立了同中国对等的地位，取得了一定的侵略成果。

依靠蚕食政策，日本在朝鲜的势力得到了逐步扩大，而日本政府的胃口也不断增大，希望寻求机会一举吞并朝鲜。终于到了1894年，朝鲜爆发东学党起义，这给了日本出兵朝鲜半岛的绝佳口实，于是借口清政府出兵朝鲜而大举派兵，甲午战争也在不久之后爆发。

当然，此时的日本羽翼未丰，担心与中国开战后俄国出来干涉，因此迫切希望获得西方国家尤其是英国的支持，通过修改《英日条约》以获得英国的支持成了当时日本外交的重中之重。为了达到这样的目的，日本极力拉拢英国，并在砂糖等关键原材料的关税上对英国做出让步。而英国出于其自身利益考虑，希望利用日本防止沙俄南下，维护自己在远东的优势地位，因而在日本的拉拢下转变态度，双方开始沆瀣一气。1894 年 7 月 16 日，英国在新的《日英通商航海条约》上签字（客观地说，新条约对日本大大优惠，取消了原先英国在日本的治外法权、租界和租界行政权，并且提高了关税，极大地提高了日本的国际地位）。条约签订后第二天，日本大本营就召开御前会议，决定开战，并制订了作战计划。可以说，条约的签订，加速了日本的侵略步伐。

⊙ 参与入侵江华岛的日本海军“云扬”号炮舰

不过，就在日军不宣而战，在牙山附近海面截击北洋水师运兵船的战斗中，却发生了一件让日本政府感到不安的意外：在牙山海战中，受清政府雇用作为运兵船使用的英国商船“高升”号在战斗中被日军击沉，舰上有 5 名英国船员遇难。由于担心因此而影响与英国的同盟关系，因此日本方面迅速开始“危机公关”。一方面，日本外相陆奥宗光下令对事件进行调查，形式上完全按照“国际惯例”，并且于8月2日形成《关于高升号事件之报告书》，在日后的交涉中占据主动。另一方面，日本驻英公使青木周藏受到外务省指示，对英国各大媒体以及有影

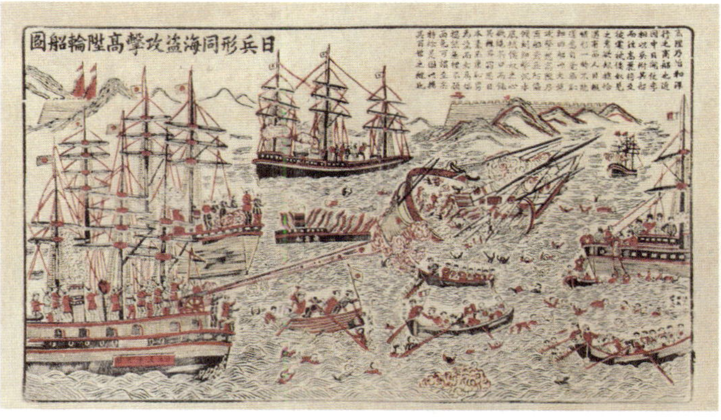

⊙ 描绘“高升”号被击沉的绘画

响力的专家教授学者行贿，制造对日本有利的舆论。日本人的努力最终收到了成效，英国各大媒体在报道此事时口径大多偏向日本，一批英国知名大学学者纷纷撰文为日本辩护。最终，考虑到与日本的关系，英国方面最终裁定“高升”号的沉没应由中国方面承担赔偿责任。裁定的下达，让日本政府更加有恃无恐，之后发起的一系列战争均选择了“不宣而战”这样卑劣的开局方式。

二、各怀鬼胎的联合——英日同盟的建立

对日本的投资

甲午战争最终以日本的大获全胜而告终，在使中国付出了惨痛代价的同时，日本进入了新一轮的高速发展时期。作为击败北洋水师的头号“功臣”，日本海军的装备也得以更新换代。鉴于日本本土的造船厂依然无法完全满足需求，日本向英国购买了大量新型舰艇，除了当时最为新锐的“富士”级战列舰等前无畏舰，还包括了一系列以高航速而著称

⊙ 停泊在港内的“富士”号战列舰

的驱逐舰。这些舰艇的入役，极大提高了日本海军的战斗力，为其在数年之后击败俄国太平洋舰队立下了汗马功劳。不过，从另外一个角度上来说，日本从中国掠取的大批财富被用于向英国订购军舰，也让英国人发了一笔军火财，甲午战争之前英国在日本身上的“投资”在这里终于初见成效。

IN A TIGHT PLACE.

⊙ 描绘日本（图中着和服者）和沙皇俄国（图中着大衣者）争夺朝鲜半岛（图中中立者）的漫画

甲午战争的结束并没有成为英日合作的终点，随着时间的推移，东北亚和南亚局势出现了一系列变化，促使英日两国开始加速结盟的步伐。一方面，就在甲午战争中击败中国、一举攫取了对朝鲜和中国东北的大量权益之后，日本加速了在这一地区的殖民扩张的步伐，而这不可避免地受到同样在该地区拥有较大利益的沙皇俄国的反对，日本的“大陆政策”与沙皇俄国的“远东政策”的矛盾日益激化。而且在甲午战争之后与清政府的谈判中，沙皇俄国也从中作梗，联合法国和德国迫使日本暂时放弃了吞并辽东半岛的企图，让日本一直耿耿于怀。但是此时的日本羽翼未丰，急需要一个强有力的支持者。而另一方面，由于沙皇俄国加速了在中亚地区的扩张步伐，其势力甚至已经渗透进入了阿富汗等地，对英属印度的安全构成了极大的威胁。虽然英国素来保持“光荣孤立”的外交政策，但是随着国力的逐渐衰弱，已经无力独力对抗欧洲和美洲的新兴强国，特别是布尔战争等一系列战事，更加暴露出英国在全球范围内势力开始衰落，因而不得不放弃之前的一贯态度，开始积极与其他国家采取结盟。

就在这样的国际形势下，英国和日本开始主动携起手来。1897年英国维多利亚女王举行加冕60周年庆祝典礼时，明治天皇派遣皇室成员参加典礼，以期加深与英国的感情，并且在1898年英国强租威海卫事件中积极配合英国军队的行动，使英国方面感受到了日本的“诚意”。到了两年之后的1900年，在中国风起云涌的义和团运动让英国感受到了威胁，但是由于此时英军主力大部被投入到布尔战争中，无暇顾及中国，因此希望日本方面予以“支援”。两国在共同镇压义和团运动中“配合默契”，更加让英国认为日本具有

⊙ 亨利·佩蒂－菲茨莫里斯（1845—1927），第五代兰斯多恩侯爵，出生于爱尔兰贵族家庭，后就读于伊顿公学，21岁时继承父亲爵位和遗产，进入政坛，先后担任财政大臣、陆军部次官、印度事务副大臣、加拿大总督、印度总督和陆军大臣等职务，在陆军大臣任上曾因其在第二次布尔战争中的无所作为而遭到弹劾，后于1910年出任外交大臣，任内缔结英日同盟和英法俄三国协约。1906年到1910年在上院任反对党保守党领袖，后在战时担任阿斯奎斯联合政府中的不管大臣，因对德战争消极而饱受指责

成为自己在东亚的合作伙伴的潜质。

不过，英日两国真正携起手来，则还要通过一系列的外交沟通。由于联合德国在中国东北对抗沙皇俄国的企图流产，因此日本的地位开始被英国政府高层所认真考虑。虽然英国内阁一度否定了德国提出的德英日三国结盟的提议，但是日本以此为契机开始积极进行外交攻势，最终在日本方面的努力之下，英日结盟的外交谈判于1901年10月8日正式展开。经过3个月的谈判，1902年1月30日，英国外交大臣亨利·佩蒂－菲茨莫里斯（Henry Petty-Fitzmaurice）与日本驻英国公使林董正式签订了《英日同盟条约》，英国和日本正式结盟。英日同盟的建立，标志着两国关系进入了一个新的发展阶段。1905年，英国公使馆正式升格为大使馆。

有了与英国的同盟关系后，日本在对外扩张方面显得更加有恃无恐。由于与沙皇俄国的矛盾已经无法调和，因此决心再次以战争手段"解决"这一阻碍在日本实现"八纮一宇"美梦的绊脚石。就在甲午战争中尝到获得英国支持的甜头后，日本此刻照例选择了向英国求助。但是和日本不同，英国的眼光更加长远，虽然日本与沙皇俄国的战争在一定程度上是英国人所乐见的，但是直接加入战争却并不是英国人最佳的选择。如果贸然卷入未来的日俄战争之中，则将很有可能引发与沙皇俄国的直接冲突，而一旦英俄冲突爆发，其范围不可能只限于远东，必然会扩及全世界。经过一番权衡利弊，英国政府最终决定，在外交上对沙皇俄国进行施压，并且为日本提供巨额融资。一方面，对日本的支持可以以尽可能小的成本制衡沙皇俄国，当然另一方面也是经济利益使然，作为当时的世界经济中心，英国的金融家们也希望能借此让自己再发一笔财。

在朝鲜，英国政府帮助日本向朝鲜政府施压，迫使其放弃从法国获得贷款，转而从日本方面进行借贷，从而从经济上控制朝鲜政府。而在中国东北，英国政府也积极向沙皇俄国抗议，迫使其顾忌国际压力而在中国东北撤出部分兵力。然而，随着日本提出的要求日益增加，沙皇俄国拒绝进行退让，因此日本决心再次通过武力手段，以驱逐沙皇俄国势力。不过日本深知，要战胜强大的沙皇俄国，必须借助英国支持，因此再次对英国展开外交攻势。由于有《英日同盟条约》在前，因此英国方面对日本提出的请求大部分予以了同意。一方面，英国为日本提供了一些舰艇，在伦敦为日本募集公债，而且同意在英国本土及殖民地各个港口提供煤炭和其他便利；另一方面，英国设法阻止其他国家对沙皇俄国舰艇提供支持，并且封锁达达尼尔海峡，以防黑海舰队驰援太平洋舰队。在之后的战事中，波罗的海舰队在驰援旅顺途中，由于法国受到英国施压，使其难以利用法国殖民地港口补给煤炭，一定程度上导致了对马海战的败北。

⊙ 林董（1850—1913），出生于西式知识分子家庭，父亲佐藤泰然为佐仓藩的西医。林董少年时被幕府御医林洞海收为养子，故更姓林。1866 年，林董作为第一批留学生赴伦敦大学留学，回国后参加箱馆战争。后进入政界，先后在外务省、工部省、宫内省以及香川县、兵库县等地担任要职。后于 1891 年回到外务省，先后任外务省次官兼任总务局长以及驻清、驻俄和驻英等国公使。在驻英公使任上，积极推动英日结盟。后升任外务大臣和通信大臣，著有《外交回忆录》

获得了英国支持的日本有恃无恐，在 1904 年 8 月发动了日俄战争。和甲午战争一样，此次日军同样是采用了不宣而战的手段，偷袭了沙皇俄国太平洋舰队的母港旅顺港。虽然首战告捷，但是在之后的战斗中，日本人逐渐发现，沙皇俄国虽然已经老朽，但是军队战斗力却远非清军可比，陆军在东北境内陷入苦战，海军也接连损失了数艘新式战列舰。旷日持久的战事导致日本并不宽裕的财政大为吃紧，如果陷入持久战的泥淖，日本就将满盘皆输。

此时，英国再次出手，联合美国主导了日俄双方的和谈。虽然和日本的同盟关系为英国所重视，但是如果因此使得沙皇俄国被过度削弱，则欧洲大陆的均势将失去平衡，德国实力增强，对英国构成威胁，这一切都是英国所不愿意看见的。因此，英国在双方和谈中的既迫使沙皇俄国向日本交出在中国东北和朝鲜半岛的大部分利益，也设法说服日本

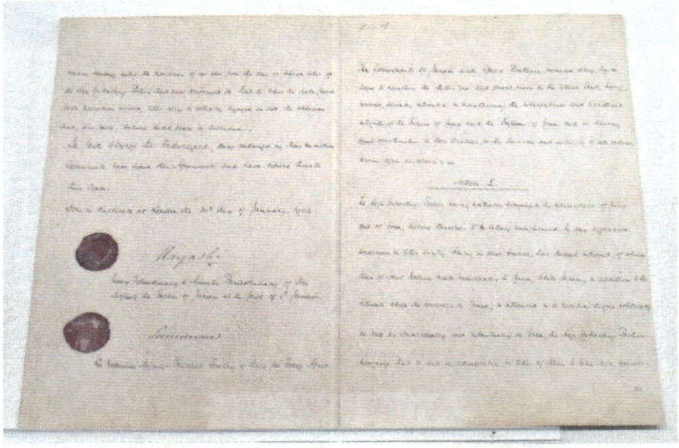

⊙ 保存在日本外务省外交档案室内的《英日同盟条约》原本

放弃了一些过于苛刻的条件。经过一番讨价还价，日俄双方于1905年9月5日签订《朴次茅斯合约》（The Treaty of Portsmouth）。

经过此战，沙皇俄国丧失了在中国东北的大量利益，日本在朝鲜和中国东北获得了丰厚的利益，但是自身也同样伤亡不小。不过，如果从整体进行计算，此战的最大赢家当数英国。英国人也通过日俄战争赚了个盆满钵满，除了在金融方面所获得的收益之外，更重要的则是在地缘政治方面所取得的成功。沙皇俄国东进的势头被遏制，只得西进与德国及其盟国奥匈帝国争夺东欧和巴尔干地区的利益，令俄国成为协约国集团的重要一环，令德国陷入二线作战的困难。可以说，与日本的同盟，亦或者说是在日本身上的投资，让英国获得了颇为丰厚的回报。

"他们将受到同志般的欢迎"

虽然英国在最开始时只是将日本视为其在东亚的一个"小伙伴"，但是就在日本不断发展壮大的同时，英国人也开始正视日本未来在东亚乃至世界范围内所能起到的作用。正如时任海军大臣的温斯顿·丘吉尔（Winston Churchill）在1911年所指出的那样，在欧洲大陆爆发总体战争时英国将需要日本在太平洋和印度洋方向上提供支援（当然，此时的他肯定万万不会想到，就在30年之后，日本果然在太平洋和印度洋方向上展开了攻势，当然，帮助的对象并非英国，而恰恰是英国的老对手，

⊙ 反映《朴次茅斯合约》签订的漫画

一举将昔日的盟友一度打得落花流水，也让他本人陷入空前的压力之中）。就在日俄战争结束之后，由于英德关系不断恶化，因此英国皇家海军开始在全球范围内进行兵力调整，将之前以俄国海军为假想敌的部署逐渐变为以德国海军为假想敌，其中，在地中海地区和中国海域部署的战列舰等大型舰艇被抽调回本土，以应对正在扩张的德国海军公海舰队在北海造成的威胁。到了 1914 年 3 月，英国皇家海军在远东地区的实力已经由 1904 年 3 月时的 5 艘战列舰和 1 艘装甲巡洋舰的兵力缩减到了 2 艘战列舰、1 艘战列巡洋舰和 2 艘巡洋舰的规模。

⊙ 青岛最高处岩石上的德国鹰状标记

这样的部署在英国国内引发了一系列的非议，而丘吉尔本人在 1914 年 3 月面对下议院质询时也承认，英国皇家海军在欧洲水域实力的增强将使得留在太平洋的无畏舰显得较为脆弱。不过他同时也声称，在澳大利亚水域内的"2 到 3 艘无畏舰"将会"在英国海军在本土被击败之后变得毫无作用"。

显而易见的是，这样的政策所引起的在太平洋地区的兵力薄弱，使得英国在这一地区对盟友的依赖程度不断加深。一方面，由于在殖民地问题上英法两国取得了妥协，并且在之后的 1904 年达成了著名的《英法协约条约》（Entente Cordiale），使得两国的同盟关系得到巩固。在这样的背景下，法国海军适时地填补了英国皇家海军在地中海地区的兵力真空，牵制住了奥匈帝国和意大利。而另一方面，不断壮大的日本海军则将在对中国沿海的"防御"中担负起越来越重要的作用，尤其是在北方，牵制以青岛港和其他分散在太平洋岛屿的殖民地港口为母港的德国海军东亚分舰队（德语名：Ostasiengeschwader）。该舰队拥有 6 艘巡洋舰，实力不容小视。

不过，英国人很快就发现，他们的愿景往往是不切实际的。日本毫不掩饰其对外扩张的帝国野心。由于日俄战争中所积累的高额外债，以及在停战之后并没有获得预期中的高额战争赔偿，因此在日俄战争之后，日本经济状态很快就转入困境，社会矛盾也日益激化。为了转嫁矛盾，日本决心继续进行对外扩张。1910 年，日本正式吞并朝鲜半岛，之后在 1913 年到 1914 年前后的几年时间里，日本在中国东北地区又不断进行殖民扩张，所

⊙ 锚泊在青岛港内的德国海军东亚分舰队“埃姆登”（SMS Emden）号轻巡洋舰

获得的海外利益大大缓解了其国内矛盾，为其在之后迎来的空前景气的时代打下了基础。在这样的气氛中，日本国内开始出现一系列“温和扩张”的论调。1911 年，曾经参加日俄战争的海军大学教官佐藤铁太郎出版了日后著名的《帝国国防史论》，在书中，他详细分析了日本所面临的内外形势，并且参考英国的国家战略，提出了“海主陆从”的思想，认为日本所面临的威胁并非陆上入侵，而是海上封锁，日本只需要继续巩固海上优势，即可奠定在东亚的统治地位；而依靠海权优势发展海洋相关产业，则可以带动钢铁、机械、电气、光学、通信各个产业的进步，进而增加国家财富。这样的主张看似“温和”，不过细细分析起来，即使是走这样的“温和扩张”路线，也需要足够的剩余资本、确实的原材料产地和市场，这很难在短期内获得。较为直接的方法只有重新洗牌，依靠武力改变既有的势力范围划分，这与大陆扩张政策不谋而合。从某种程度上来说，这样的思路最终还是不得不回到武力扩张的旧路上。

英国一直对日本的野心保持了关注，时任英国外交大臣的爱德华·格雷（Edward Grey）就一直对日本的企图抱有怀疑态度，竭力反对让日本卷入未来可能爆发的战争，担心日本会借此机会进行超出自己“合理需求”的扩张。在这样的努力因海军方面的从中作梗而失败后，他又转而在 1914 年夏天欧洲地区战事一触即发时试图组织日本卷入欧洲境内的战事。就在当年 8 月 1 日，格雷告知身在东京的时任日本外相的加藤高明，声称大英帝国仅仅会在德国攻击其在远东的殖民地或者战事蔓延到远东地区时才会需要日本的援手。格雷担心，日本的胃口有可能不仅限于德国在中国和太平洋岛屿的殖民地，甚至有可能染指澳大利亚和新西兰，并且引发美国对英国支持日本扩张的强烈反对。不过最终，伴随着德国方面将驻扎在青岛港内的舰艇进行疏散，并且分散到太平洋和印度洋实施破交作战，加之丘吉尔本人坚持扩大对抗德国海上力量的战事的规模，这些因素都在对格雷施加压力。

8月11日，为格雷阻止日本卷入战争或者限制日本行动的“愚蠢”行为大伤脑筋的丘吉尔对外交部发出了如下的警告：

我认为你们现在正在恐吓这些人，在让他们介入（战争）和阻止他们介入当中，我找不到什么折中的办法。如果他们将要介入，他们将受到同志般的欢迎。最近一封（发往日本的）电报几乎是包含了敌对态度，我担心我并不能理解你们在这一方面的想法。

这封电报让我不寒而栗，我们都是联系在一起的，我只希望能给我们的主要政策提供最足够的努力和支持。

你们或许可以轻易地下一个道德方面的指责，我们现在并不安全——这在很长一段时间里都不会被忘记，风暴即将来临了。

丘吉尔的这番表示最终迫使格雷做出让步，扫清了日本全面介入战争的障碍。以事后诸葛亮的角度来看，格雷的洞察力确实非同小可，一系列强有力的证据都表明，日本的扩张野心早已昭然若揭。之前日本已经通过蚕食的手段，吞并了朝鲜半岛，并且在中国东北攫取了各种特权，而日本海军的强大实力也有助于其在战争中获得更大的利益。日本大规模介入战争，很大程度上就是为了在世界各个列强中加强话语权，并且扩大其在中国和太平洋地区的利益。而在开战之后，日本随即展开一系列攻势行动，将自身的势力范围扩展到了广阔的太平洋上。当然，客观地说，自从1853年的“黑船事件”之后，日本被迫打开国门，与西方列强签订了一系列不平等条约。通过参战，日本也将彻底摆脱这些条约的限制。

⊙ 佐藤铁太郎礼服标准像。佐藤铁太郎（1866—1942），出生于日本山形县鹤岗市，毕业于江田岛海军兵学校第14期，甲午战争中作为“赤城”号航海长，在黄海海战中代理指挥全舰，战后先后担任驻英国和驻美国海军武官、“宗谷”号巡洋舰舰长等职，在海军大学教官任上著有《帝国国防史论》，最终以海军中将退役，退役后曾担任贵族院议员

即便如此，日本的参战动机和其他参战各方相比，基本上是半斤八两。不过，如果说格雷的忧虑是出于对现实的分析，而其他一些人的思路则是出于非理性的层面。很多西方国家一直以居高临下的

态度对待日本，而且在第一次世界大战刚刚开始时，对日本的敌意也颇为盛行。如果从种族主义的角度而言，这样的逻辑则更加赤裸。作为东方国家的日本，如今却要试图和西方国家平起平坐，这在很多人看来也是难以接受的。

由此，到了8月15日，日本政府正式向德国递交了最后通牒，要求其限期撤出在太平洋上的军事力量。其中内容包括，德国海军在胶州湾内停泊的舰艇撤离或者向日军投降，德国殖民政府炸毁在山东半岛修筑的要塞或者向日军投降，德国将本国在太平洋上的殖民地交给日本。对于这样一份极其苛刻的最后通牒，德国方面并没有做出正式回复，而驻扎在青岛港的东亚分舰队也开始紧急行动起来，将大型舰艇疏散出港，避免被日军围困在港内。因此日本在8月23日正式向德国宣战——无论如何，日本已经正式加入了一战参战国的行列。

⊙ 时任英国外交大臣的格雷。爱德华·格雷（1862—1933），第一代弗洛顿的格雷子爵（1st Viscount Grey of Fallodon），出生于名门望族，曾祖父的胞弟为19世纪英国首相查尔斯·格雷，在1905年到1916年之间任外交大臣，是任期最长的外交大臣。期间爆发第一次世界大战，著名的“整个欧洲的灯火正在熄灭，在我们的有生之年将不会再看到它们被重新点燃”即出自其回忆。1916年获封为子爵，1919年至1920年间担任英国驻美大使，后于1923年至1924年间担任自由党上议院领袖

三、从太平洋到地中海——一战中的英日同盟

狼狈为奸与狗咬狗

正如前文所提到的，日本对胶州湾和山东半岛觊觎已久。而其中，号称“德国的直布罗陀”的青岛港，德国在此地经营多年，已经形成了较为完善的防御体系。在战前，德军在此驻扎了数千人的部队，不过，到了一战爆发之前，由于预计到日军即将展开的攻势，德国海军东亚分舰队主力已经离开青岛港，剩余的部队在德国总督阿尔弗雷德·梅耶·瓦

⊙ 描绘日本参战的宣传画

尔德克（Alfred Meyer-Waldeck）的指挥下，开始做好应战的各种准备。截止到8月26日，进攻开始之前，德军驻扎在山东半岛的部队包括第3海军陆战营的士兵和一部分海军步兵，以及来自奥匈帝国的士兵，甚至还有一些中国本土雇用的华人士兵，总计约3625人。除此之外，港内还有数艘未跟随东亚分舰队主力撤离的舰艇，其中吨位最大的是排水量3967吨的奥匈帝国海军的旧式防护巡洋舰“凯瑟琳·伊丽莎白”(Kaiserin Elisabeth)号，驱逐舰S-90号，以及殖民地炮舰“白鼬”(Iltis)号、“美洲虎”(Jaguar)号、“虎”(Tiger)号和“山猫”(Luchs)号。其中，“凯瑟琳·伊丽莎白”号上的水兵被抽调了一部分到达岸上，参加了陆上防御。

而相比起来，日军所派出的进攻部队的实力则明显占了上风。在海军方面，日本海军共投入了战列舰5艘，战列巡洋舰2艘，巡洋舰7艘，驱逐舰16艘，以及其他各型辅助舰艇多艘。考虑到港内德国海军实力较为虚弱，因此日本海军的序列中除了一些较为新锐的战舰之外，也包括了一些较为老旧的舰艇。舰队司令官加藤定吉的旗舰是旧式战列舰“周防”号，该舰系原俄国太平洋第一分舰队的“胜利”号(Pobieda)战列舰。该舰于1904年12月7日在旅顺口战役中被日军击沉，后被打捞修复，加入日本海军序列。除此之外，甲午战争时期的老舰“高千穗”号也同样老当益壮，参与了此战。而作为日本海军当时最强大的战舰，刚刚投入现役不久的“金刚”级战列巡洋舰“金刚”号和“比睿”号也出现在了作战序列中，它们和日本自制的“河内”号和“摄津”号准无畏舰一起，构成

⊙ 奥匈帝国海军“凯瑟琳·伊丽莎白”号防护巡洋舰

了日本舰队的中坚力量。值得一提的是，刚刚完成改装不久的“若宫”号水上飞机航母也加入了此次作战，这也成了日本海军航空力量的第一次实战亮相。而在陆军方面，登陆部队以第18师团为主，人数在2.3万人左右。

虽然在进攻之前，加藤高明告知英国方面，日本将在占领青岛之后把该地交还给中国，“只需要一点小小的代价”，而且他还暗示，在这个进攻行动中，日本将不需要英国方面的支援。不过，格雷并没有将这些当回事，并且派出了一支规模不小的英军陆海军部队。其中，陆军部队由纳撒尼尔·沃尔特·巴纳迪斯顿（Nathaniel Walter Barnardiston）准将指挥，包括了来自南威尔士边民团（South Wales Borderers）第2营的约1000名官兵和来自第36锡克联队的约500名官兵，同时，英国海军也派出了前无畏舰“凯旋”（HMS Triumph）号和驱逐舰“阿斯克”（HMS Usk）号等舰艇支援日本海军的登陆和封锁作战。

8月27日，青岛之战正式打响。在上村彦之丞所率领的护航舰队指挥下，运兵船于9月2日将日军登陆部队送到了山东龙口。由于当时正值汛期，山东半岛多地暴发洪水。在不良天气的影响下，日军进展缓慢。到了9月18日，日军又进行了一次登陆行动，占领了距离青岛约29公里的崂山湾。虽然在此期间，中国政府对日军的行径表示了抗议，但是这并没有影响日军的行军进

⊙ 驻扎在青岛附近的德军第3海军陆战营士兵

程。之后，英军也在9月24日在山东半岛登陆，加入战局。

而在海上，英日联合舰队已经对青岛港形成了封锁，并且在周边海域展开巡逻，以防有德国海军舰艇试图突围，而各种扫雷舰艇则开始扫除德军布设的水雷，为下一步的行动打下基础。期间，“若宫”号上所携带的法制“莫里斯·法尔芒”（Maurice Farman）式水上飞机不断对青岛港及其附近的德军目标实施侦查，发回了很多有用的情报，并且还在9月5日携带小型炸弹（使用80毫米和120毫米舰炮炮弹改装）对一些德军目标实施了空袭，据称取得了击沉一艘扫雷艇的战果，后来在执行任务的过程中，甚至还和德军的1架“鸽”（Taube）式飞机进行了空战。

⊙“周防”号

⊙ 航行中的“河内”号

对于发生在青岛的战事，德皇威廉二世表现出了异乎寻常的关心，他甚至直接对瓦尔德克总督本人要求，必须死守青岛。“对于我而言，将青岛投降献给日本所带来的耻辱，甚至远胜于将柏林献给俄国人！”就在威廉二世的严令下，德国守军对英日联军展开了顽强的抵抗。岸炮部队对胶州湾的英日舰艇进行了射击，而且一部分尚保持了战斗力的舰艇甚至尝试主动出击，以打破英日舰队的海上封锁线。1917年10月17日，S-90号驱逐舰在夜间驶离青岛港，试图冲破英日舰队的封锁进行突围。就在穿过日军驱逐舰所组成的封锁线后，该舰在海上遭遇一艘

⊙ 一战爆发前的“比睿”号，从图中可以大致了解到该舰在青岛作战中的状态

⊙ 水上飞机航母“若宫”号

大型舰艇，舰长决定对其实施攻击。就在接近到距离目标大约500米的距离上时，S-90连续发射3枚鱼雷，成功击中目标。遭到S-90攻击的为日本海军“高千穗”号防护巡洋舰，在遭到鱼雷攻击后，早已老朽的舰艇支撑不住，很快便沉入海中。舰上共有271人随舰沉没，其中包括了舰长伊东佑保大佐。就在完成了此次攻击后，S-90一路向南航行，最后在山东日照的石臼港附近搁浅。舰员们在使用剩余鱼雷将船体爆破之后登岸，被中国政府扣押，后送往南京暂时拘留。

“高千穗”号的损失虽然在一定程度上对日本海军造成了震动，但是在总体战局上，这样的战果并没有在根本上改变青岛港被封锁的事实。加上之前于8月31日在青岛外海的朝连岛搁浅后被“美洲虎”号摧毁的“白妙”号驱逐舰以及之后被击沉的3艘扫雷舰，日军在此次的青岛之战中可谓伤亡不小。

⊙ 参加青岛之战的日军士兵蜡像

不过，就在付出了如此的代价之后，日军终于牢牢控制了胶州湾，并且地面部队开始了艰难的青岛要塞攻坚战。而在自己的战舰受损或者无法出海后，剩下的德奥水兵也被编入了地面部队，参与了青岛要塞的防御作战。面对数倍于己的英日部队的攻击下，德奥部队激战多日，最终因寡不敌众，而丢掉了青岛外围的浮山等多个重要据点。最终，在11月7日，瓦尔德克总督宣布投降，青岛就此落入日军之手。

根据统计，在青岛之战中，日军共有414

⊙ 在青岛附近的陆上基地进行运作的一架“莫里斯·法尔芒”式水上飞机

人阵亡，1441 人受伤，而德奥军队则有 199 人阵亡，504 人受伤，另外有 3400 余人投降，这些人被日军送往了位于日本本土的战俘营集中关押。在付出了相当大的代价之后，日本终于获得了梦寐以求的山东半岛。以此为据点，日本加速了对中国进行殖民掠夺的进程，这也加重了中国半殖民地半封建化的程度，而由此所造成的一系列结果，直接导致了五四运动的爆发，成了新民主主义革命的开端。此为后话。

不过，由于日本在山东的殖民经营，这也使得英国觉察到本国的在华利益有受到触及的可能，因此对于日本的戒心开始加深，英日的第一次联合军事行动的结果，竟是让两国之间的隔阂猜忌迅速增加。历史在这里给两国开了个不大不小的玩笑。

“日本并没有全力合作”

青岛被英军和日军联合攻下了，但是，在此之前，德国海军东亚分舰队的主力已经突围成功，到达了广阔的太平洋和印度洋一带。为了解除这一威胁，英国皇家海军和来自澳大利亚和新西兰的海军部队以及法国海军开始对其进行大规模的搜索，力图尽快将其歼灭，而这也给日军染指西太平洋和印度洋提供了可乘之机。

还在青岛之战尚未结束之时，日本海军第 1 舰队就开始在太平洋一线执行搜索任务。而在此之前，日本海军即开始调动在附近的舰艇，其中，“出云”

⊙ 驾驶“鸽”式飞机的德国飞行员爱德华·普吕肖夫（Eduard Pluschow）中尉

⊙ 部署在青岛城郊外的"鸽"式飞机，图中身着飞行服者即为普吕肖夫本人

⊙ 德军投降之后，进入青岛城内的英军部队

号装甲巡洋舰奉命在墨西哥附近海域对有可能出现的同盟国舰艇进行防御，而"伊吹"号装甲巡洋舰和"筑摩"号巡洋舰则在8月26日奉命前往新加坡，以协助当地英军守军的防御。由于"埃姆登"号巡洋舰出现在了印度洋海域，因此为了寻机发现并歼灭该舰，"筑摩"号在荷属东印度（Dutch East Indies）地区和孟加拉湾一带展开了大规模的搜索行动。然而，这样的行动收效甚微，并且在"埃姆登"号突袭印度港口城市马德拉斯（Madras）时由于反应迟缓而滞留在科伦坡（Colombo），从而错过了与德舰交手的机会。此外，由于在澳大利亚海岸附近，德国海军的海上袭击舰活动颇为活跃，对协约国的海上交通线构成了一定威胁，因此，在松村达雄指挥下，"萨摩"号战列舰、"矢矧"号和"平户"号巡洋舰奉命到达澳大利亚海岸附近搜索德军袭击舰。

正如之前所指出的，由于英国皇家海军主力依然在大西洋和地中海，因此在太平洋上就不可避免地出现了兵力空虚的窘境。因此日本海军开始承担起越来越多的任务。10月16日，"伊吹"号到达新西兰首都惠灵顿（Wellington），为准备开赴中东的澳新军团（Australian and New Zealand Army Corps，ANZAC）提供护航。船队穿过了太平洋和印度洋，最终一直到达也门的亚丁港（Aden）。值得一提的是，虽然整个护航船团并没有遭遇到"埃姆登"号，但是在科科斯岛（Cocos Islands）的无线电台的一份通报报告了"埃姆登"号的踪迹，接到消息后，船团中的皇家澳大利亚海军"悉尼"（HMAS Sydney）号轻巡洋舰立刻护航船团，最终发现并且击沉了有"东方的天鹅"（The Swan of the East）之称的"埃姆登"号。除此之外，还有一支日本海军分舰队为前往欧洲的一支法国运输船团提供了护航。而在此之前，为了缓和和宿敌俄国的矛盾，在1914年时，日本向俄国"归还"了3艘在日俄战争期间俘获的巡洋舰（当然这些舰艇大多已经老旧不堪），并且为俄国生产了大量武器弹药。

进入1915年，日本海军依旧活跃在太平洋和印度洋上。而英国为了应对扩大的欧洲和中东战局，开始在各个殖民地调遣力量。而其中，作为殖民地军队中规模最大的一支，英属印度军队自然是首当其冲被选中。然而，出于宗教等原因，一部分穆斯林官兵受到当时倾向于德国方面的奥斯曼土耳其苏丹的蛊惑，尤其是有谣传称他们将被派往中东对付奥斯曼土耳其军队时，他们中的很多人拒绝参战，并且暗中开始策划反英活动。1915年2月15日，驻扎在新加坡的英印第5轻步兵团（Indian 5th Light Infantry）的大约850名印度官兵，在奉调到香港的前一天爆发兵变，史称“新加坡兵变”(Singapore Mutiny)。就在兵变发生之后，英军迅速调集力量试图镇压兵变，而此时正好在附近的日本海军“对马”号和“音羽”号巡洋舰在土屋金光的率领下迅速驰援，和法国海军装甲巡洋舰“蒙特卡姆”（Montcalm）号和俄国海军辅助巡洋舰“奥廖尔”（Orel）号一起对兵变部队阵地进行岸轰，并且派出陆战队登上新加坡作战，对迅速平息兵变起到了重要作用。

在平息了新加坡兵变之后，日本海军依旧活跃在太平洋和印度洋上，在南海、苏禄海（Sulu Sea）和荷属东印度一带搜寻残余的德国海军舰艇。不过，在英国人看来，这些依然是“远远不够”的。在经历了1915年后，到了1916年2月，由于活跃在海上的德国辅助巡洋舰展开了积极的攻势布雷，导致触雷沉伤的协约国舰艇数量不断增加，使得英国皇家海军被迫将相当数量的舰艇投入到护航和巡逻中，而这对于兵力已经捉襟见肘的英国皇家海军而言可谓是更加困难。就在这样的情况下，那位之前强烈反对日本卷入战事的格雷，也转而开始强烈要求日本海军提供支援。不过这次，日本方面倒是做出了行动，来自日本海军第3舰队的舰艇开始在印度洋以及靠近吕宋岛（Luzon）的

⊙ 参与平息新加坡兵变的“音羽”号巡洋舰

⊙ 参与平息新加坡兵变的“对马”号巡洋舰

菲律宾海一带进行巡逻，而其他的驱逐舰和巡洋舰则在远到毛里求斯（Mauritius）和南非一带的海岸进行巡逻，并且参与了澳新一线的护航作战。

不过，就在日本海军积极投入协约国阵营的作战时，反对的声音也随之而起，而在众多的反对声音中，最让人意想不到的，竟然是来自日本陆军的。这看似有些荒诞，但是要究其原因，则要从这两大军种（或者更确切地说是两股势力）的渊源说起。自从普鲁士（以至于后来的德意志第二帝国）在普法战争中击败了之前的欧洲陆军强国法国后，在全世界范围内引发了一股效仿德国编练新式陆军的风潮，而在这些后来者中自然少不了日本陆军。可以说，在很多地方日本陆军都留下了深刻的德意志烙印，而这也不可避免的使得其高层产生了一定的倾向于德国的思潮，而这与一直学习英法的日本海军产生了矛盾。陆海军的矛盾一直蔓延到了最高层，在明治时期，陆军势力一直在政界占据了主导地位，不过，就在山本权兵卫担任首相之后的一段时间里，海军势力又开始占据上风。此后，陆海军势力不断竞争，以角逐在政府中的主导权。就在之后英国方面试图让日本海军向海峡殖民地（Straits Settlements）乃至波罗的海方向派遣分舰队时，由于陆军的强烈反对，最终使得时任日本首相大限重信最终并未答应英国方面的请求。

而相比起远在欧洲的英国，太平洋上的澳大利亚和新西兰已经感受到了日本伸向他们卧榻之侧的魔爪。借着一举占领德国在山东殖民地的余威，日本加速了在太平洋德属殖民地的攻略行动。到1914年底，日本军队已经相继占领德国在马绍尔群岛（Marshall Islands）、马里亚纳群岛（Mariana Islands）、加罗林群岛（Caroline Islands）和雅浦岛（Yap）的殖民地。眼看日本势力已经渗透到了家门口，澳新两国决定，先下手为强，抢在日本之前占领了一系列要地，如新几内亚（New Guinea）和萨摩亚（Samoa）等。考虑到避免与日军发生冲突等原因，英国方面最终决定，英联邦军队不参与对赤道以北的德国殖民地岛屿的进攻，这也意味着日军对上述岛屿的占领成了既成事实。

客观上说，日本海军在与英国皇家海军的合作上体现出了一定的诚意，并且也为英国皇家海军的行动提供了一定的帮助，不过在英国人看来，日本人的行为还是有些“不厚道”。英国大舰队（Grand Fleet）司令约翰·杰里科（John Jellicoe）就对日本人的居心深表怀疑，在他写给战列巡洋舰中队指挥官戴维·贝蒂（David Betty）的一封信中，他就直接表示，日本人的所作所为远不能让他“完全满意”，而且他还进一步认为，虽然日美之间根深蒂固的猜忌阻碍了日本更深层次的帮助，但是日本似乎是想创造出一个“包含了中国大陆广袤土地和通往东方商路以及荷属东印度、新加坡和马来半岛的‘大日本帝国’”。很有趣的是，他此后又开始责难日本政府，认为他们高估了德国战争机器的实力，并且觉得最近德国在索姆河（Somme）和凡尔登（Verdun）的失败可以让他们认清现实。所以最终，杰里科写道：“除了对我国人和我们自己出售武器弹药之外，日本并没有对这场战争倾其所有相助。”他的想法可以说代表了其他的那些认为“日本人不可靠”的皇家海军高级军官，尽管就在同时他们也在不断要求日本海军协助他们在地中海地区的作战。

而在日本这边，情况则是另外一副光景。之前所提到的陆海军之争暂且不论，日本参加一战这样一条在今天看来颇具有新闻价值的消息，在当时的日本却几乎是悄无声息，普通日本市民对此几乎一无所知。由于日本远离欧洲大陆，对于德国的威胁几乎毫无了解，因此绝大多数知晓一战的人都对此感到难以捉摸，而就在日本正式对德宣战之后，日本官方也并没有将战事过多地在国内进行宣扬。作为例子，英国军官马尔科姆·肯尼迪（Malcolm Kennedy）的经历颇具有代表性。就在1917年11月，作为与日本陆军进行交流合作而来到日本的军官肯尼迪游历日本乡村，彼时的日本海军已经在太平洋、印度洋和地中海投入作战，并且取得了一定的战果。原以为这样的消息必然已经在日本国内广泛流传，然而，就在交谈中，他发现当地的日本居民对日本参战的消息几乎一无所知，就在他告诉当地居民日本已经参战的消息时，得到的却是不相信的回复——他们争辩道，如果日本真的已经参战，那么村里的成年男子必然已经被征召入伍了——这让他大为惊讶。

在中国的暗战

到此时为止，日本在一战中可谓出尽风头，在亚洲和太平洋横扫德国殖民地。加之由于一战爆发，使得欧美等传统列强将主要精力都集中在了欧洲战场上，对亚洲的注意力则相对被削弱，日本政府不禁胃口大开，妄图在中国攫取更大的利益，甚至将中国化为自己独享的殖民地。由此，一系列或明或暗的手段纷纷出台。不过，和之前的情况所不同的是，英国出于自身利益考虑，并没有完全支持日本，从而使两国的同盟关系出现嫌隙。

就在清朝末年，英国曾经试图在中国东北修筑铁路，但是却遭到了日本方面的反对，最终，经过权衡利弊，英国方面最终退出了铁路项目。到了辛亥革命期间，日本又试图出兵汉口和大连，并且牵头组建多国对华干涉军，在其中作为主力，彻底将东北收入囊中。不过，由于英国担心会因此影响到其在华经济利益，提出抗议，因此日本的阴谋没有得逞。此后，日本又试图策动“满蒙独立”，以达到分裂中国的目的，也同样由于英国方面的反对以及中国人民的爱国活动而宣告流产。到了民国初年，由于长江沿岸是中国南方地区乃至全中国经济最繁华的地域之一，具有极高的战略价值，日本一直希望在长江沿岸扩大势力范围。这次，英国并没有完全反对，而是在考虑到维持英日同盟的重要性的基础上适当做出了一定的让步，帮助日本修筑了一段从福州到南昌的铁路。虽然之前梦寐以求的厦门到汉口的铁路最终只是停留在了图纸上，不过日本也最终因为国力因素屈从于英国。

虽然自始至终日本对整个中国几乎毫不掩饰的野心让英国人颇为不快，而英国也时常出手，让日本人的野心难以成真。不过，出于各种利益考虑，在之后的一段时间里英日双方均未选择彻底决裂，而是选择了在一些问题上相互妥协相互支持，而这一点在中日“二十一条”的谈判方面体现得尤为明显。

一战的爆发仿佛打开了一个潘多拉魔盒，让日本在中国的野心得以瞬间膨胀起来。尤其是在占领山东半岛后，日本政府高层顿觉志得意满，以为一举鲸吞中国的时机已经到来。在这样的背景之下，执政的大隈重信内阁决心铤而走险。1915 年 1 月 8 日，臭名昭著的对华“二十一条”正式出台。

和之前一样，日本方面将“二十一条”的内容通报给了英国，不过在这里狡猾的日本人要了个花招，故意略去了其中最为恶毒的第五号，也是最后一号内容。乍一看，这样的条约对英国的利益并没有太大的影响，所以在开始阶段，英国人对“二十一条”并没有显得过于担心。而就在“二十一条”的全部内容公布后，加之深知其中利害关系的袁世凯在此前后开始在国际上寻求支持，英国对日本独占中国的企图表现出了一些不满。不过外交经验远较中国老道的日本对英国软硬兼施，一方面答应在“二十一条”签订后给予英国一系列的经济利益；另一方面则威胁与德国进行合作，企图迫使英国方面就范。客观地说，由于在 1915 年上半年，英国乃至整个协约国的战场形势非常不容乐观，日本的态度对英国而言显得十分重要，同时在此之后不久，日本协助驻海峡殖民地的英军镇压了新加坡兵变，让英国人对日本颇有好感。最终，英国和日本方面互相做出妥协，日本撤销了第五号条款，而英国则支持了日本的这一赌博，帮助日本向中国方面施压。1915 年 5 月 25 日，《民四条约》签订，中国的主权进一步遭到了日本的侵犯。

到此为止，在英国的庇护之下，日本在中国的扩张可谓是顺风顺水。虽然作为后起之秀的美国对此表示反对，但是慑于日本背后的英国势力，一时也无法与日本直接交锋，遂暂时偃旗息鼓下来，以待后势。

地中海护航危机与日本海军地中海作战

到了 1916 年的中后期，德国海军的潜艇部队开始大规模投入破交作战，这也导致了协约国舰艇的损失数量直线上升。在 1916 年 1 月时，协约国被潜艇击沉的舰艇吨位为

81259吨，到了12月，这个数字就变成了355139吨，而在1917年6月，这个数字更是创纪录地达到了687507吨。遍布全球的殖民地在几百年内一直供养着大英帝国的运转，但是此时，由于潜艇的威胁，为数不少的航线已经变得无比凶险，运往本土的物资数量大幅减少，而其中还有为数不少随着运输船一起沉入大海。不仅英国本土的工厂尤其是军工企业因为获得的相关原材料的减少而出现了生产困难，居民的生活物资也因此受到了影响，如果这样的情况得不到有效改善，整个英伦三岛的咽喉都有可能被德国潜艇彻底扼住。

由于英法海军有限的兵力已经无法满足护航需求，在这样的情况下，协约国方面自然又一次想到了向日本方面要求支援。除了在1916年12月向日本提出订购6艘总计77500吨的商船之外，还要求其直接派出舰队到达欧洲水域参战，甚至一度考虑向日本购买2艘战列巡洋舰（当然，最终由于英国人表露出了对日本海军战斗力的怀疑，从而导致日本方面的不满，这样的计划并没有付诸实施）。除此之外，到了1917年，法国也向日本方面订购了约12艘"桦"级驱逐舰，以填补其护航舰艇数量的空缺，并且由日本海军人员驾驶驶往法国。眼见英国有求于己，日本方面便顺势来了个狮子大开口，要求其正式承认其对中国山东以及其他原德属殖民地的占领，并且辩称，他们对于保住其"战利品"的"野心"其实并没有更甚于俄国人试图占领君士坦丁堡的目标。对于日本人的要求，英国战时内阁在1917年1月和2月间进行了长时间的讨论，尤其是考虑到各个即将参战的美国方面的回复，让问题更加复杂。

最终，日本政府还是同意了英国方面的要求，在1917年2月决定，派出舰艇在南至好望角（Cape of Good Hope）的印度洋和太平洋一带进行反潜巡逻，并且为澳大利亚东海岸和新西兰出发的商船提供护航。为此，日本海军抽调"出云""日进""利根""新高""明石""八云""春日""筑摩""对马""须磨""大淀"等11艘巡洋舰和3个驱逐舰中队，组建了特务舰队投入作战。而在之前一直没有取得实质性进展的派兵前往欧洲战场方面，日本海军也最终决定，1917年3月，派出由佐藤康三少将指挥的第二特务舰队投入地中海护航作战。该舰队由以"明石"号装甲巡洋舰为旗舰，其他的驱逐舰则为"梅"号、"楠"号、"枫"号、"桂"号、"柏"号、"松"号、"杉"号和"榊"号（均为当时日本海军最先进的"樺"级），被统一编成了第10和第11水雷战队。3月11日，舰队从新加坡港出发，穿过印度洋，于4月4日到达亚丁港，就在4月10日，佐藤康三同意了英国人的请求，下令由"梅"号和"楠"号为英国运兵船"撒克逊"（Saxon）号从埃及塞得港（Port Said）到马耳他（Malta）的航程提供护航。而之后，其他的日本海军驱逐舰也以马耳他等港口为基地，陆续投入到了在地中海的反潜作战中，伺机猎杀在该海域的德国和奥匈帝国潜艇。

就在日本海军舰艇到达马耳他时，协约国在地中海的航线实际上已经摇摇欲坠。考虑到如此严峻的形势，协约国方面甚至一度考虑撤出驻扎在希腊萨洛尼卡（Salonika）的部队，并且将其他舰艇绕道好望角以避开危险的地中海。虽然佐藤康三的这支舰队规模不大，但是协约国方面所赋予其的职责却相当的重要——为法军运兵船提供护航。在经历了阿拉斯（Arras）和香槟（Champagne）地区的血战之后，法军急需后方到来的生力军的支持。为了加快速度，运兵船直接从埃及开往法国，在不需要在港口进行整队的情况下中途不经停马耳他。

就在投入地中海护航作战后不久，日本海军就在一次灾难性事件中证明了自身的价值。1917 年 5 月 3 日，执行从马赛（Marseille）到埃及亚历山大港（Alexandria）运兵任务的“特兰西瓦尼亚”（SS Transylvania）号客船在意大利萨沃纳（Savona）外海遭到德国海军 U-63 号潜艇鱼雷攻击，当场被鱼雷击中，随即由于伤势过重开始下沉。而在周围为其护航的日本海军“松”号和“榊”号驱逐舰一边对周围海域进行反潜巡逻，以防潜艇继续攻击，一边组织对“特兰西瓦尼亚”号幸存者实施救援。最终，在包括日本海军在内的协约国海军救援下，船上的船员和乘船官兵仅有 413 人不幸遇难，其他人员均成功获救。事后，有媒体报道称：“英国海军部向在地中海战区的日本海军指挥部发出了一封感谢和祝贺电，感谢其在救援过程中所付出的卓越努力。”

1917 年 6 月，“明石”号被调回了日本，而新的一批舰艇则从日本到达了马耳他，除了作为主力的“出云”号之外，还包括了“樫”号、“桧”号、“桃”号以及“柳”号驱逐舰。这些舰艇的到来，大大充实了第二特务舰队的实力。不仅如此，为了加强第二特务舰队的实力，英国皇家海军还向其租借了 2 艘炮艇和 2 艘驱逐舰，其中炮艇被日本海军重新命名为“东

⊙ 参加地中海护航作战的部分日本海军军官在马耳他合影，前排中坐者即佐藤康三

⊙ 满载“特兰西瓦尼亚”号幸存者的“榊”号驱逐舰，舰员正在将一艘救生船拖上甲板

京”（Tokyo）号和“西京”（Saikyo）号，而驱逐舰则被命名为“寒兰”号和“檀”号。在1917年最高峰时，日本海军在地中海战区的总舰艇数量达到了17艘。

由于日本海军在地中海的出色表现，到了1917年夏末，之前一直对日本海军战斗力表示怀疑的英国人至此也逐渐改变了原有的看法。就在8月21日发给伦敦海军部的一封密电中，英国皇家海军驻马耳他分舰队副司令乔治·伯纳德（George Ballard）这样写道：

（在地中海护航行动中）法国海军的效率显然比英国低，而意大利海军的标准则更低，但日本海军总能保持良好的勤务，佐藤康三的驱逐舰队保持了较高的妥善度，而且出海作战的时间和英国皇家海军大致相当，大大强于法国海军和意大利海军的任何舰艇。同时，日本海军的行动在所有的管理和补给方面都保持了非常强的独立性，而法国海军则事事都要依赖别人。

而到了1918年春天，德国方面为了挽回败局，孤注一掷地在西线发动了最后的“春季攻势”。为了应对来势汹汹的德国军队，英军开始紧急将中东的部队经由马赛港输送往欧洲战场。在此期间，第二特务舰队为大量运兵船提供了护航。仅仅在最为关键的4月到5月间，日本海军就为运送超过10人的英军运兵船团提供了护航。

⊙ 参与地中海作战的日本海军"桃"号驱逐舰

根据战后记录，日本海军在地中海的出勤率为72%，法国和希腊海军的出勤率是45%，即便英国皇家海军也只达到60%。至战争结束，日本护航舰队共护送了788艘协约国船只，人员约70万名。当然，在取得这样的战绩的同时，日军也付出了"松"号和"榊"号被击伤的代价。

四、分道扬镳——英日同盟的破裂

战后的轻松时光

就在一战停战之后，第二特务舰队依然在欧洲水域停留到了1919年5月。期间，"出云"号、"柏"号和"柳"号曾经到达斯卡帕湾，参与监视投降的德国海军公海舰队舰艇，并且准备将作为战利品的7艘德国海军潜艇（U-46、U-55、U-125、UC-90、UC-99、UB-125、UB-143）带回日本。除了在斯卡帕湾，佐藤康三还派出了"桂"号、"松"号、"榊"号和"枫"号在意大利布林迪西（Brindisi）监视集中于此的德国海军和奥匈帝国海军地中海舰队舰艇，另有"日进"号和其他8艘驱逐舰在1918年12月前往君士坦丁堡（Constantinople），对奥斯曼土耳其海军舰艇进行监视。

在完成了所有的任务之后，第二特务舰队的舰艇与1919年1月5日驶往英国港口波特兰（Portland），"出云"号、"柏"号和"柳"号以及7艘德国潜艇也加入了进来。到了

3月底，这些舰艇又返回了马耳他，在这里与“日进”号和其他驱逐舰汇合。它们中的大多数于1919年6月18日返回了横须贺港，而“出云”号和其他几艘驱逐舰则在4月10日离开马耳他，在访问了那不勒斯（Naples）、热那亚（Genoa）和马赛港之后，于1919年7月2日到达横须贺港。至此，日本海军的地中海作战宣告结束。

就在日本海军第二特务舰队启程回国时，英国方面对于他们为协约国所做出的贡献不吝溢美之词。丘吉尔就曾经表示，他“从未觉得日本（第二特务舰队）曾经干过什么蠢事”，而英国马耳他总督则在1919年3月对停泊在当地的日本海军舰艇进行参观时对日本海军“在欧洲水域的出色表现”表示赞许，并且献上祝福：“上帝保佑我们鲜血凝结的同盟万古长存。”

虽然在战后的一些评论中，有一些英国批评家表示，日本海军“在遭遇到突发情况时的表现要逊于我们的小伙子”，浓浓的偏见溢于言表。不过事实证明，这些偏见是根本站不住脚的，日本海军在战时的表现是非常值得称道的（当然，就在20多年之后，英国人就将在战场上更加深刻地体会到这一点）。很多日本海军舰艇的舰长甚至表示，如果他们的舰艇被击沉，他们就将选择切腹自尽，与自己的舰艇共命运。

当然，日本海军在海外的奋战，换来的可不仅仅是这几句廉价的赞扬。从1914年到1919年间，日本经济发生了根本性的变化。由于日本对德宣战，因而把这个重要的商业

⊙ 正在朴次茅斯港检查投降的德国潜艇的日本海军官兵，前面的U-46号和后面2艘均已挂上象征日本海军的太阳旗

竞争者完全驱赶出了亚洲，而且日本利用英美等国忙于在欧洲厮杀的机会，取得了独占中国市场的地位。1917 年日本商品出口总额达 10.88 亿日元，出超 6.15 亿元。在超额利润刺激下，社会生产全面攀升，化学、轻工、电力业产值普遍增加 4 ~ 5 倍以上，运输业增长 7 倍半，矿业增长 16 倍，电气工业增长 14 倍，制造工业增长 29 倍。钢产量 1917 年为 79.3 万吨，居世界第 9 位；船舶保有吨位达 23 万吨，居世界第 4 位。企业资本由 25 亿增加到 400 亿日元，进出口增长 3 倍以上，出超达到 13 亿日元以上，此外还有近 19 亿的海运收入。特别引人注目的是，日本由传统的债务国一下子变成了债权国，外债由 19 亿日元降为 16 亿日元，对外债权却由 8.1 亿日元猛增到 43.7 亿日元。这一切不禁让一部分日本人开始认为，自己已经足够强大，甚至具有了和其他西方列强平起平坐的权利。带着这样的心情，日本开始积极筹划参与对德谈判，期待能在未来的划分世界版图的过程中再分得一杯羹。

凡尔赛和会——满载而归

不过，就在一战的硝烟逐渐散去，协约国各个列强云集法国，筹划对同盟国阵营的惩罚时，之前被暂时掩盖的各种龃龉终于彻底爆发出来。首先，在对太平洋的势力范围的划分上，日本就和英国以及新兴强国美国产生了严重的分歧。由于日本对加罗林群岛等前德属殖民地的占领，对关岛和菲律宾等美国海外属地产生了严重的威胁，因此美国很快就抛却了和日本在战时的合作，而将其视为在太平洋上的最大威胁之一。

同时，由于德国已经战败，失去了在东亚和太平洋的所有殖民地，加之俄国爆发革命，新生的政权对印度这一“帝国王冠上的明珠”不构成威胁，因此英国与日本结盟的必要性也不复存在。因此，与日本结盟已经失去了其必要，而与美国的外交关系则成了英国对外政策的重中之重，两相对比，日本被英国抛却也不过是时间问题。

就在 1919 年 1 月 18 日开始的巴黎和会（Paris Peace Conference）上，作为协约国五巨头之一的日本派出了由首相西园寺公望和牧野伸显伯爵为首席代表的代表团，再次提出了将其在战争中所获得的前德国殖民地权益合法化，其中就包括了中国山东。在日本看来，以其在协约国阵营中所做出的“巨大贡献”，获得这样的成果几乎是顺理成章的事情。

不过，在会议的一开始，形势却并没有如日本所预想的那样发展。在一战后期依靠出售军火和其他军需物资而大发其财的美国羽翼渐丰，积极投入到对中国和太平洋地区的利益划分中，早已经对日本的贪得无厌感到不满。针对日本独霸中国山东的企图，美国针锋

⊙ 参加巴黎和会的日本代表团合影

相对地提出由五国共管。而之前日本提出的所谓“人种平等”的提议遭到了澳大利亚、加拿大等英国自治领的反对，理所当然地在一定程度上触动了英国的利益。一时间，日本的利益面临搁浅。

然而，就在这关键时刻，英国人的私心再一次占据了上风。在他们看来，日本的要求未必“合理”，并且坐视日本势力做大也并非长久之计。但是在此时，美日相争，如果在这时支持了美国，那么势必导致美国势力在整个太平洋地区做大，而这势必将影响英国的利益，所以在此时支持日本与美国抗衡，符合英国的利益——而且在英国人看来，现在的日本还只是自己的一个跟班，在之后很长一段时间里都无法影响到英国的地位。迫于英国的压力，美国做出了一定的让步。最终，在正式的协议文本上，日本诉求大体上得到了满足，无论是中国山东，还是太平洋上的前德国殖民地岛屿尽归日本所有。

不过，就是这样看似“公正”的做法却几乎没有让任何一方满意：之前参加协约国阵营，并且派出大量人力物力前往西线支援英法作战的中国感到自己被抛弃，因而拒绝在最终的合约上签字，而日本政府因为未能为本国争取更多的“利益”而受到国内质疑，由此也引发了日本军部一部分军官（尤其是少壮派军官）对英美的不满，成了后来日本军国主义滋生的温床。在与日本的交锋中暂时落了下风的美国则开始卧薪尝胆，从“橙色计划”开始，美国的对日作战计划不断完善。而日本也同样针锋相对，开始制定对美作战的一系列预案。“二十年的休战”之后，整个太平洋就将陷入空前惨烈的搏杀之中。

华盛顿会议——体面的葬礼

进入 20 世纪 20 年代之后，日本加速了在中国的扩张速度，日本商社遍布北京、上海等中国中心城市和通商口岸，日本资本也越来越多地渗透进中国经济的方方面面。就在日本人为此而沾沾自喜的同时，伦敦的政治家们却因此开始重新审视英日同盟的地位。尤其是他们惊讶地发现，由于之前忙于投入战争，因此在第一次世界大战结束时，日本在中国的投资已经接近英国，甚至在中国的对外贸易上超过英国跃居第一。而之前一度鼓吹英日同盟必要性的英国海军部，此时也由于急速扩张的日本海军对英国皇家海军在太平洋地区构成了严重威胁，转而开始反对英日同盟。

就在《凡尔赛合约》签订三年之后的1922年，旨在确定太平洋地区势力范围划分以及海军规模的华盛顿会议（Conference of Washington）在华盛顿召开。作为其中的一个重要议题，就是签订旨在限制海军军备竞赛的《华盛顿海军条约》（Washington Naval Treaty）的谈判。作为后起之秀，日本一直希望能有一个相对宽松的吨位限定，而且为了制定出相应的谈判底线，日本人可谓是绞尽脑汁，进行了一系列精密的计算。早在十多年前，佐藤铁太郎和另一位日本海军将领秋山真之就指出，以日本的国力和财力，尚不足以支撑起一支可以在整个太平洋对美国海军采取攻势的舰队，所以海军在日美冲突中应当采取守势，兵力以满足控制本土周边海域及与大陆之间的交通线为限。由于美国海军分布于太平洋和大西洋两个方向，需要同时保有至少两支大舰队，根据兰彻斯特方程（Lanchester's equation）的原理，如果日本海军在规模上达到美国的七成，就可以压倒仅占美国海军总实力五成的太平洋舰队，赢得海战的胜利。而此时日本海军所剩余的兵力仍然可以达到相当于美国海军总实力大约五成，和美国海军的剩余力量势均力敌，足以以此均势迫使美国海军放弃主动进攻的意图，在和谈中掌握一定筹码（这当然是日本人的一厢情愿，姑且不论兰彻斯特方程在此的应用是否科学合理，仅凭借一个理论推导竟然就决

⊙ 加藤友三郎（1861—1923），出生于广岛县，后进入江田岛海军兵学校第7期就读，作为“吉野”号枪炮长参加了甲午战争，后于1906年升任海军次官，1913年任第一舰队司令长官，并且在1915年和1916年先后担任大隈重信和寺内正毅内阁的海相。华盛顿会议中为日本全权代表，并且在之后出任日本首相，在任内因大肠癌病死

⊙ 正在下沉的“土佐”号战列舰，该舰由于受《华盛顿海军条约》限制而被迫自沉

定了一国的大政方针，这在近代几乎是罕见的。同时，在这当中日本人几乎完全没有考虑战时的再生产问题，而这恰恰才是美国相比较日本最大的优势。一旦陷入持久战的轨道，日本几乎无法与美国相对抗，这也是后来的山本五十六竭力反对与美国开战的根本原因）。

日本人的算盘打得很精，不过，在美国人看来，如果日本与英国结成同盟，那么届时，其海军力量之和将远强于美国，这显然是美国无法接受的。于是美国方面提出，签订海军军备条件的前提之一，即要废除日英同盟，同时在主力舰吨位上与英国保持一致。而到了此时，英国也没有了继续维持英日同盟的打算，权衡利弊，与美国的关系的重要性最终压倒了与日本的同盟关系，于是做出了让步，在最终的条约文书中规定，英美日主力舰总吨位限额按比例为 5 ∶ 5 ∶ 3。由于在会前日本海军内部根据“对美七成论”制定了相应的所谓谈判底线，但是最终并没有保住这样的底线，而被迫接受了这一结果。对于这一结果，以全权代表加藤友三郎为代表的对美温和派认为，要避免与美国对抗，就不得不委曲求全。不过，以首席随员加藤宽治为代表的对美强硬派对此结果咬牙切齿，虽然在谈判中就竭力反对加藤友三郎对美妥协，甚至在二人间爆发了激烈冲突，不过由于二人在资历和身份上的差异，导致加藤宽治最终败北，因此加深了对英美的仇视。事实上，华盛顿会议标志着英日同盟的破产。自此，两国开始从合作走向对抗。

自始至终，英日同盟的诞生和消亡，都伴随着英国对外政策的演变。而其中，也不可避免地带有对于日本这一后发国家的轻视。然而，这样的傲慢终究在一战结束 20 余年之后遭遇了当头棒喝，而那个曾经为英日同盟喝彩的丘吉尔，也不得不领导英国与日本展开了近 4 年的艰苦卓绝的战斗——而他们之前所并肩参与的那次战争，曾经被那时的人们称为“止战之战”（war to end all wars）。

三国英雄谱

——江东小霸王孙策传

作者：无性大象

《三国演义》中，曹操与刘备青梅煮酒论英雄，刘备共提到十位群雄，其中就有孙策，但整本《三国演义》中讲他的故事并不多，从出世到征服江东三郡，集中在第十五回。即使熟读《三国演义》的人，对这位江东小霸王也未必有多少了解。让我们看看这位只活跃了五年的青年，如何从一个懵懂少年，成长为拥有“六郡八十一州”的英雄。

一、英雄的诞生

孙策的父亲是东汉的破虏将军孙坚，祖父就说不清了。《三国志·孙坚传》的开头，叙述孙坚十七岁时，在钱塘与一伙海盗作战的故事，写得绘声绘色、形神兼备，当时孙坚的父亲也在场，还有发言，唯独没提孙坚父亲的名字。据后人考证，孙坚的祖父叫孙钟，是个种瓜为业的小老百姓，即便如此，孙坚的父亲叫啥、干啥的都不清楚，可以肯定也是个无名之辈、斗升小民，实在不值一提，所以史书只模模糊糊地说“盖孙武之后也”，打个马虎眼糊弄过去了。

孙坚是吴郡富春人，即现在的浙江杭州市富阳区，当地有个叫“孙权故里”的景点。孙坚兄弟三人，老大孙羌字圣台，老二孙坚字文台，老三孙静字幼台。孙坚还有个妹妹，嫁给同乡富春人徐真，生徐琨，后来徐琨跟着孙策东渡打天下，死于征伐黄祖的战事。徐琨有个女儿后来嫁给孙权，是为徐夫人，算起辈分来，孙权是徐夫人的表舅。孙权相继做了吴王和皇帝，徐夫人做王后、皇后的呼声很高，然而孙权不同意，最终做了皇后的是继承孙权皇位的小儿子孙亮的母亲潘氏。

《诸葛瑾传》提到孙权有个姐夫叫弘咨，《孙皓传》说弘咨的孙子是孙权的外甥，则弘咨是孙权兄弟的姑父。《三国志集解》的作者卢弼认为《孙皓传》写错了，“外甥”应该是“外孙”。笔者认为姑父说正确，因为《孙坚传》对孙坚的子女说得很清楚，嫡出四子一女，庶出一子，孙权只个有妹妹，没有姐姐。

公元 171 年，孙坚十七岁时，与父亲前往吴郡钱塘县（就是现在的杭州市），路上遇到一伙海盗，孙坚镇定自若，智勇兼备，吓走海盗们，还砍了一个海盗的脑袋，送到官府表功。县政府很高兴，封他为代理县尉，统领一个县的武装，负责组织管理军警，维护治安，剿灭盗匪。从此孙坚走上历史舞台，相继担任郡司马、盐渎县丞、盱眙县丞、下邳县丞。

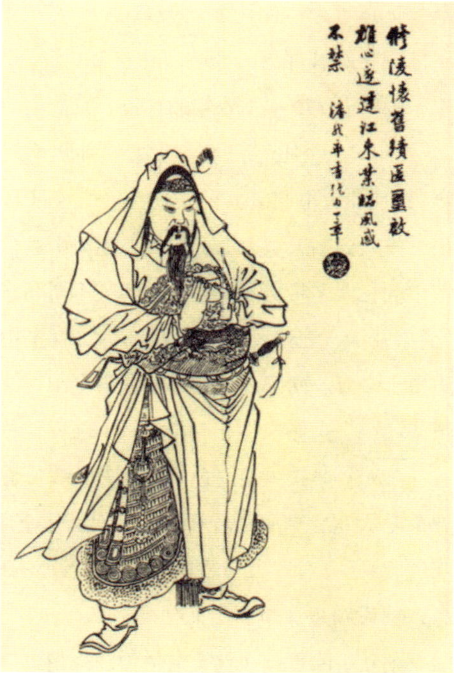

⊙ 孙坚像

孙坚、孙策、孙权父子兄弟能在汉末干一番事业，与孙坚很早就拉队伍有直接关系。黄巾起义之前，虽然东汉百病缠身，但世道还算太平，曹操、刘备等人虽然出身门第不同，却都是太平百姓，还没着手拉队伍，拜兄弟。孙坚很热衷结交同乡故旧和好事青年，来来往往的上百人，孙坚亲自接待抚养，如同骨肉亲人，所以孙坚在黑白两道都吃很开。正好，会稽郡妖贼许昌，纠合上万人造反，自称阳明皇帝，孙坚招募一千多人平乱，这帮人成了未来孙家军的骨干，相继跟着孙坚、孙策打天下。

担任钱塘县代理县尉期间，孙坚向钱塘当地的吴家求婚，吴家是当地大家族，至少门第比孙坚高得多，吴家认为孙坚“轻狡”，大约是孙坚不着调、孙家不是正经人的意思。然而孙坚这样能征惯战、两道通吃的人，即使吴家这样的土豪也惹不起，吴小姐很决绝地表示，宁得罪君子，不得罪小人：“何爱一女以取祸乎？如有不遇，命也。”于是吴小姐嫁给孙坚成了吴夫人，生了四子一女，四子是老大孙策、老二孙权、老三孙翊、老四孙匡，女儿的名字不详，京剧《龙凤呈祥》称为孙尚香，嫁给了刘备，还有个庶出儿子孙仁。

孙策的生年有两种说法，一是根据《三国志·孙策传》正文算出来的，孙策死于公元200年，享年二十六岁——古人按虚岁计数，所以孙策175年生人；二是根据孙策上表自称父亲孙坚去世时十七岁，按孙坚192年死计算，孙策生于176年。还有一种说法认为，孙坚死于191年，当时孙策十七岁，则孙策还是175年生人。笔者才疏学浅，无力做过多考证，姑且认为孙策生于175年，孙坚死于192年，孙策丧父时虚岁十八。

孙策的出生地也能算出来。孙坚于172年担任盐渎县丞，孙策的二弟孙权在182年生于下邳，即孙坚的下邳丞任上，比孙策小七岁，那么孙策只能生于孙坚盐渎县丞、盱眙丞、下邳丞之一的任上。《后汉书・灵帝纪》记载，174 年十一月，扬州刺史臧旻带领孙坚部剿灭妖贼许昌，孙坚因功获封盐渎县丞。《孙坚传》记载孙坚在盐渎县丞任上待了数年，则生于 175 或 176 年的孙策，只能生于盐渎——现在的江苏省盐城市。

184 年，旧历甲子年，大贤良师张角鼓吹“苍天已死，黄天当立，岁在甲子，天下大吉”，发动黄巾起义。东汉政府急忙号召天下英雄起兵勤王，孙坚、曹操、刘备都拉起队伍，投入到剿灭黄巾的火热战斗生活中去。当时担任徐州下邳国下邳县丞的孙坚，被平定黄巾的三大名将之一朱俊征召为佐军司马，纠集吴郡老乡和下邳当地人，以及下邳周边的“商旅及淮、泗精兵”，共一千多人，北上中原南部的南阳一带，追随朱俊攻破南阳，歼灭黄巾十多万。南阳之战使孙坚获得全国性的名望，也标志着孙家军和孙吴集团的诞生。孙吴集团第一大佬朱治、三位老将中的程普、韩当，都在南阳战役前后入伙。

参照孙坚正式建立孙家军经过，我们看看曹操、刘备的建军。曹操与孙坚同岁，父亲曹嵩是大宦官曹腾的养子，所以曹操是宦官子弟。虽然被士人鄙视，毕竟是富贵之家，当官容易，174 年二十岁的曹操就当了洛阳北部尉。黄巾起义时，曹操以朝廷骑都尉的职务，征讨颍川黄巾。然而他的部队是东汉朝廷的正规军，不是他曹操的私兵，战争结束后，朝廷解除曹操兵权，封他为济南相虽然曹操有战功，但军队不是他的，而且曹操究竟在战争中积累了多少经验和战功都很难说。188 年，汉灵帝设置西园八校尉，曹操担任八校尉之一的典军校尉，然而这支部队也是朝廷的正规军，不是曹操私人的。

刘备比孙坚、曹操小六岁，黄巾起义时拉起队伍，史书对他的战绩只用了俩字“有功”，战后做了安喜县尉。而孙坚在 172 年就做了钱塘县代理县尉，所以刘备的仕途起步分别比孙坚、曹操晚十二年和十年。刘备比曹操强一点的地方，在于利用平定黄巾，拉起了一支自己的私人武装，招揽了关羽、张飞两位“熊虎之将”。直到 190 年讨伐董卓的战事打响，曹操才在开封一带

⊙ 孙坚时代东汉形势图

拉起自己的队伍。所以在孙、曹、刘三家之中，孙家军成立最早，最有战斗力，名气最大，刘备其次，曹操最晚。

黄巾战争后的数年，孙坚南征北战，仗越打越大，名望越来越高。187年，孙坚担任荆州长沙郡太守，跻身太守行列，要知道出身顶级豪门的袁绍也才在189年担任渤海太守。190年，长沙附近的零陵人黄盖加入孙家军，孙家军三位老将凑齐——程普、韩当、黄盖。文官有公仇称、朱治，公仇称可能早死，朱治则是孙家军头号元老。除了外姓文官武将，所谓“打虎亲兄弟、上阵父子兵”，孙家军中有一群亲戚，最重要的是孙坚的大哥孙羌的长子、孙坚的大侄子孙贲，远房侄子孙香、孙河，妻子吴夫人的弟弟、孙策的舅舅吴景。

可见，孙家军由两种人组成，一是孙坚的宗亲，以小舅子吴景、侄子孙贲为代表；二是外姓老臣，以文官朱治、武将程普为代表。这种人员构成，对未来孙家军和孙吴集团的发展，产生了巨大而深远的影响。

189年，汉灵帝驾崩，汉少帝刘辩继位，主少国疑之际，朝廷高官们发生内讧，以袁绍、袁术为代表的士人精英，建议大将军何进杀光宦官，何进犹豫不决，反被宦官们先下手为强，惨遭杀害。既然宦官们先动手，袁绍、袁术们屠尽宦官为何进报仇，随即董卓带领西凉兵团进京，操纵朝政，废黜汉少帝刘辩，改立汉献帝刘协。士人精英拒绝与董卓合作，袁绍、袁术、曹操相继离开首都洛阳。190年，关东诸侯组建反董联军，孙坚以破虏将军、乌程侯、长沙太守的身份率孙家军参战，孙坚的大侄子孙贲随军。值得注意的是，孙策没有像《三国演义》说的那样随军参战。

参加讨董的诸侯虽多，但多数人秉承“交战不如参战，参战不如宣战”的理念，整天吃吃喝喝，“日置酒高会，不图进取”。真正卖力攻打董卓的，只有孙坚和曹操。曹操确实卖力，怎奈军队战斗力不行，几乎被董卓的大将徐荣击毙。孙坚从171年杀海盗开始，军事履历长达二十年，孙家军的数量、质量都不逊于董卓的西凉军团。何况在数年前，孙坚与董卓做过同事，知道董卓的斤两，不像其他诸侯那么怕董卓。

孙坚不仅卖力而且确实能打，董卓无奈之下，派大将李傕跟孙坚谈判，企图联姻合好，遭到孙坚断然拒绝。董卓畏惧关东联军，尤其怕孙坚和孙家军，裹挟汉献帝迁都长安，临走火烧皇宫，挖掘坟墓。孙坚完全相反，进入洛阳后，扑灭大火，掩埋坟墓，做了一个大汉忠臣能做的一切。

然而孙坚的最大问题是出身寒微，在讲究出身门第的汉魏，只能依附于豪门徐图发展。早在攻进洛阳前，孙坚便与豪门出身的后将军袁术，建立起合作关系，孙坚将夺取

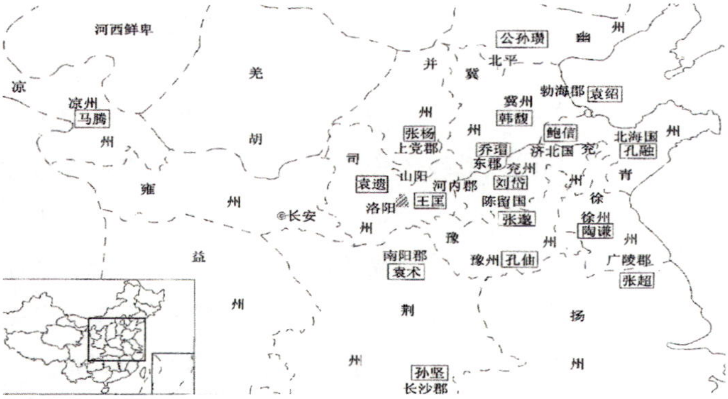

⊙ 讨伐董卓的各路诸侯的地理位置

的南阳送给袁术作见面礼。从此，孙坚在前面打仗，袁术在后方管饭。董卓离开首都洛阳后，原来的讨董盟友为了地盘大打出手，互相攻杀，逐步形成为两大阵营：一方是袁绍—曹操，另一方是袁术—公孙瓒—陶谦，孙坚属于后者。

孙坚想夺取豫州——今河南省，与袁绍派来的豫州刺史周喁厮杀，虽然孙坚屡胜周喁，却无法在豫州立足，还得投靠袁术。192 年，孙坚为袁术攻打荆州刺史刘表，在襄阳城外的岘山，孙坚惨遭刘表大将黄祖手下的弓箭手射杀，终年三十七岁。

孙坚死后，孙家军一时群龙无首，正在孙家军中的孙坚的大哥孙羌的儿子、孙策的堂兄孙贲，作为孙家军的掌门人，带领孙家军投靠袁术。从此一直到 197 年孙策以袁术称帝为借口与袁术断交，孙家军完全成了袁术的队伍。

回过头来，我们看看孙坚 192 年去世之前的孙策的行止。

如前所述，孙坚是扬州人，生于江南或江东。175 年，孙策生于徐州广陵郡盐渎县。孙坚相继任职的盱眙、下邳都属于徐州下邳国，这三个县都属于徐州，孙坚一家脱离了老家扬州，孙策从出生起就是徐州人，或曰江西、江北人。

184 年黄巾起义前，孙坚担任徐州下邳县丞，下邳就是后来吕布白门楼殒命的地方。孙坚一家太太平平地当芝麻官，182 年孙权就出生于下邳，可见黄巾起义前，孙坚的家属在下邳，孙策肯定也在下邳生活、求学。184 年，朱俊征召孙坚发兵前往南阳剿灭黄巾，孙坚在下邳招募的孙家军，自然以徐州淮、泗人为主。孙策和母亲弟妹们也离开下邳，到扬州九江郡寿春县定居。寿春一度是扬州首府，也是淮南最大、最重要的城市，没有之一，未来成了袁术的首都。

黄巾起义被镇压下去后，孙坚去遥远的西北凉州作战，孙策和家属继续待在寿春。187 年，孙坚担任荆州长沙郡太守。从此时到孙坚参加讨董联军，还有三年时间，孙坚任期稳定，《孙策传》引《江表传》说，从 184 年孙坚参加剿灭黄巾，孙策和家人一直定居在寿春。笔者认为孙坚的三年长沙任上，孙策和家属可能随父在长沙，最重要的证据是孙权称帝后，追封孙策为长沙桓王。

190 年，孙坚加入讨董联军，北上中原。孙策时年十五岁，“交结知名，声誉发闻”，名气很响亮。与孙策同龄的庐江郡土豪周瑜，主动找到孙策，二人一见如故，“推结分好，义同断金”，周瑜邀请孙策到自己的家乡庐江郡舒城县定居。

周家比祖上种瓜的孙家牛多了，周瑜的从祖父周景、从父周忠，都做过太尉，周瑜的亲爹周异，做过首都洛阳市长。孙家在舒城无亲无故，周家主动邀请孙家来舒城，笔者认为有两个原因。首先大家祖上都是扬州人，好歹算老乡；其次周家是文人，眼下天下大乱，需要武人帮衬、保驾，平民出身的孙家则需要通过巴结豪门更上一层楼，孙策、周瑜的关系跟孙坚、袁术的合作一样。

抛开两家的利益关系不谈，两个十五岁的大男孩志趣相投，自然成了铁哥们。周瑜将一座大房子借给孙家白住，“升堂拜母，有无通共”。在当时，升堂拜母、托妻献子是非常亲密的关系，后来孙策与张昭也是“升堂拜母”的关系。

192 年初，孙坚死在襄阳城外，孙策不能继续在舒城闲住了，作为家中顶梁柱的长子，他有责任和义务送父亲的灵柩回吴郡老家安葬。关于孙坚灵柩的行程，《孙策传》《孙贲

东汉晚期与孙坚、孙策相关的地点。橙点是各郡及其治所。富春是孙坚的故乡，钱塘是孙坚发迹做官的地方，长沙是孙坚做长沙太守之地，南阳被孙坚送给袁术，寿春是袁术的后期老巢，陈留是袁术北伐的顶点，孙坚战死在襄阳，用红点表示，埋葬在曲阿。盐渎是孙策的出生地，舒城是孙策、周瑜的早年居所，江都是孙策—张纮的“江都对”发生地

传》的行文有些歧义。《孙策传》说："坚薨，还葬曲阿。"《孙贲传》说："坚薨，贲摄帅馀众，扶送灵柩。后袁术徙寿春，贲又依之。"

前面说了，孙坚死于奉袁术之命进攻襄阳刘表的战争，孙贲接替孙坚统帅孙家军，回头投奔袁术。袁术看到，既然向南争夺荆州不行，打不过刘表、黄祖，便选择向东发展，进入淮南寿春，赶走或杀死原来的扬州刺史，任命陈瑀为自己的扬州刺史。

193 年，袁术向北发展，与曹操逐鹿中原，一度打到黄河边上的陈留郡（河南省开封周围），曹操屡战屡败，狼狈不堪，直到荆州牧刘表从背后给了袁术一刀，夺取袁术的老巢南阳——南阳是当年孙坚打下来送给袁术的。袁术顿时无家可归，被迫放弃逐鹿中原，大致沿着涡水、颍水向东南流窜，准备去刚刚到手的寿春。然而他任命的扬州刺史陈瑀叛变，拒不接纳他，袁术略经调整打跑陈瑀，从此袁术盘踞淮南，以寿春为都城建立独立王国。

综上所述和其他记载，笔者认为 192 年孙坚死在襄阳之后，孙贲和孙家军暂时离开袁术，护送孙坚的灵柩，从南阳沿着淮河向东走，孙策离开舒城向西迎接孙贲，双方在途中某地相遇、合流。孙策、孙贲再往东在历阳（安徽和县），从牛渚（安徽马鞍山采石矶）过江，在曲阿——今天的镇江南边的丹阳市，安葬了孙坚。之所以没送回吴郡老家下葬，一来孙贲必须带孙家军回去为袁术打仗，不能继续走了，再走袁术的黄花菜都凉了。二来天下大乱，路上不太平，孙贲和孙家军离去，孙策也走不下去了。

安葬了孙坚，孙策、孙贲分道扬镳，孙贲带领孙家军北上。听说袁术逐鹿中原失败退往寿春，孙贲就带着队伍去寿春投靠袁术。至此，孙贲带领的孙家军彻底丧失了独立性，完全听命于袁术。孙坚之死对袁术来说是个极大利好，因为袁术在讨董战争前担任朝廷的后将军，他拒绝与董卓合作出逃到外地，实质上是个空头司令，除了祖

⊙ 坐落于富阳龙门古镇的孙氏故里全貌（富阳古称富春）

○ 青梅煮酒论英雄

上传下的人脉、名气和光杆后将军头衔，手中无兵、无地，孙坚有军队、有才干，却缺乏袁术的人气，俩人结成战略伙伴关系，谈不上谁领导谁。孙坚北攻豫州周喁，南征荆州刘表，都有为自己打地盘的企图。孙坚一死，孙家军失去主心骨，无论是眼下带队的孙贲，还是一直在后方吃闲饭的孙策，都没有足够威望领导孙家军，只能依附于袁术。于是袁术不费一枪一弹，白得了天下最强的孙家军及其一大批名将。

孙策和全家去曲阿江对面的江都——现在扬州市江都区定居。孙策成了孙坚家族的家长，也面临着众多困难和挑战。

首先，孙策没有任何官职，父亲的乌程侯，需要朝廷审批才能继承。即使继承爵位，在天下大乱的大气候下，也是个空头爵位，当不了饭吃。

其次，孙策手里没有军队，孙家军在堂兄孙贲手上。虽说孙家军是孙坚创建的，可是孙贲是孙坚的大哥的儿子，从爷爷辈算下来，孙贲才是长房长孙，何况孙策虚岁才十八，做一军之主太年轻，而且孙家军组建以来，孙策一直在后方的寿春、舒城吃闲饭，反观孙贲，“坚於长沙举义兵，贲（孙贲）去吏从征伐”，在军中的根基远比孙策深厚。

最后，孙策没有地盘。孙坚任太守的长沙郡，属于孙家的死敌荆州刺史刘表。

总之除了父亲的好名声，孙策几乎一无所有，还别说干一番事业成为一方诸侯，连养活母亲、四个弟弟、一个妹妹都是问题。

好消息也有些，舅舅吴景担任袁术的丹杨太守，孙贲担任丹杨都尉，发小周瑜所在的周家，在庐江郡跺一脚地皮颤三颤。然而这些人脉关系用不用、怎么用，全无头绪。孙策在江都穷愁无依，不知如何规划人生的时候，他人生中的第一位高人或贵人及时出现了。

张纮，字子纲，就是本地广陵郡人，早年游学京城洛阳，虽然没当官，却也成了颇有影响的名士。此时张纮的母亲死了，回到家乡处理丧事。孙策主动找上门去，与张纮进行了四次孙吴版隆中对的第一次。

孙策说："方今汉祚中微，天下扰攘，英雄俊杰各拥众营私，未有能扶危济乱者也。先君与袁氏共破董卓，功业未遂，卒为黄祖所害。策虽暗稚，窃有微志，欲从袁扬州求先君馀兵，就舅氏於丹杨，收合流散，东据吴会，报仇雪耻，为朝廷外藩。君以为何如？"

抛开"汉祚中微，天下扰攘"的空话，孙策首先表达了为父报仇、建功立业的决心和进取心，继而拿出了自己的解决方案，就是从袁术手里要回属于亡父的孙家军，打回吴、会稽老家，搞块地盘做根基。

面对这个半大孩子的造访和提问，张纮很是吃惊。首先，官二代很多，绝大多数是没什么志向的庸人，例如徐州牧陶谦的两个儿子，孙策有继父志、报父仇的愿望，就很不容易。其次，孙策是破虏将军、乌程侯、长沙太守孙坚的嫡长子，丹杨太守吴景的外甥，虽然眼下没有官职，毕竟父亲、舅舅的光环在身，张纮则是四十岁的无业游民，俩人的身份相去甚远，孙策放下身段主动求教，绝大多数官二代就做不来。

最重要的是，与正版隆中对相比，孙—张版"江都对"的最大区别在于，求教者首先拿出自己的方案，问对方行不行，是以晚辈的身份向前辈求教或求证；隆中对则是刘备不出方案，向诸葛亮要方案——"然志犹未已，君谓计将安出？"虽然口吻客气，其实是刘备以长官身份对草民诸葛亮的面试。

张纮不急于回答，而是先卖关子，说我没啥本事，且在守丧期间，拿不出办法来。孙策急了，不仅涕泗横流地恳请张纮出谋划策，还及时抛出一顶高帽、一张画饼："若微志得展，血仇得报，此乃君之勋力，策心所望也。"见孙策出于至诚，张纮基本肯定了孙策的方案，并给予补充，大致上是四条：

（一）你爹有骁勇仁义之名，这是你成功的有利因素。

（二）就如你说，你应该去你舅舅吴景做太守的丹杨郡，招一支军队。至于孙贲带领的孙家军，张纮也没啥办法弄回来，根本没提。

（三）打回老家吴、会，创建根据地，安身立命。

（四）诛除群秽，匡辅汉室。

具体的行动方案是后三条，可称为"张纮三步走"或"江都三步走"：第一搞军队，第二打地盘，第三扶汉室。三步走一步步来，不可能跨越式发展。

孙策没兵没官没地盘，不可能给张纮开工资，所以俩人谈完就各奔一方。张纮建议孙策去丹杨郡组建新军，孙策却坚持自己的想法，跑到寿春找袁术，希望袁术将孙家军转给自己。

193 年，袁术逐鹿中原失败定居寿春不久，十八岁的孙策前往寿春找到袁术，这应该是孙策、袁术首次见面。孙策回顾父亲孙坚与袁术的友好关系，尝试打动袁术，继而展望未来，表达愿意为袁术效劳的诚意，隐晦地索要孙家军。袁术“甚贵异之”，但未必看好这个小毛孩子，没有如孙策所愿，把孙家军交给他，而是跟张纮一样，建议孙策去丹阳郡招兵。

看来要兵的路子走不通，孙策还有两条路可走：要么放弃报仇和独立发展志向，利用老关系，在袁术手下当个县令县尉啥的还不难；要么坚持理想，从张纮的招兵入手，一把屎一把尿地拉杆子建绺子，重新建立自己的孙家军。

二、搞定孙家军

虽然在袁术这里没得到想要的孙家军，孙策敢想敢干的名声却传了出去。孙策在寿春结识了避乱到此的富家翁吕范，后者将私人部曲百人送给孙策。这是孙策获得的第一批人，或第一桶金，虽然还不能算兵，吕范也因此成了孙策的头号亲信和嫡系。一直在孙家军中混的堂兄孙河，投奔孙策，成了孙策的左右手。

根据张纮的建议，孙策决定过江去丹阳招兵。出发之前，孙策必须把家属安置好。原来随着孙策年龄渐长，名声越来越大，引起徐州牧陶谦的不安，孙策全家定居的徐州广陵郡江都县是陶谦的地盘，孙策派吕范去江都，把家属接出来。陶谦对吕范的动向极为警惕，认为吕范是孙策甚至袁术的间谍，逮捕吕范严刑拷打。吕范的手下把吕范从狱中抢出来，吕范才逃脱虎口。

同年，孙策与堂兄孙河、吕范，携家属过江，家属安置在曲阿，就在埋葬孙坚的地方，孙策、孙河、吕范等人来到丹阳郡招兵。《三国志・武帝纪》记载此事：“是岁（初平四年，公元 193 年），孙策受袁术使渡江，数年间遂有江东。”

在汉魏晋时代，“丹阳”经常也写作“丹杨”，为了减少麻烦，除了引文和专有名词“丹杨兵”，笔者统一写作丹阳。丹阳郡属于扬州，涵盖今天安徽省南部、江苏省西南部，全境多山，最著名的是黄山，所以“丹杨山险，民多果劲”，盛产好兵，尤其是步兵。袁术称丹阳为“精兵之地”，出产的兵就叫“丹杨兵”。徐州牧陶谦手下有数千丹杨兵，刘备来到徐州帮陶谦抵御曹操，陶谦给了刘备丹杨兵四千。190 年，曹操被董卓的大将徐荣打

⊙ 曹操像

垮，曹家军濒临解体，曹操与夏侯惇、曹洪到东南方的扬州招兵，当时的丹阳太守周昕给曹操四千，曹洪招募丹杨兵数千，虽然曹操回中原的路上，丹杨兵发生兵变，但依然剩下五百人，成了曹军基干之一。张纮、袁术都建议孙策去丹阳招兵，除了吴景担任丹阳太守、招兵方便之外，也有丹杨兵骁勇善战的因素。

东汉末年天下大乱，各地为了自保，纷纷以宗族为纽带组成武装，称作宗伍或宗贼，宗伍的头头叫宗帅。土豪、宗帅对朝廷和官府的态度有所不同，有的比较恭顺，甚至愿意交税，有的桀骜不驯，不接受朝廷派来的官员。丹阳太守吴景、都尉孙贲能控制的，仅限丹阳郡东部的一些大城市，许多地方和县城，在土豪宗帅的控制下。丹阳郡的最大土豪是大帅祖郎，盘踞在丹阳郡西部的泾县周围，泾县是现在安徽省南部宣城市泾县，宣城西南，青弋江畔的一座小山城。

在舅舅吴景的配合下，孙策的招兵工作很顺利，招募到数百人。《孙策传》说孙策的招兵行为触怒了祖郎，孙策和他的小队伍遭到祖郎部袭击。《吴景传》说，不是祖郎主动攻击孙策，而是孙策的新军与吴景主动进攻并打败了祖郎："孙策与孙河、吕范依景，合众共讨泾县山贼祖郎，郎败走。"我倾向于后者，因为祖郎身为土豪、宗帅，一贯与官府作对，与太守吴景的关系恶劣，吴景配合孙策招兵，代价肯定是要求孙策的新军攻打祖郎，孙策也有用祖郎练手的考虑。如果连土豪祖郎都打不过，打曹操、陶谦的正规军就别指望了。

与祖郎的泾县之战是孙策出道以来的首战，战斗相当艰难危险，"几至危殆"，《孙辅传》记载："尔（祖郎）昔袭击孤（孙策），斫孤马鞍。"好在最终赢得了胜利，祖郎败走，退入皖西南山区。孙策和孙家军初试啼声，小试牛刀，赢得了善战的美誉。

孙策带着数百得胜之兵回到寿春见袁术，后者大为惊异，认定这个毛孩子不简单，将孙坚旧部一千多人还给孙策，孙策终于成了孙家军的主人。这里有个问题，孙策拿到的是不是孙家军的全部？答案为否。后来孙策对好哥们太史慈说道，"先君（孙坚）手下兵数

⊙ 东汉铜车马仪仗俑队，武威市雷台汉墓出土，主车舆车通长36厘米，马高40厘米，奴婢俑高19.5—24厘米。铜车马出行仪仗，由38匹铜马、1头铜牛、1辆斧车、4辆轺车、3辆辇车、2辆小车、3辆大车、1辆牛车、17个手持矛戟的武士俑和28个奴婢俑组成。可以据此推测东汉乃至三国时代的骑兵造型

千馀人”，怎么着也得三千以上，孙策只拿到一千多人，不超过孙家军的三分之一。袁术未必是故意压制孙策，孙策的堂兄孙贲、舅舅吴景在孙家军混迹多年，根基远非孙策可比，即使孙策拿到全部孙家军，能不能镇住这帮骄兵悍将也很难说。从袁术的角度讲，孙家军是他最有战斗力的部队，连董卓都害怕，肯定不希望被嘴上没毛的小屁孩孙策带垮了；另一方面，分出一部分给孙策，也是在孙家军内部立个山头，让孙贲、吴景、孙策互相牵制，成为并列的孙家军三巨头，我袁术居中获利。

孙策的丹阳新军加上袁术给的孙坚旧部，孙策军分为新旧两派，旧人有朱治、程普、韩当、黄盖，有兵一千多人，新人是孙策在寿春招募的吕范、陈武、蒋钦、周泰等人，有丹杨兵数百，合计约两千人。

至此，孙策实现了张纮三步走的第一步——搞军队，下面要走第二步——搞地盘。

193年末或194年初，袁术承诺任命孙策做九江太守，事后袁术又反悔了，任命丹阳人陈纪做九江太守。这次九江太守的任命涉及汉末、前三国时期的周氏三杰——周昕、周昂、周喁，他们哥仨是扬州会稽人，与孙坚、孙策是半个老乡，不过周氏三杰都属于袁绍—曹操阵营，与袁术—公孙瓒—孙坚孙策阵营为敌。

讨董战争初兴时，老大周昂担任丹阳太守，曹操被董卓的大将徐荣打垮，没了队伍，与夏侯惇、曹洪到扬州招兵，就是周昕给了曹操数千丹杨兵，使曹家军得以重整旗鼓，打下发家的基础。在豫州，袁绍任命周喁为豫州刺史，与袁术任命的豫州刺史孙坚对掐，孙坚屡胜却无法立足，被迫掉头南下攻打荆州刘表，死于襄阳城外。

袁术与曹操逐鹿中原，被袁绍、曹操联军打败，193年退到寿春喘息。袁绍不依不

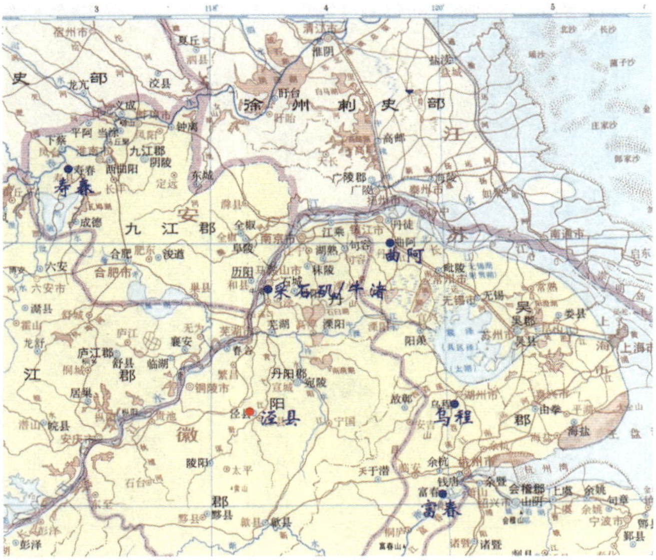

⊙ 公元 193 年，孙策首次渡江，赢得泾县初战的胜利。乌程是孙坚的乌程侯的封地

饶，任命周昂为九江太守，与袁术争夺九江郡，屯兵于寿春附近的阴陵——安徽省东部滁州市定远县靠山乡，对袁术虎视眈眈。袁术派孙贲、吴景率领孙家军赶走周昂、周喁。周喁阴陵兵败之后，打算回会稽老家投奔大哥周昕，路过吴郡时被吴郡太守许贡杀害。周昂的结局不明，大概也被许贡杀了。

孙贲因功做了袁术版豫州刺史，然而豫州不在袁术手上，豫州刺史纯属虚职，孙贲期望做手下败将周昂的九江太守，自然对这个空头刺史非常不爽。在南线，袁术派吴景、孙贲带领孙家军渡江，赶走周昕，吴景做了袁术的丹阳太守。周昕逃回会稽老家，投靠了会稽太守王朗，未来被孙策的东征军杀死。总之周氏三杰与袁术、孙坚、孙贲、孙策有着血海深仇。

袁术也有自己的难处，他手上也只有九江、丹阳两个郡，或许还有陈国，196 年曹操赶走袁术任命的陈国相袁嗣。吴景通过赶走丹阳太守周昕，已经拿到丹阳，做了丹阳太守，如果再让孙贲做九江太守的话，那么孙、吴两家的势力就太强了。此外，袁术的老窝寿春也属于九江郡，九江太守对袁术极为重要，后来袁术称帝，改九江太守为淮南尹。袁术不愿意把这么重要的职务交给外人。既然不可能让孙贲做太守，那么只能孙贲做副郡级的都尉，于是孙贲当了丹阳都尉，去长江以南与皖南山区的山越、祖郎等土豪、宗贼厮杀。为了防止吴景、孙贲在江南做大，袁术将孙家军剥离出一部分，转给在孙家军内没什么根基的小屁孩孙策，于是孙家军一分为三，分属孙策、孙贲、吴景，三人互不统属，都接受袁术的领导。

孙贲从省级干部豫州刺史跌落到副地级丹阳都尉，袁术的说法是承诺将九江太守送给其堂弟孙策，即使孙贲不高兴，也无法公然反对，毕竟一笔写不出俩孙字。等孙贲去了江东，孙策成年做了怀义校尉，到了履行承诺的时候，袁术翻脸不认，劳苦功高的孙贲不高兴，孙策也大失所望。

虽然孙策没做成太守，但他的才干、威望却与日俱增，袁术的大将乔蕤、张勋，都倾心敬爱孙策。袁术感叹："使术有子如孙郎，死复何恨！"后来曹操也说："生子当如孙仲谋。"孙策、孙权比曹操、二袁、刘备、刘表低一辈，孙坚教子有方，得到老一代英雄们的公认。

194年，受李傕把持的长安朝廷委派的太傅马日磾，持节来到寿春，李傕给马日磾的任务，是缓和讨董以来朝廷与关东诸侯的关系，一路上封官许愿，承认军阀们的既得利益，史称"和解关东"。马日磾封孙策为怀义校尉，孙家军首席元老朱治为吴郡都尉，从此朱治脱离孙家军一年多。从后果来看，朱治的脱队，很可能是孙策、朱治的刻意而为。

孙策获得的官职怀义校尉，"怀义"是名号，"校"是一级军队编制单位，大致相当于团。《鲁肃传》记载，鲁肃约关羽单刀赴会，面谈荆州的归属。关羽说当年我刘备大哥在赤壁奋勇杀敌，也是蛮拼的，应该获得一块土地吧。鲁肃说，我在长坂坡见到你家刘大哥，老刘"计穷虑极，志势摧弱"，军队"不当一校"，要不是我们老孙家收留、帮助你们，哪有你们的今天。"尉"意为长官，从国家最高军事长官太尉、最高法官廷尉，到郡级武官都尉、县级武官县尉，都叫尉。校尉就是校的长官，约等于中校团长。所以拿到两千军队的孙策更进一步，获得朝廷认证的正式官职。

⊙ 刘备像

同年，袁术的反袁绍—曹操盟友，徐州牧陶谦死了。袁术一直想吞并徐州，除了扩大地盘之外，还在于徐州首府下邳在泗水中游，而袁术要想再次逐鹿中原，捷径就是溯泗水而上。陶谦死后，徐州高管们讨论继任者，土豪陈登、名士孔融建议刘备担任徐州牧，外来户刘备看出袁术对徐州的野心，建议将徐州送给袁术："袁公路近在寿春，此君四世五公（袁家四代人出了五位当过三公的人，所以四世三公、四世五公都对），海内所归，君可以州与之。"孔融不同意，很尖酸地称袁术为"冢中枯骨"，《三国演义》把这句话拿到青梅煮酒论英雄，由曹操说出。

在陈登、孔融等人的支持下，刘备担任徐州牧，气坏了一直巴巴地等着陶谦老死、摘桃子吃徐州的袁术，既然和平演变不行，只好武力解决了。为了攻打徐州，袁术向庐江太守陆康要粮食或兵甲，遭到陆康断然拒绝，袁术大怒，派孙策进攻庐江，承诺解决陆康就让孙策做庐江太守。陆康见形势不妙，把正在身边的本家孙子陆逊打发回吴郡老家避祸，自己组织抵抗。

孙策领命进攻庐江郡首府，自己和发小周瑜待过多年的舒城，陆康抵抗孙策将近两年，在195年下半年才攻占舒城，陆抗忧愤而死。然而袁术再次食言，没把庐江郡给孙策，任命故吏刘勋为庐江太守，孙策白忙活一场，再度对袁术失望，决心渡江去江东发展。

说到这，我得解释为什么一定要一块地盘。根据孙策—张纮的"江都对"，孙策未来的三步走是搞军队、打地盘、扶汉室。孙策通过招兵和袁术的首肯，搞到孙家军，实现了三步走的第一步，自然要实现第二步搞地盘，目的是报父仇、创基业，乃至扶汉室。另一方面，即使孙策没那么大的野心，只想在袁术手下当差，他也得为军队搞块地盘。

由于袁术的政权寿命太短，无法判断袁术是怎么养兵的，但孙吴集团是从袁术集团脱胎出的，从孙吴的军事体制，可以反推袁术的体制。

孙吴集团从顶层的孙策、孙权，到下面的将领，他们每个人都有自己的军队，形成许多相对独立和完整的小集团。例如甘宁，脱离黄祖投靠孙权，孙权"遂授宁兵，屯当口"，给了甘宁一支小军队和地盘。甘宁率领手下"百骑劫魏营"，大获全胜，孙权给他增兵二千人。再如孙权的爱将凌统，在"张辽威震逍遥津"的合肥之战中，奋力厮杀救出孙权，手下三百勇士全部报销，凌统心疼坏了，"悲不自胜"，孙权亲自给他擦眼泪，安慰他："公绩（凌统的字），亡者已矣，苟使卿在，何患无人？"不仅赔偿了凌统的损失，还加了一倍做奖励。

军队是将领的私产，将领死后可以世袭，例如三大老将之一韩当死了，儿子韩综"袭侯领兵"。再如《吕蒙传》记载，将军成当、宋定、徐顾死了，子弟幼弱无法掌兵，孙权打算把三人的兵交给吕蒙，吕蒙死活不同意，说"子弟虽小，不可废也"，又为三人的子弟请教师，让他们长大了继承家业。

孙策、孙权不给将领及其军队发军饷，只授予封邑或封地，封地通常就是将领的驻地或附近，将领换防则改封地。例如周瑜拿下江陵之后，孙权封周瑜为偏将军、领南郡太守，以下隽、汉昌、刘阳、州陵为奉邑，屯据江陵。周瑜的四县封地都在江陵附近。其他诸侯也有收留外军、授予驻地和封地的习惯，例如刘备收留吕布，给了小沛，刘表收留刘备，给了新野。

主君通常不介入各军的内部管理，孙策在袁术手下就发生过一件事。孙策的一个士兵犯法，逃到袁术的马厩里，孙策冲进马厩将那个士兵捉出来杀了，再向袁术道歉，袁术认可孙策的做法，说："兵人好叛，当共疾之，何为谢（道歉）也？"

归纳一下，孙吴军队是将领的私产，君主必须赐给将领封地养兵，袁术集团应该也是如此。孙策有了孙家军，做了朝廷认证的怀义校尉，得到正式编制和职务，袁术就得给他封地养兵养人，这是孙策要地盘的原动力，报仇建国扶汉室啥的还在后面，否则孙策给手下开不出工资，发不出饷，谁还跟孙策混？即使袁术不给孙策一个郡，也该给若干县，袁术啥都不给，换谁都不会高兴。无论袁术出于什么考虑不给地盘，孙策都会认为袁术诚心限制自己发展。

三、江东乱局

孙策去世时拥有六个郡，《三国演义》称之为"六郡八十一州"。六郡中的庐陵郡是孙策从豫章郡拆分出来的，所以按照东汉的行政区划，孙策拥有五个郡——丹阳、吴、会稽、庐江、豫章，这五个郡都属于扬州刺史部。扬州刺史部总共六个郡，就是孙策的五郡加上袁术老巢寿春所在的九江郡。为了解读孙策的东征，有必要说下东征前的 194 年的扬州局势和人事变动。

190 年讨董前后的扬州刺史是朝廷任命的正牌货，二袁的汝南同乡陈温。192 年陈温被攻入寿春的袁术杀掉。袁术任命下邳人、陈登的从父陈瑀为扬州刺史，193 年袁术逐鹿中原失败打算去寿春安家，陈瑀背叛袁术抗拒袁术入境，被袁术轰走．陈瑀的政治生命还没结束，后面再说。

从陈瑀被赶出到 194 年，袁术、朝廷似乎都没再任命扬州刺史。因为 192 年秋八月，控制朝廷的董卓余部李傕——就是当年受董卓委派、建议孙坚与董卓结亲的那位，"使太傅马日磾、太仆赵岐和解关东"，承认关东诸侯的既得利益，换取他们承认李傕把持的朝廷。袁术控制着扬州最重要的九江郡，最重要的两个城市寿春、历阳，马日磾持节来到寿春，封袁术为左将军、阳翟侯、假节。马日磾要么任命袁术或其手下为扬州刺史，要么让扬州刺史空缺，否则就是与袁术打擂台，违反和解关东的初衷。然而袁术不给马日磾面子，诡称借节杖看个新鲜，骗来节杖不还，逼迫马日磾封了一大批官，孙策的怀义校尉、朱治的吴郡都尉，大概就是这么来的。马日磾见袁术要赖皮，想离开寿春，袁术扣押节杖不还，也不让马日磾走，马日磾羞愤而死。

袁术给老朋友陈珪写信，说："昔秦失其政，天下群雄争而取之，兼智勇者卒受其归。今世事纷扰，复有瓦解之势矣，诚英乂有为之时也。与足下旧交，岂肯左右之乎？若集大事，子实为吾心膂。"将东汉比作亡秦，不臣之心暴露无遗。羞辱、逼死马日磾，标志着袁术与朝廷决裂，向着自立为帝迈出第一步。

马日磾受袁术欺压羞愤而死前后，李傕把持的朝廷见袁术不给面子，非要跟朝廷过不去，便任命远支宗亲刘繇为扬州刺史，去淮南与袁术唱对台戏。刘繇的伯父做过扬州会稽太守，清廉能干，刘繇的哥哥刘岱做过兖州刺史，是讨董联军中的成员，死于与黄巾军的战斗中，之后兖州地头蛇鲍信迎曹操来兖州，曹操挖到人生第一桶金。

刘繇是宗亲、名士，但手里只有朝廷给的一块招牌、一方大印，能不能真正成为扬州长官，控制多大地盘，还要看刘繇自己的本事。从李傕的角度说，即使刘繇被袁术杀了也无所谓，反正两条腿的活人有的是，再换一个人发个大印派出去，给袁术添堵足矣。

扬州首府无非是历阳和寿春，俩地都在袁术控制下，刘繇去不成，他去了袁术鞭长莫及的长江对岸丹阳郡。

袁术任命的丹阳太守吴景、都尉孙贲，都因为人事安排而对袁术不大满意，尤其是被袁术从豫州刺史位置上拉下来、丢了部分孙家军的孙贲。他俩正好拥戴刘繇对抗袁术，把刘繇迎接到曲阿，就是埋葬孙坚、眼下孙策的家属定居的地方，建立起扬州刺史衙门。

靠自身的名气、祖荫和朝廷授予的合法性，刘繇成了各路反袁术势力，尤其是江东地头蛇的盟主，手下聚集了一位智囊——汝南人许劭许子将——早年称曹操为"治世之能臣，乱世之奸雄"的那位，五大金刚——张英、樊能、于麋、笮融、薛礼，其中只有笮融的籍贯明确，是丹阳本地人，估计其他四位也是扬州地头蛇。

随着羽翼丰满，刘繇觉得吴景、孙贲两面三刀不可信任，双方的关系日渐紧张，最终反目成仇，刘繇将吴景、孙贲赶出江东。这二位退到历阳，二次投靠袁术，好在他俩将孙策的家属从江东的曲阿带到江西，否则他们将成为刘繇手中的人质。

刘繇知道，袁术要过江打自己的话，只能从历阳牛渚 / 马鞍山采石矶过江。矶意为

⊙《三国战吕布》明代绣像

突入水中的岩石或石滩，采石矶就是长江东岸的一块突入长江的大石头。由于这块石头的存在，这段江面狭窄，也便于搭建浮桥，所以采石矶历来是长江下游过江的最重要渡口。项羽和八千子弟兵从采石矶过江打天下，垓下之战，项羽突出十面埋伏，本打算从采石矶渡江逃回老家江东，走到长江边的乌江亭，越想越想不开，抹脖子自杀了，李清照说“至今思项羽，不肯过江东”。历阳城在采石矶的江西边，控制着采石渡口，进而能兼顾长江两岸，所以历阳长期是扬州首府，吴景、孙贲滞留历阳，时刻威胁着江东。

刘繇的应对是派张英、樊能、于麋渡过长江，在采石矶对面的江西岸建立桥头堡。樊能、于麋驻屯在正对着江东采石矶的横江津，张英驻军当利口或当利浦。横江津、当利口都在江西，扼守采石矶，成掎角之势。掎角也写作犄角，在《三国志》《三国演义》中经常出现．不仅两支军队或要塞可以战术掎角，国家、势力之间也可以形成战略掎角，例如陈琳的《讨曹檄文》中说：“大军（袁绍）汎（泛）黄河以角其前，荆州（刘表）下宛、叶而掎其后。”刘繇军拥有制水权，控制着长江江面，所以张英、樊能的两个桥头堡，可以源源不断地从江东获得人员和物资的补给，不怕被围困，实在抵挡不住，大不了上船退到江东。

刘繇赶走了吴景，任命庐江郡土豪周尚为自己的丹阳太守，驻屯在丹阳县——今安徽省东南部马鞍山市博望区丹阳镇，马鞍山东南方向，苏皖交界处。丹阳郡就得名于丹阳县，丹阳郡首府在宛陵县——今天的皖南宣城，为了区分丹阳县和首府宛陵，丹阳县也叫小丹阳。从丹阳县的位置来看，周尚的首要工作是保证江西的张英、樊能的俩桥头堡的后勤。如果张英、樊能在江西混不下去退到江东，周尚就配合他们在采石矶组织第二道防线，阻止袁术军登陆上岸。必须承认，刘繇的防御方案非常高明，几乎无懈可击。

⊙《周氏宗谱》中的周瑜像

刘繇的唯一问题是用人不明。周尚有个著名的侄子——周瑜周公瑾，而周瑜是孙策的发小。刘繇手下还有个高人，同乡太史慈，此人不仅武艺高强，能骑善射，而且人品极佳，忠孝仁义信智勇帅兼备。当年太史慈奉孔融之命，杀出重围请平原相刘备支援北海国，刘备闻讯吃了一惊："孔北海知世间有刘备邪！"太史慈来曲阿投靠刘繇，有人建议刘繇任用太史慈做大将军，刘繇冒出一句后世听来很蠢的话："我若用子义（太史慈），许子将（许劭）不当笑我邪？"许劭以品评人物准确著称，号称"月旦评"，刘繇说用太史慈则许劭笑话自己，而且许劭确实没推荐过太史慈，可见许劭的所谓品评荒诞无稽，或者品评对象仅限于高门大户成员，太史慈这样的草根，不入许劭的法眼。当然还有一种解释，太史慈既不是周尚、周瑜那样的豪门出身，也不是笮融那样的土豪，更没带队伍来投靠，即使有天大的本事，也无法服众，即使刘繇想用他，也不能用或不敢用。

重归袁术的孙贲、吴景并没有得信任。袁术任命故吏惠衢为自己的扬州刺史，在历阳指挥吴景、孙贲，让他俩戴罪立功，围攻刘繇的两个桥头堡。从 194 年到 195 年，孙、吴打了一年多，毫无进展。袁术忙于与大耳贼刘备争夺徐州，没精力支援他俩，估计也是袁术故意给他俩找活干，免得他俩无事生非，在后方给自己添乱。孙策和他的孙家军也没闲着，围攻庐江太守陆康。整个 194 年，袁术、孙策、吴景孙贲，三线出击，统统毫无进展，陷入胶着。

丹阳郡东边、孙坚的老家吴郡，194 年之前的太守是名士盛宪，许贡担任都尉。盛宪可能是会稽人，刘备嘴里的孔北海孔融的老朋友。许贡的籍贯不详，与名士许靖、王朗是老朋友，"有旧"。盛宪、许贡的关系恶劣，俩人分别坐镇首府吴县（苏州）、重镇钱塘（杭州），互不统属。

194年，太傅马日䃅“和解关东”，来到寿春，对扬州的人事安排做出重大调整。

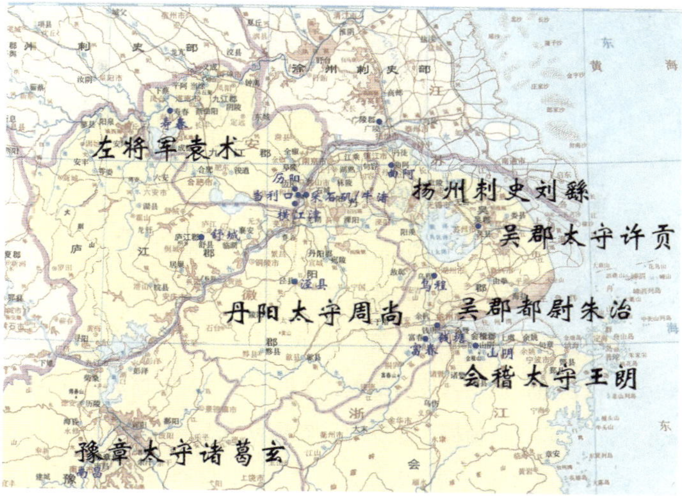

⊙ 孙策东征前的扬州各郡

吴郡太守盛宪卸任，换成王朗的老朋友许贡，许贡的吴郡都尉，由孙家军首席元老朱治继任，许贡坐镇首府吴县，朱治坐镇钱塘，太守、都尉继续分庭抗礼。盛宪一下课，立刻遭到新官许贡的报复，盛宪躲了起来，在朋友们的斡旋之下，暂时逃过劫难。然而盛宪终究难逃一死，后来被孙权杀了。

袁术的根据地在淮南，长江以南只能触及丹阳郡，吴郡、会稽管不到。比较特殊的地方是吴郡西北部的曲阿，相继在丹阳太守吴景、扬州刺史刘繇的治下，原因是曲阿距离长江太近，距离首府吴县太远，吴郡太守够不着。袁术的死敌周喁，在从中原南下返回会稽老家的途中被许贡杀死，许贡的目的是取悦袁术，也为了防止周家兄弟从南边进攻吴郡。

吴郡的最大问题是土豪、宗帅太多，严白虎、邹他、钱铜、王晟、孙静等人，各聚众万余或数千。孙静是孙坚的小弟弟，“恋坟墓宗族，不乐出仕”，没跟着孙坚出去闯天下，留守在家乡看护宗族和祖坟。盛宪、许贡、朱治都管不动土豪们，所以吴郡政令不一、一盘散沙。后来袁术放孙策东征，就考虑到“刘繇据曲阿，王朗在会稽，谓策未必能定”，刘繇盘踞丹阳郡和吴郡一角，王朗是会稽太守，袁术没提吴郡太守许贡，认为吴郡不堪一击，事实也印证了袁术的想法，面对孙策的进攻，吴郡没能组织起像样的抵抗。

会稽郡在吴郡南边，两郡以浙江（现在叫钱塘江）为界，浙东为会稽郡，浙西为吴郡。浙江南边的福建省也属于会稽郡。

会稽的形势简单一些。192年，徐州治中王朗、别驾赵昱建议陶谦与朝廷搞好关系，陶谦派赵昱去长安朝觐皇帝，表达忠心，汉献帝投桃报李，封陶谦为徐州牧、安东将军、溧阳侯，王朗为会稽太守、赵昱为广陵太守。王朗在会稽毫无根基，天下大乱的大环境下，只能和刘表一样，依靠当地土豪，而会稽郡最强大的土豪，就是周氏三杰。周家老大周昕被吴景、孙贲赶出丹阳，回到老家，辅佐王朗对抗袁术。王朗是个有德无能的名士，周昕是财雄势大的土豪，俩人的名实组合倒也相得益彰，王—周配维持到孙策的到来。

吴郡太守许贡杀了周家老三周喁，导致吴、会两郡的关系恶劣。吴郡太守、都尉分居吴县（苏州）、钱塘（杭州），除了就近监控吴郡的众多土豪之外，也有对抗会稽周家的考虑。吴郡都尉的驻地钱塘，就在浙江西岸，正对着浙江东岸的会稽郡要塞固陵。

丹阳、吴、会稽都在江东，统称为江东三郡。长江西岸的九江郡属于袁术，庐江郡在陆康治下，正在遭受孙策的围攻，更西的豫章郡对应现在的江西省，首府南昌县就是现在的南昌市。相比其他郡，豫章的局势最为混乱。

讨董运动之前，豫章太守是周术，据《江西吉安周氏族谱》，周术是周瑜的爷爷，此说是孤证，真假难辨。当时的豫章郡过于偏远，各方势力都鞭长莫及，兴趣不大，但也都想把自己人塞进豫章，建立亲自己的豫章政权。大约在 193 年，周术去世，之后的人事任命有歧义。

《三国志·诸葛亮传》说诸葛亮的从父诸葛玄，受袁术之命，带着诸葛亮、诸葛均兄弟来豫章做太守，李傕把持的朝廷不认可诸葛玄，派孙坚的老上级、名将朱俊的儿子朱皓来豫章，诸葛玄的太守当不下去，带着诸葛亮、诸葛均前往襄阳投靠与自己“有旧”的刘表。

《献帝春秋》说，诸葛玄是刘表的人，朝廷派朱皓来，诸葛玄拒不退让，两个太守只好兵戎相见。朱皓请同为朝廷派出的扬州刺史刘繇帮忙打诸葛玄，迫使后者退出首府南昌，躲到南昌西城，朱皓入主南昌城，做了正牌太守。197 年正月，南昌西城的百姓造反，杀诸葛玄。

《三国志·华歆传》说，太傅马日磾和解关东时，征召华歆做自己的掾吏，马日磾走到徐州，任命华歆做豫章太守。

三种说法互相抵牾，但也能看出豫章的政局混乱，必然成为外人的口中食。

扬州六郡，吴郡太守许贡，会稽太守王朗，丹阳太守周尚，庐江太守陆康，豫章太守诸葛玄、朱皓或华歆，九江太守未知，就当是袁术，总共八个人，全部是名士或官宦后代，有的有德无能如华歆、王朗、陆康，有的无德无能如袁术，反正都是无能之辈，每看一次这个名单我都恨得慌，东汉就是被这帮豪门和名士毁了，老百姓跟着遭殃、殉葬，而且倒的霉更大。

四、星光璀璨

195年，孙策攻克庐江郡首府舒城，太守陆康含恨而死。然而袁术再次爽约，没有按承诺任命孙策做庐江太守，而任命故吏刘勋为庐江太守。我要是袁术我也不给，因为袁术总共才两个郡——九江、丹阳，孙策的堂兄孙贲、舅舅吴景把丹阳弄丢了，现在孙策夺取庐江，一出一进还是两个郡，拿出一个给孙策，实在太多了。从孙策的角度说，袁术两次耍赖皮，跟着他实在没前途，正好吴景、孙贲还在打刘繇的俩桥头堡，孙策主动向袁术建议，由他孙策带孙家军支援吴景、孙贲，夺取江东老家，给袁术的报酬是："因投本土召募，可得三万兵，以佐明使君匡济汉室。"

袁术同意，"表策为折冲校尉，行殄寇将军"，出征江东。据后来孙策的上表，他在兴平二年十二月二十日（196年02月06日），赶走刘繇占据丹阳郡之后，才知道自己被袁术任命为殄寇将军，孙策的侄孙孙秀回顾东吴的历史时说"昔讨逆（讨逆将军孙策）弱冠以一校尉创业"，可以断定孙策东征时的职务是校尉，代表朝廷的马日磾给的怀义校尉，或袁术给的折冲校尉。

至于殄寇将军，我认为确实是孙策出征时袁术给的，因为正在横江前线的吴景担任丹阳太守、督军中郎将，孙贲为丹阳都尉、行征虏将军，都高于孙策的怀义校尉和折冲校尉，如果孙策就这么去前线，加上辈分低于吴景、孙贲，那么他只能接受吴、孙的领导和指挥。所以袁术给了孙策更高的名分——将军，高于中郎将，然而吴景毕竟是孙策的舅舅，为了照顾吴景的面子，给殄寇将军加了个"行"字，意为行使殄寇将军职务，但还不是正式职务。后来，孙策占领曲阿赶走刘繇，袁术任命从弟袁胤为丹阳太守，为了安慰孙策，袁术将"行"去掉，孙策转正成了正式殄寇将军，孙策做大、与篡逆的袁术划清界限之后，不承认袁术授予的伪职，朝廷为了拉拢孙策，相继送给他骑都尉、明汉将军、讨逆将军等头衔。

笔者认为，袁术同意孙策出征，有以下几个考虑：

（一）孙策所部不到两千人，有他不多无他不少，即使单飞对自己的损失也不大。

（二）袁术两次对孙策爽约，影响自己形象不说，也让其他将领如张勋、乔蕤心寒，由孙策自行打出一块地盘做长官，也是给孙策和其他人一个说法。

（三）刘繇的防御坚固、完备，孙贲、吴景打了一年多也打不下来，孙策恐怕也打不下来，那时候就不能怪我袁术爽约了，而是你孙策没本事。

（四）即使孙策成功的征服江东，至少不会完全脱离自己。孙策祖籍吴郡富春，但他和他的弟弟们都生于江北，如孙策生于徐州广陵郡盐渎县，孙权生于徐州下邳国下邳县，只有小妹孙尚香可能生于江南的长沙。孙家军组建于下邳，多数成员是“淮泗精兵”和徐州人，随着孙坚长年在中原、西北、荆州长沙郡任职和作战，孙家军中的江东老乡逐步被外地人置换。孙策招募的新兵，来自丹阳郡，是江东人但不是吴、会人。孙家军中群星璀璨，但江东人极少，例如在寿春入伙的吕范是豫州汝南人，二袁的老乡，蒋钦是九江郡寿春人、周泰是九江郡下蔡人。对江东人来说，孙策和孙家军是入侵者。袁术一定想到当年的孙坚，虽然英勇善战，先后占据东汉帝乡南阳、帝都洛阳，却都无法立足，不得不依附于出身名门的自己。现在孙策也面临同样的问题，最好的依附对象还是他袁术。事实也如袁术所料，孙策、周瑜都长期依附于袁术，即使在袁术篡逆之后，双方依然藕断丝连，最后袁术倒台，袁家族人多数去了东吴。

孙策离开寿春出征时，“兵财千馀，骑数十匹，宾客愿从者数百人”，不到两千人，与193年拿到千余孙家军相比，人数没有增加，反而小幅下降，笔者认为这与刚刚结束对庐江的围攻有关。然而孙策前往历阳前线的途中，他的队伍却滚雪球一样扩大，到历阳时人数达到五六千人。加上吴景、孙贲的队伍，孙策的殄寇军近万，取个整，算八千人，与项羽西征的人数相同。

队伍大了，压力也大了，因为孙策必须靠胜利和扩地盘养人，否则他的队伍资金链断裂，必定一哄而散，所以孙策的扩军、扩地是两条腿走路。兵多了就得扩地养兵，地盘大了招更多兵，如此良性循环，当然前提是必须打赢。

行文至此，先盘点一下孙策东征军的阵容：

程普，幽州右北平郡土垠人——今河北省唐山市丰润区。孙坚北上征讨黄巾时就加入了孙家军，参加过南阳战役，讨董的阳人战役，在武将中资历最老。

韩当，幽州辽西郡令支人——今河北省东北部唐山市迁安市，和程普是唐山老乡。作为大北方人，不大可能在孙坚的下邳县丞、长沙太守任上入伙，应该是在孙坚围剿黄巾或转战西凉时加入。

黄盖，荆州零陵郡泉陵人——今湖南省零陵市。零陵挨着孙坚担任太守的长沙，应该在孙坚担任长沙太守时入伙。以上三位是孙坚的三大老将。

宋谦，《三国志》无传，籍贯不详。与孙策、韩当、黄盖参加神亭之战，排名在韩当、黄盖之间，应该也是孙坚招募的老将。宋谦的资历很老，但发展得不如三大老将好，以至于《三国志》中没有他的传。宋谦最出彩的一战在222年初，作为夷陵之战的前哨战，宋谦攻破刘备的五座营垒，遏制住蜀军的锋芒，迫使刘备扎下大营与吴军相持，为陆逊火烧连营创造了机会。

芮良，丹阳人，可能是丹阳郡丹阳县人。其父芮祉就跟着孙坚干，孙坚推荐芮祉担任九江太守、吴郡太守，而孙坚最大的官也就是长沙太守、空头豫州刺史，可知他对孙坚的事业帮助极大，或者他在孙家军中有巨额股份。芮良跟着孙策打天下，功勋卓著，后来孙权为太子孙登选太子妃，群臣都说芮家功勋卓著，因此芮良的侄女入选。

吕范，豫州汝南郡人，二袁的老乡。193 年孙策来寿春找袁术要兵时入伙，“遂自委昵，将私客百人归策”，他是加入孙策最早的人，给孙策的一百部曲，是孙策拿到的第一支队伍，所以他不是程普、韩当那样的打工仔，而是股东。

徐逸，无传。后来跟着吕范打垮前扬州刺史陈瑀。吕范帮孙策把家属从陶谦的地盘江都送到江南的曲阿，吕范被陶谦逮捕，严刑拷打，他的私人部曲健儿把他抢了出来才脱险，我怀疑这个健儿或这批健儿的头头就是徐逸。

陈武，庐江松滋人——今安徽省西北部六安市霍邱县。193 年，孙策来寿春时入伙，资历与吕范相当。

蒋钦，九江郡寿春人。

周泰，九江郡下蔡人——今安徽省中部淮南市凤台县城关镇。蒋钦、周泰都是九江郡人，下蔡距离寿春不远，入伙在 193 年孙策来寿春、195 年过江东征之间。

陈宝，无传。孙策的买卖做大后，派他将家属接到江东。

凌操，吴郡馀杭人——今浙江省杭州市余杭区，名将凌统之父。孙家军中极少见的吴郡人，后来在孙权讨伐黄祖的战争中，被甘宁射死。

韩晏，无传，入伙时间不详，也可能是孙策招安的会稽土豪。196 年孙策征服会稽郡时，韩晏担任永宁县长——永宁是今浙江省温州市永嘉县。貌似县长的官不大，其实在 196 年，孙策的地盘也才是名义上的三个郡，多数地方属于各色土豪、宗贼、山越，县长在孙吴集团中是很大的官，同年孙权是阳羡县长，功勋卓著的周瑜，直到 198 年才当上春谷县长，韩当在 200 年当上乐安县长。

邓当，无传。吕蒙的姐夫和恩人。邓当入伙时间不详，似乎没参加东渡之战，《吕蒙传》只说“当（邓当）为孙策将，数讨山越”。

张纮，扬州广陵郡广陵县人，早年为孙策规划未来，提出江都对。然而张纮入伙相对晚，至少比吕范晚。孙策从丹阳郡招兵回来，才有队伍，才能发出工资养得起人。在张昭入伙之前，张纮是孙策最重要的谋士，没有之一，担任正议校尉，张昭入伙之后，他依然是最重要的谋士之一。他对中国和中国历史的最大影响，是建议孙权定都秣陵，就是后来的南京。

秦松，广陵郡人，张纮的老乡。赤壁之战前建议孙权投降，孙权对此很失望。

陈端，广陵郡人，张纮的老乡，早卒。《张纮传》说秦松、陈端、张纮“参与谋谟”。

上面是外姓人，军中还有众多宗族、亲戚：

孙权，195 年虚岁十四。古人早熟，十四岁已经算是不小了。《孙权传》引《江表传》说：“策起事江东，权常随从。”《孙权传》说：“兄策既定诸郡，时权年十五（196），以为阳羡长。”似乎孙权没有参加孙策早期的征战，孙策征服吴郡阳羡县之后，孙权吃现成的，姑且算他参战了。

吴景，不用多说。

孙贲，不用多说。

孙辅，孙贲的小弟弟，以扬武校尉的身份追随孙策东征。

孙夫人徐孙氏，孙坚的妹妹，嫁给徐真生徐琨。随军出征，在渡江战役中功勋卓著。

徐琨，孙坚妹妹徐孙氏的儿子，孙策的表哥。

孙河，孙策的远房堂兄，跟过孙坚，“从坚征讨，常为前驱，后领左右兵，典知内事，待以腹心之任”，现在跟着孙策打天下。

弘咨，孙坚的妹夫。无法确定弘咨是否参加了东征，我把他也算一个。

正式与刘繇部接战前，孙策先派人将家属从历阳搬到更内陆的阜陵——今安徽省中部滁州市全椒县百子村。至此，孙策做好了进攻刘繇的全部准备。

五、驱逐刘繇

孙策率军来到历阳前线，第一个问题是理顺指挥、隶属关系。无论从哪方面而言，包括资历、辈分、功绩、年龄、职务，孙策都不可能指挥舅舅吴景、堂兄孙贲，他的行殄寇将军与孙贲的征虏将军同级。孙策唯一比吴、孙强一点的是，他胜利结束了庐江之战，带来了生力军，而吴、孙围攻刘繇的桥头堡一年多，毫无进展。尽管如此，三人依然是合作关系，充其量是“听请不听令”，孙策做不到如臂使指。如果孙策也无法打开局面，他头上的一点点光环也要失色。

孙策依然面临吴景、孙贲的老问题：打不打、怎么打横江津、当利口两个桥头堡。如果打，以孙策的八千乌合之众，很难拿下来，绕过敌军渡江的话，手里没船，刘繇军控制着江面，即使孙策搞到船也很难渡过敌军封锁的长江。关键时刻，一个人的出现，为孙策解决了过江问题。

此人正是孙策的发小——周瑜。192 年孙策离开舒城处理亡父孙坚的丧事，一晃两人三年没见了。周瑜现在担任刘繇的丹阳太守的从父周尚身边，而周尚负责为江西的樊能、张英提供补给。

孙策、周瑜的交往，少则五年多则八年（孙坚担任长沙太守三年间，孙策可能在长沙），“独相友善、登堂拜母”，刘繇不大可能不知道，之所以不作防备，原因就在孙策围攻庐江郡首府舒城上。周尚、周瑜就是舒城土豪，周瑜的高祖父周荣是袁家祖宗袁安的故吏，参加过公元 88 年的关于是否北征匈奴的大讨论，做到尚书令。周家在舒城财雄势大，根深蒂固。孙策围攻舒城将近两年，兵燹之下玉石俱焚，作为当地首席土豪，周家肯定损失惨重。庐江太守陆康所在的陆家是吴郡吴县土豪，“世江东大族”。孙策逼死陆康，自然也得罪了吴郡豪族。

通过庐江之战，孙策向袁术献上投名状，与童年、周家、老家吴郡都划清了界限。袁术认定孙策忠于自己，即使征服江东也会被江东人视作入侵者，只能靠他袁术的威望才能立足。从刘繇的角度看，孙策在舒城混了那么久，为了地盘忘恩负义、反攻倒算，与周家决裂，周尚、周瑜与孙策有不共戴天之仇，必将死守江防。

出乎刘繇意料的是，孙策依然策反了周瑜，孙策写信告诉周瑜说我来了，周瑜便带着一批军队和船只来到长江西岸迎接孙策。从种种迹象看，周瑜是瞒着周尚偷偷造反，或者周尚知道但没阻止周瑜。证据有三个：一是后来周瑜、周尚到江西投靠袁术，袁术想启用周瑜为将，周瑜不干，袁术转而任命他做了居巢县长，周尚却没得到任何封赏，从史料上消失，大概被周瑜气死了；二是周瑜带来的船不多，不足以让数千的孙家军过江，周瑜的军队也不多，以至于史书没说数字，如果周尚造反，肯定会为孙策提供足够的过江船只；第三个原因后面再说。

周瑜率领军队、船只、粮食迎接孙策，孙策大喜。多数《三国志》版本和《资治通鉴》记载孙策说：“吾得卿，谐也。”元本《三国志》多一个“事”字：“吾得卿，事谐也。”为《资治通鉴》做注的胡三省说：“谐，偶也，合也。史言推结分好，正当于此观之，又当于此别‘分好’二字。英雄相遇于草泽，一见之倾，靡然为之服役，此岂声音笑貌所能为哉！”在胡三省看来，“谐也”指两位英雄重聚首时发出的由衷喜悦。然而从周瑜背叛刘繇并为孙策提供渡船来看，“事谐也”更符合当时的局面和事实。说：“吾得卿，

⊙ 周瑜像

谐也。”于是孙策、周瑜联手攻克横江、当利。

周瑜的投奔，对孙策的事业是巨大帮助，但不等于孙策就能攻克横江、当利或过江。孙策虽然拿到周瑜送来的船，依然不足以将孙策的八千军队载过江。孙策采取两步走的策略：一步是派部分兵力继续围攻横江、当利，牵制张英、樊能，阻止他们妨碍自己过江；另一步是根据姑妈徐孙氏的意见，用芦苇扎筏子，载大军过江，“众悉俱济”。这里有个细节，徐孙氏没有直接把主意告诉孙策，而是告知徐琨，再由徐琨向孙策献计，因此孙策以为是徐琨的主意，归功于徐琨。

由孙策扎筏子过江，能算出孙策渡江的大致时间。从采石矶过江，固然比其他江段容易，但那毕竟是天堑长江，北军过江通常选择长江水量最小的冬季。三国时代极为明显，曹魏、晋主动发动的南征，往往选择冬季。曹操四越巢湖、曹丕三次南征、西晋灭吴，全部在冬季。曹操二越巢湖时，与孙权相持到春季，孙权写信告诉曹操：“春水方生，公宜速去。”曹操表示赞同：“孙权不欺孤。”撤军北返。就说在采石矶过江，历史上最著名的一次发生在 1161 年，金国皇帝完颜亮在冬十月南下，十一月宋金两军在江上进行采石大战，金军战败，完颜亮死于兵变，南宋幸运地躲过一劫。

长江的水流量在 1 月最小，其次是 2 月、12 月、3 月，孙策用芦苇筏子过江，只能选择在这四个月，其他八个月不用考虑。那么孙策过江只能有两个时间，兴平二年（195）年初或年末。再看其他时间点，194 徐州牧陶谦死，刘备继任徐州牧，袁术大怒，企图进攻徐州。为此向庐江太守陆康要粮食，遭到拒绝后派孙策围攻陆康两年。之后朝廷派刘繇担任扬州刺史，继而袁术与刘繇开战，吴景、孙贲围攻刘繇的两个桥头堡一年多不下。几个时间点算下来，孙策渡江只能在兴平二年年末，公元 195 年 12 月。

回到渡江战役，孙策用周瑜的船加上芦苇筏子，将大部分军队运到江东，一举攻克江东采石矶的刘繇军仓库——当时叫邸阁，将对手的粮食、武器一锅端了，并在采石矶建立大营。这一精彩的战术机动，很可能是周瑜建议并带路的。

东渡长江成功，孙策随即兵分两路，吕范率领一路人马向东，“下小丹杨”，周尚占据的丹阳县也叫小丹阳，周尚对吕范做了一些抵抗，这是周尚没有背叛刘繇的第三个理由。

孙策率领主力杀向江东重镇秣陵——今江苏省南京市南边的江宁区秣陵镇。秣陵周围有两支刘军，薛礼驻守秣陵县城，笮融驻守秣陵城南，两军成掎角之势。孙策先进攻秣陵南边的笮融部，笮融没把孙策放在眼里，率军出战。孙策身先士卒，大破笮融，斩首五百多，笮融退入工事固守不出。此役是孙策东渡以来的首次野战，孙策军士气大振。孙策绕过笮融围攻秣陵薛礼，薛礼突围而去，孙军夺取秣陵。

再说还在江西防御的张英、樊能、于麋，他们听说后路被抄，采石矶的仓库被端了，江津和当利口肯定守不住了，他俩只得放弃桥头堡东渡救老窝，于是围攻他们的孙军攻克江津、当利口。张英、樊能、于麋退到江东，如法炮制进攻孙策刚刚扎下的采石矶大营。孙策闻讯杀了个回马枪，行进间击破樊能、张英部，俘获男女一万多，取得采石矶大捷，彻底解除了后顾之忧。

孙策的渡江战役，与五年后的官渡之战有异曲同工之妙。孙策、曹操在相对被动的局面下，绕过敌军设防坚固的壁垒，偷袭敌军的仓库，迫使敌军来救，在行进间战胜敌人的援军。区别是袁绍听说乌巢仓库被劫，派主力进攻曹操的大营，企图围魏救赵，只派少量军队救援乌巢。而张英、樊能、于麋则是主动或被迫放弃壁垒，全力进攻孙策的大营。

解决了张英、樊能，孙策再度向秣陵出击，第二次进攻笮融。战斗中，喜欢冲锋在前的孙策大腿中箭，不能骑马，坐车返回采石矶大营，继而放风说自己中箭死了。笮融信以为真，派部将于兹进攻采石矶。孙策派出步骑数百为诱饵，一步步吸引于兹进入埋伏圈，于兹果然上当。孙策见时机成熟，下令伏兵出击，大破于兹，斩首一千多，取得渡江以来的第三次大捷。孙策乘胜进军到笮融的营下，让手下人大喊孙郎还活着。《三国演义》中周瑜诈死骗曹仁，创作灵感很可能来自孙策诈死骗笮融。

对孙策喜欢身先士卒的爱好，张纮劝诫：“夫主将乃筹谟之所自出，三军之所系命也，不宜轻脱，自敌小寇。愿麾下重天授之姿，副四海之望，无令国内上下危惧。”但史书没留下孙策的应答，估计张纮吃了软钉子，这为后来孙策遇刺，埋下了伏笔。

笮融闻风丧胆，更加深沟高垒死守不出。孙策见笮融的营垒坚固险峻，一时难以攻取，便集中精力清理秣陵周边。孙策相继攻占胡熟、江乘，在梅陵打垮一支刘繇的援兵。梅陵在《三国志》中写作海陵，其实海陵在江北扬州市附近，是徐州牧刘备的地盘，肯定不对。

孙策过江以来，连战连捷，而且孙策“美姿颜，好笑语，性阔达听受，善於用人，是以士民见者，莫不尽心，乐为致死”。孙军军纪严明，所过之处秋毫无犯，大得民心。名士张昭也来投奔孙策，孙策任命他做首席文官，担任长史、抚军中郎将。张昭、张纮二人

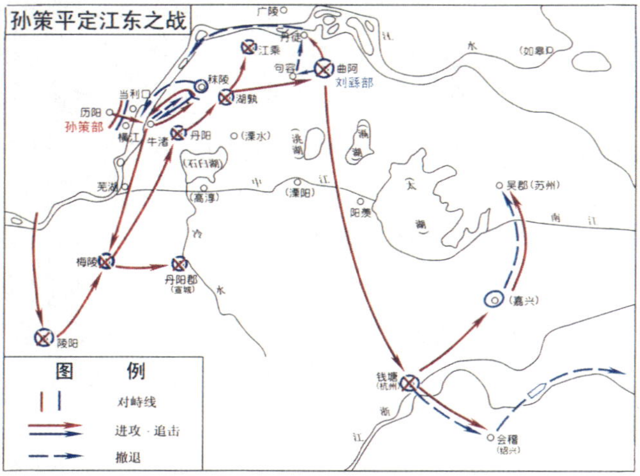

⊙ 孙策平定江东之战示意图

轮流跟孙策出征和坐镇后方，出谋划策和管理后勤。

眼看孙策的事业蒸蒸日上，刘繇的援兵被孙策消灭，笮融断定守不住了，逃出营垒前往曲阿投靠刘繇，大概在逃亡的路上，笮融杀掉了老战友薛礼。

清理完采石矶到秣陵之间的地区，孙策着手进攻刘繇的老巢曲阿。曲阿在长江南边，距离长江边的丹徒（今江苏镇江丹徒区）二十多公里。从秣陵进攻曲阿有两条路，北路沿着江边走，到丹徒再南下，南路是从秣陵县向东偏北方向行军。两条路线代表了两种对未来的考虑。

如果孙策走北路，就是把刘繇堵在长江以南，只要刘繇不投降，只能往南去吴郡投靠许贡。孙策走南路将切断刘繇南下的道路，刘繇只能向北跑到江边，要么继续向北渡江投靠徐州刘备，要么溯江而上前往荆州投靠刘表。

孙策选择走南路，把刘繇往北赶，目的是阻止刘繇与吴郡许贡、会稽王朗合流，减小下一步征服吴郡的难度。增加了两千名步兵、五十名骑兵的程普部，从秣陵前出攻占句容县——今江苏省镇江市句容市，逼近曲阿。

一贯喜欢“身临行陈”的孙策，与韩当、宋谦、黄盖等十三骑为尖兵，突入到曲阿南边的神亭侦察敌情，正遇到在刘繇处不受重用的太史慈。刘繇给太史慈的工作是“侦视轻重”，做侦察兵。关于未来去向，刘繇的军师许劭说，会稽富庶，孙策一定会打过去，而且地处海边，孙策追过来的话，咱们无处可逃，不如溯江而上前往豫章郡。豫章郡北连豫州，西接荆州，还能联系兖州的曹操，虽然中间隔着袁术，但此人狼子野心，肯定长久不了，你是朝廷认证的正牌命官，如果袁术来打你，曹操、刘表肯定来救你。《刘繇传》说“繇从之”，但是从太史慈跑到神亭侦查来看，刘繇还是想向南去吴郡或会稽，担心孙策截断去路，才派太史慈去探路。

太史慈身边只有一个骑兵，面对孙策为首的十四骑，太史慈依然无所畏惧，主动冲向孙策，俩人近身肉搏，孙策抢走太史慈背后背着的手戟，太史慈抢走孙策的头盔，两人背后的大部队赶到，于是各自收兵。神亭战斗在《三国演义》中叫作《太史慈酣斗小霸王》，作者浓墨重彩的描写，写得精彩纷呈，其实没那么复杂，连战役都算不上，只能叫战斗。

刘繇和主力就在太史慈的后面，太史慈是刘繇的开路先锋。孙策则率军截断刘繇军的去路，企图在野战中打垮刘繇，所以孙策、太史慈背后都有“兵骑”。

神亭之战后，刘繇听说南方出现敌军主力，自知野战不是孙策的对手，南下无望才按许劭的建议向北跑到丹徒，随后率领许劭、笮融和残部溯江向西前往豫章郡。太史慈没跟着刘繇走，向西南逃到丹阳郡西部山区，自称丹阳太守，割据一方，成了个小军阀。关于刘繇、笮融、许劭、太史慈的动向，后面再说，先留个话把。

刘繇不战而逃，孙策追着屁股连下曲阿、丹徒。孙策在给朝廷的上表中提到，兴平二年十二月二十日（196 年 02 月 06 日），他已经拿下曲阿赶走刘繇。从公元 195 年 12 月过江，到拿下曲阿，孙策只用了两个月，进展神速。

眼下，孙策的地盘包括丹阳郡东北部、吴郡西北部，东到太湖，西、北两侧到长江，南到芜湖和青弋江。孙策下令，刘繇、笮融的旧部，只要愿意投降，一律既往不咎。参加孙家军的，一人参军全家光荣，免除全家赋税差役。消息传出，应募者云集景从，旬日之间，军队壮大到两万多人，战马一千多匹。《三国志·周瑜传》说孙策的人马达到数万，笔者判断三万以上才能叫数万。

有了稳固的地盘，孙策派部将陈宝将家属接到曲阿。人事安排和分蛋糕也提上议事日程。渡江之前，袁术分配给吴景、孙贲的任务是攻破长江防线，进而夺回丹阳郡。现在任务完成，孙策让他俩渡江到江西向袁术述职。袁术正在与刘备争夺徐州，手头缺人，任命吴景为广陵太守，算是从丹阳太守平调。孙贲以征虏将军的职务，为袁术打仗。

孙策出发前对袁术承诺在江东招募三万军队，帮助袁术打天下。现在任务基本完

孙坚攻入长安得传国玉玺插图

⊙《三国演义》中的太史慈酣斗小霸王

成，从吴景、孙贲之后在袁术处都混得不错以及孙策渡江不久就给了程普、吕范各两千多人马来看，吴景、孙贲都带了一些新编的江东军队回去。在196年的徐州争夺战中，袁术连连获胜，刘备在袁术、吕布的内外夹击下，一度无家可归，在吴景管辖的广陵郡海西县陷入断粮、人相食的窘境。这是刘备一生中最悲惨的时刻，其中肯定有江东生力军的功劳。

吴景、孙贲的离去，对孙策也是重大利好。本来他们三人都是袁术的部将，级别相当，孙策身为晚辈，根本指挥不动他们，充其量吴景、孙贲对孙策“听请不听令”。继续这种局面的话，后果如何难以想象。袁术将他俩调走，客观上帮了孙策的忙，让他没了牵制。随着孙策势力的膨胀和袁术的垮台，最终吴景、孙贲反过来投靠孙策。

已经手握上万人马的孙策对周瑜说：“取吴会平山越已足。卿还镇丹杨。”孙策的计划是，自己领兵向东南进攻吴郡、会稽，西方由周瑜镇守丹阳郡，一来抵御西逃豫章的刘繇、丹阳西部的太史慈的反扑，二来扼守采石矶，维护或阻断与寿春袁术的联系。孙策希望周尚继续做丹阳太守，由发小周瑜掌握实权。简单地说，就是让周瑜坐镇自己的后方，保证自己进军吴、会期间的侧后安全。

然而孙策是袁术的属下，无论如何都没有自行任命太守的权力，所以袁术派遣从弟袁胤来江东做丹阳太守，周尚、周瑜没了地盘，却也没跟着孙策，他俩都渡江前往寿春投靠袁术。袁术很看重周瑜，想启用周瑜为将，周瑜认为袁术不能成事，请求担任居巢县长，袁术也同意。

孙策失去丹阳郡，但保留吴郡的曲阿、丹徒，总算有了自己的地盘，虽然还不算大。对袁胤为太守的丹阳郡，孙策没就此拉倒，任命心腹吕范为首府宛陵县令，作为自己掺入丹阳郡的沙子。吕范是最早投靠孙策的人，最受孙策信任，渡江战役前后，吕范独立领一军作战，攻取小丹阳。吕范还是孙吴集团中第一个当上县级官员的，拿下湖孰侯国就当了国相。赶走刘繇取得曲阿之后，孙策论功行赏，给吕范增加两千名步兵、五十名骑兵，同样获得这么多人马的，只有首席老将程普以及198年二次投靠孙策的周瑜。再往后，韩当也得到两千名步兵、五十名骑兵，但那是在征服江东三郡之后，进步比吕范、程普、周瑜慢。

在孙策时代，吕范、程普、周瑜的地位相当。孙策去世时，他们都是遥领太守兼中郎将，周瑜领江夏太守行建威中郎将，吕范领桂阳太守行征虏中郎将，程普领零陵太守行荡寇中郎将，地位仅次于孙策为首六大太守。其他将领中资历最老的韩当，还只是行先登校尉、乐安县长，赤壁之战前才做到中郎将。

吕范做宛陵县令，实际上架空了袁胤，他的真正任务与离去的周瑜相同，都是坐镇丹阳后方，免除孙策东进的后顾之忧。

从孙策集团与袁术的互动来看，到目前为止，双方还是相当明确的上下级关系。孙策抢来的江东地盘，袁术一刀切走一多半，孙策即使有怨言，搞些小动作，依然必须接受。周瑜、孙贲、吴景也承认袁术是上级或主公，尤其是周瑜，与《三国演义》中一直追随孙策的那个俏周郎不同，他叛变刘繇不是为了投奔孙策，而是为了投靠袁术，直到198年，袁术称帝已经一年，距离败亡只剩一年的时候，周瑜才脱离袁术投奔孙策。足见周瑜这样的世家大族，根深蒂固地瞧不起孙策这种人，即使孙策是官二代，在豪门眼里还是土包子、暴发户，与宦官出身的曹操没有本质区别。孙家的真正崛起，要等到第三代领导人孙权了。

同理，孙策也必须抱袁术的大腿才能立足，甚至可能对豪门有着深入骨髓的自卑感。198年，周瑜脱队两后年回归，孙策亲自热情迎接，一下子就给了两千多人马，授建威中郎将，恐怕不能完全用俩人的友情和周瑜的功勋解释。

六、平定吴郡

孙策从句容出击，在神亭给了太史慈、刘繇一记右勾拳，已经暴露了他的下一步计划，就是阻止刘繇南下与会稽太守王朗合流。而阻止他俩合流的目的，就是要吃掉王朗，至于刘繇西去的目的地豫章郡，距离曲阿太远也太穷，至少目前不在孙策的考虑范围内，要打也是后面的事。

孙策东征前，袁术决定放孙策东征，原因之一就是“以刘繇据曲阿，王朗在会稽，谓策未必能定”，刘繇放弃曲阿企图往南跑，“将奔会稽”。从地理上看，江东三郡三大长官：扬州刺史刘繇、吴郡太守许贡、会稽太守王朗，袁术、刘繇都没提吴郡及其长官许贡。倒不是他们对许贡有什么成见，而是吴郡一盘散沙，不可能组织起抵抗。

前面说过，吴郡的最大问题是土豪太多、政令不一。土豪也分为两种，一种是来自社会底层的“山贼”，代表人物是严白虎，《三国演义》给他戴上一顶帽子“东吴德王”。另一种是能量极大的豪门、名士，代表是吴县陆家，孙策逼死的前庐江太守陆康的族人。除了不服管的土豪们，吴郡政府也分为两支，坐镇首府吴县的太守许贡、盘踞重镇钱塘县的都尉朱治。朱治是孙家军首席元老，188 年就做了长沙太守孙坚的司马。194 年太傅马日磾来到寿春，任命朱治为吴郡都尉，继续太守、都尉分立的局面。通过这一任命，孙策成功地在吴郡老家打入一个楔子。

朱治坐镇的钱塘县，紧挨着孙家的富春老家，而在富春还有孙坚的小弟弟孙静。当年孙坚起兵的时候，孙静“纠合乡曲及宗室五六百人以为保障，众咸附焉”，已经是颇有实力的地方豪强。孙坚起兵北上，孙静在老家看护“坟墓宗族”，一晃十二年过去，孙静和孙家的势力有增无减，马日磾的任命，既是取悦袁术、孙策，也是对现状的承认。另外，马日磾做任命时，孙策正在攻打陆康，而陆康是吴县豪族陆家的掌门人，陆康在遭到围攻前，把本家侄子陆逊送回吴县老家，陆家似乎有向富春孙家开战、报复的意思。马日磾的任命，表明朝廷在孙、陆两家的争端中偏向孙家，告诫陆家不要炸刺。孙家有朝廷的支持，加上陆逊、陆康的儿子陆绩年龄尚小，所以陆家没给孙家制造麻烦。

吴郡的各种力量盘根错节，导致许贡力量虚弱，事实上不具备抵抗孙策的能力，即使孙策不来，许贡也可能被刘繇或王朗吃掉。许贡联合会稽太守王朗对抗孙策也不可能，因为会稽的真正太守是土豪周昕，而许贡杀了周昕的弟弟周喁，双方的仇恨不共戴天。钱塘县挨着会稽，朱治、孙静盘踞钱塘和富春，是给许贡看门，这也是许贡接受马日磾的任命的原因之一。

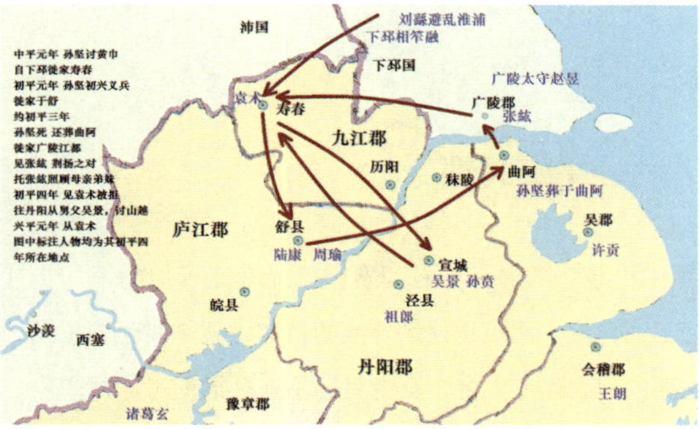

⊙ 孙策行军图 01 中平元年（公元 184 年）到初平四年（公元 193 年）

大约在 196 年初孙策不战而下曲阿的同时，吴郡也

⊙ 孙策行军图 02 兴平元年（公元 194 年）江东形势图

动了起来。朱治从钱塘出发北上，“欲进到吴”，明摆着黄鼠狼给鸡拜年——没安好心。许贡率军出吴县迎战，双方在苏、杭州之间的由拳——今浙江省嘉兴市会战，许贡大败，逃进山里投靠山贼严白虎。朱治进入吴县，“领太守事”，做了没有太守名分的太守。

孙策听说朱治独立夺取了吴县，也领兵南下向吴县进发。孙策兵分两路，东路由孙策自领，沿着太湖东岸，经毗陵（常州）、无锡到达吴县。另一个吴郡土豪、钱塘人全柔，本来担任会稽东部都尉，听说孙策到来，带领手下兵马投奔孙策。孙策不仅平白得到一支军队，也削弱了未来要征服的会稽防务，孙策当即表全柔为丹阳都尉，继续向袁胤担任太守的丹阳郡掺沙子。全柔一家靠及早站队，赢得了巨大利益，其子全琮、孙全怿都成了东吴名将，全琮还娶了孙权长女孙鲁班，因老公姓全，孙鲁班往往被称为全公主。

另一路孙军由孙权、首席老将程普率领，沿着太湖西岸南下，先占领阳羡县——今江苏省宜兴市，由孙权担任阳羡县长，孙权因此成了吕范之后第二个当上县级干部的人。后来杀死关羽的潘璋，就在孙权担任阳羡县长期间投奔，成了孙权的嫡系将领。程普继续南下连破乌程、石木、波门、陵传、馀杭。乌程在江苏湖州西南，孙坚晚年获封为乌程侯，从此乌程侯成了孙吴最重要的侯爵之一，仅次于吴侯。末代皇帝孙皓继位前就是乌程侯，所以东吴成也乌程侯，败也乌程侯。馀杭是今杭州市西北的余杭区，石木、波门、陵传的位置不详，只能确定在乌程、馀杭之间。

至此，孙策打通了从曲阿到朱治出发的钱塘县之间的两条交通线，即使除去袁胤的丹阳郡，孙吴集团的地盘也扩大了一倍以上，可谓战果辉煌。

关于下一步的发展，孙吴集团的高管们产生了分歧。舅舅吴景认为，虽然许贡被打跑了，可是他还活着，庇护他的山贼严白虎等土豪，“各万馀人，处处屯聚”，威胁着孙策的统治和未来南征会稽的交通线，所以应该先把土豪们清理一遍，再南下进攻会稽。孙策认为，土豪们都是自守贼，只要咱们不碰他们的地盘和利益，他们就不会造反，之前盛宪、许贡做太守时如此，我孙策统治下也一样，所以应该趁着锐气征服会稽，回头再收拾吴郡土豪们不迟。事实也却如孙策所料，孙军南下的过程中，土豪们全无反应，坐等孙策回头

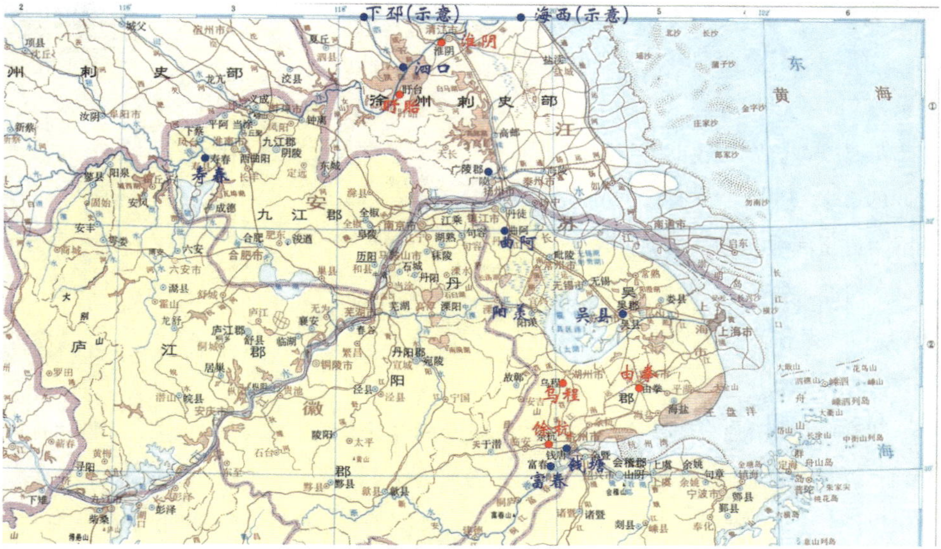

⊙ 公元196年的孙策定吴郡、广陵袁刘之战示意图。下邳、海西不在图中，只能标出大致位置，红色是战场

收拾他们。

说到这里，读者可能会产生疑问，如前文所述，孙策赶走刘繇之后，吴景回到江西向袁术述职，就任广陵太守，现在咋又跑到孙策身边了呢？要解答这个问题，就得说说广陵郡和徐州的局势。

广陵郡属于徐州，陶谦去世前归陶谦管，当时的广陵太守是陶谦的亲信赵昱。孙策在广陵郡江都县定居时，遭到陶谦的猜忌，由孙策的头号亲信吕范运作，将家属搬到江南的曲阿。陶谦晚年昏聩，“刑政失和，良善多被其害”，任用了一批奸邪小人，其中有彭城相薛礼、下邳相笮融。

笮融是丹阳人，陶谦的老乡，带着数百丹杨兵投靠陶谦。陶谦给了他管理漕运、财务的美差、肥差，加上徐州“百姓殷盛，谷米封赡”，于是笮融成了当时中国最富有的人中之一。即使在三国历史上，笮融也是个小人物，然而他在中国佛教史上非常重要，笔者所看到的所有像点样的佛教史书，都提到了笮融。笮融热衷佛教，修建佛寺——当时叫浮图祠，“以铜为人，黄金涂身，衣以锦采，垂铜槃九重，下为重楼阁道，可容三千馀人，悉课读佛经，令界内及旁郡人有好佛者听受道，复其他役以招致之，由此远近前后至者五千馀人户。”每到佛陀的生日四月初八，笮融不惜重金大搞浴佛、布施，“多设酒饭，布席於路，经数十里，民人来观及就食且万人，费以巨亿计”。

193 年，曹操攻陶谦，所过之处血腥屠杀，“泗水为之不流”。随着徐州北部陷入兵燹，笮融趁机在广陵郡作乱，笮融杀掉广陵太守赵昱，兼并了赵昱的部属。然而笮融没有在广陵站稳脚跟，大概在陶谦及其新盟友刘备的打击下，笮融带领党徒过江投靠了扬州刺史刘繇，与老朋友薛礼分头镇守秣陵。后来刘繇被孙策打垮，笮融和刘繇西逃豫章。

赵昱死后，相继执掌徐州的陶谦、刘备，似乎都没任命新的广陵太守，广陵郡陷入权力真空。196 年，刘繇被逐后，吴景带了一批江东生力军回江西，被袁术任命为广陵太守。同年袁术大举进攻新任徐州牧刘备，刘备留下张飞守老窝下邳，领兵南下与袁术军在盱眙、淮阴一线相持数月，《英雄记》的说法略有不同，双方在淮阴交战，“更有胜负”。

盱眙（也叫盱台）、淮阴都在淮河以南，从袁术的寿春进攻下邳，有水、陆两路。水路是顺淮河而下，在泗水与淮河的交汇点泗口，溯泗水而上进攻下邳，这条路经过盱眙。陆路是直接向东北方向走。淮阴在盱眙、泗口的淮河下游，两条路线都不经过淮阴。值得注意的是，淮阴——今江苏省淮安市淮阴区，位于邗沟与淮河的交汇处。公元前 486 年，吴王夫差挖掘邗沟，沟通淮河、长江的下游左岸支流中渎水，用于运送军队、物资，北上与齐国、晋国争霸中原。从地理分析，在淮阴与刘备更有胜负的，肯定是广陵太守吴景及其江东军。吴景从广陵首府广陵县出发，沿着邗沟北上，在淮阴入淮，刘备为了阻止吴景，在淮阴与吴景拉锯。

就在刘备与吴景在淮阴纠缠时，留守下邳的张飞杀陶谦旧将、下邳相曹豹，陶谦留下的丹杨兵们兔死狐悲，丹杨兵带头大哥许耽发动兵变，迎屯驻在小沛的吕布攻入下邳，张飞扔下刘备的家属败走。

刘备丢了老巢，顿时无家可归。刘备搜罗残兵败将打算攻取袁术的广陵郡，再败。刘备西北方是下邳吕布、南边是广陵吴景、西边是寿春袁术，只能向东北方逃到海西，陷入人吃人的窘境，这是刘备一生中最窘迫的时刻。后来刘备在曹操、刘表手下不

⊙ 徐州市竹林寺中的笮融像

得志，却也吃香的喝辣的，享受高官厚禄。眼看刘备在袁术、吕布的内外夹击下要完蛋，刚刚入主徐州的吕布也担心被袁术吞并，容留穷苦无依的刘备，将其安置在小沛，合着吕布、刘备掉了个个。

对张飞个人而言，丢失下邳给他的未来发展造成巨大阴影。看守老家的通常是集团二号人物，张飞留守下邳意味着他的地位高于关羽，张飞处置失当逼反丹杨兵，导致刘备丢失徐州，永远失去看家的机会。此后给刘备看家的一直是关羽，关羽到死压着张飞一头，并多次独当一面。例如吕布完蛋后，刘备利用堵截袁术的机会回到徐州，杀徐州刺史车胄，第二次占据徐州。刘备让关羽镇守下邳，自己和张飞出镇小沛。张飞在小沛期间，百忙之中抢了夏侯女做老婆。刘表死后，面临曹军的进攻，刘备、张飞、赵云等人从陆路南下当阳。关羽独当一面，率领水军顺汉水而下，在汉津接应刚刚在长坂大败的刘备等人，渡过汉水向东投奔江夏刘琦。刘备入川时，关羽镇守荆州老巢，继续看家，“董督荆州事”。

丹杨兵的下邳兵变，一定得到吴景的支持和煽动。吴景之前的职务正是丹阳太守，在丹阳郡待了数年，在丹阳人中很有威望，“景前在丹杨，宽仁得众，吏民所思”。此时刚刚从江东返回，手下必然有许多丹杨兵，通过老关系策反丹杨兵打倒刘备，兼具可能性、可行性、必要性，吴景不利用丹杨兵搞事反而奇怪。

袁术吞并徐州的野心，没有随着下邳换了主子而作罢。建安元年六月，在袁术的煽动下，吕布的部将郝萌发动兵变，吕布与他的老婆——传说中的貂蝉，光头裸体，翻过厕所围墙逃脱。郝萌兵变被吕布、高顺平定后，袁术暂时放弃夺取下邳的企图，袁术、吕布进入蜜月期，抱团对付老仇人曹操。广陵战线平静下来，吴景才有空回离开多年的吴郡老家看看。

孙策、吴景的争论，只能发生在郝萌兵变之后，反推孙策进入吴县在196年七月左右，上下误差一个月。

确定了先打会稽，吴景返回广陵郡，继续监控吕布、刘备。孙策让孙权、潘璋坐镇太湖西的阳羡，朱治坐镇吴县——朱治直到202年才被孙权正式表为吴郡太守，保证曲阿到钱塘前线的交通线，孙策则率领主力南下。196年秋，孙策来到钱塘县，估计会顺道看看富春老家。

七、征服会稽

秦王扫六合，虎视何雄哉，六王毕，四海一之际，秦始皇分天下为三十六郡，钱塘江/浙江一带只放了一个郡——会稽。会稽与财务上的“会计”是一个词，读音含义都相同。会意为聚会、开会，稽、计是绩效考核的意思，至今还有“稽查”“稽核”之类的词。会稽、会计意为长官召集下属们开会，进行绩效考核，成绩好的升迁，成绩差的免职甚至法办。据《国语·鲁语下》，大禹就在会稽山召集诸侯或地方官搞绩效考核，巨人防风氏来得晚了，大禹正好借他的脑壳立威，防风氏惨遭砍头，尸体埋在会稽山下。孔子时代，吴国攻打越国，在会稽山下挖到一根能装满一辆车的腿骨，吴国专门派使者问孔子这玩意什么来头，孔子说应该是迟到的防风氏的腿骨。

曹丕篡汉称帝时，各地大员们赶到京城贺喜，负责西线防务的征羌护军郭淮迟到，曹丕半真半假地引用防风氏的典故，威胁砍了郭淮：“昔禹会诸侯於涂山，防风后至，便行大戮。今溥天同庆而卿最留迟，何也？”郭淮一本正经地拍马屁，把曹丕比作上古五帝：“臣闻五帝先教导民以德，夏后政衰，始用刑辟。今臣遭唐虞之世，是以自知免於防风之诛也。”曹丕龙颜大悦，加封郭淮为雍州刺史、射阳亭侯。郭淮的侄女郭槐嫁给司马昭的头号亲信贾充，生著名的狠毒皇后贾南风。

东汉顺帝永建四年（129年），将会稽郡以钱塘江（古称浙江）为界，分为浙东的会稽郡、浙西的吴郡。会稽郡的原首府吴县，成了吴郡首府，会稽郡的首府搬到东边的山阴——今绍兴越城区。从吴会分家到眼下，不到七十年，所以吴、会经常并称。

孙策杀来之前，吴、会的关系恶劣，吴郡太守许贡杀了会稽事实太守周昕的弟弟周喁，吴郡都尉朱治所属的孙吴集团，与周家相争多年。孙坚一辈的恩怨不说了，周昕就是被吴景从丹阳太守位置上赶回老家的。

⊙ 孙策行军图03 兴平二年（公元195年）江东形势图

大概从许贡任吴郡都尉，坐镇钱塘时起，吴、会双方就隔着钱塘江对峙，江西的吴郡方面以钱塘县为攻防枢纽，江东的会稽则修建固陵要塞。据《水经注》记载，越国大臣范蠡在钱塘江边筑城，“言可以固守”，命名为固陵，今杭州市东南、钱塘江东岸萧山区的钱塘江边。除了陆军，会稽方面还有水军封锁钱塘江面。

孙策来到钱塘前线，汇合一直看守老家的叔叔孙静，准备东渡钱塘江。会稽方面，《王朗传》记载，郡功曹虞翻认为，会稽阻挡不了孙策的攻势，不如弃城而逃，王朗认为自己身为大汉朝廷的命官，有守土之责，决心抵抗。《虞翻传》的说法略有不同，说王朗想投降，虞翻的父亲死了，虞翻正在守孝，听说长官要投降，赶忙脱下丧服见王朗，建议王朗弃城躲避。两个传记分别为传主说好话，总之王朗决定抵抗，亲自跑到固陵坚守。事实上，王朗是否想抵抗不重要，会稽的真正主宰土豪周昕肯定要顽抗到底，王朗、周昕都到了固陵前线。

攻打固陵首先要渡江，孙策组织水军与会稽水军作战。此役是孙吴集团的首次水战，上一年的渡江战役，孙策没与刘繇打水战，偷渡长江后一直打陆战。双方的钱塘水战打了几次，孙策“不能克”，战事陷入胶着。

长期在钱塘江畔生活居住的孙静指点大侄子：“王朗负阻城守，急切拿不下来，此地往南数十里的查渎，是交通要道，我们应该从那里攻入，出其不意攻其不备，我亲自率军作为你的前锋，一定能战胜敌人。”查渎也叫柤（zhā）渎，渎意为水沟、河流，从字面上理解，查渎应该是一条叫“查”的小河。在查渎岸边，一个叫高迁亭的地方，也叫高迁屯。在三国时代，屯作名词时意为要塞、壁垒，可能是会稽军的屯粮之所，地位相当于官渡之战中的乌巢粮库。

关于查渎、高迁屯的位置，《读史方舆纪要》的说法把笔者搞糊涂了，《方舆纪要》卷九十二说，“查渎在萧山县西南九里”，符合查渎在固陵南边的记载。然而它又说“高迁屯在萧山县东北五十里”，则高迁屯在萧山北边，与查渎相对萧山的位置完全相反，所以笔者画不出地图来，只能确定高迁屯在固陵东方，夹在固陵和首府山阴（绍兴）之间。

高迁屯之战的另一个疑问是，高迁屯肯定在钱塘江以东，孙策军多次水战不胜，此次偷袭他怎么过钱塘江的。另据《董袭传》，孙策抵达高迁屯时，遇到“长八尺，武力过人”的会稽余姚人董袭来投奔，笔者怀疑董袭与渡江战役中的周瑜一样，给孙策送来船只和带路。

不管有啥隐情，孙策依孙静的计策而行，对外诡称连日下雨污染水源，导致军士闹肚子，他要弄几百口大肚水罐子（学名罂缶）来澄清水。到了晚上，点起火炬做出大军要连夜撤军的假象，孙静走查渎杀向高迁屯。王朗、周昕闻讯大惊，由周昕领兵出战，原话是“故丹杨太守周昕等帅兵前战。策破昕等，斩之”，我没看懂周昕是向后回救高迁屯，还是向前进攻孙策的本营，我倾向于后者，因为史书用了“前战”二字，反正周昕当场阵亡。

⊙ 孙策行军图04 建安元年（公元196年）江东形势图

随着周昕的死，会稽的局势立刻明朗起来。王朗在会稽没有根基，只是个有德无能的名士，司马懿总结兵法就五个字——战守走降死。“军事大要有五，能战当战，不能战当守，不能守当走，余二事惟有降与死耳。”王朗没有战和守的本事，又不甘心投降和送死，只能选择逃跑。孙策汇合投奔自己的董袭，一路畅通无阻地拿下首府山阴等县城。主动投奔的董袭，被任命为门下贼曹，负责剿灭会稽郡的各路贼寇；程普为吴郡都尉，继续坐镇钱塘，监控钱塘江两岸的吴、会；孙策的爱将周泰获封别部司马，得到军队若干。

战前就劝王朗逃跑的虞翻跟着王朗跑，哥俩按照孔子的遗训“道不行，乘桴浮于海”，乘船一路南逃，居然跑到今福建省福州市附近的侯官县——福州西北侯官村一带。侯官县长商升闭城不纳，王朗跑去劝说，商升改了主意，不仅接纳他们，还为他们召集军队反对孙策。

孙策不能容忍南方还有个反对自己的朝廷势力存在，任命会稽山阴人贺齐为会稽南部都尉，全面负责东南方向事务，追杀王朗。在贺齐的软硬两手作用下，商升献出印绶，出城投降。王朗、虞翻穷途末路，又互相猜忌起来。王朗害怕虞翻把自己绑了送给孙策换富贵，对王朗说，你爸爸刚死，你老母还活着，“父母在不远游”，你应该回家伺候老娘。虞翻也就借坡下驴，脱离王朗投奔孙策，孙策让他继续做会稽功曹，孙策深知人才的重要性，鼓励虞翻说：“今日之事，当与卿共之，勿谓孙策作郡吏相待也。”从此虞翻成了孙家的铁杆忠臣。

王朗打算继续浮海向南去交州——现在的越南北部，被手下人抓了送给孙策。毕竟王朗是天下名士，又没啥本事，孙策没有杀他的必要，把他送到曲阿养了起来。此时曹操已经将颠沛流离的汉献帝迎接到许昌，好吃好喝养了起来，汉献帝至少不愁吃穿了，高兴之余，封曹操为司空。“奉天子以令不臣”也好，“挟天子以令诸侯”也罢，曹操都占据了道德和法统的制高点，招揽了荀攸、郭嘉、董昭等一大批能臣。除了实干家，曹操也不忘招揽王朗这样的名士作为政治花瓶，点缀许昌朝廷，于198年点名征召王朗入朝。在孙策首肯下，王朗乘船北上，大概是没找好船只或船员，王朗在海上漂泊数年才到许昌。曹操问他孙策及其党徒是什么样的人，王朗说："策勇冠一世，有俊才大志。张子布（张昭），民之望也，北面而相之。周公瑾（周瑜），江淮之杰，攘臂而为其将。谋而有成，所规不细，终为天下大贼，非徒狗盗而已。"

在曹操、曹丕手下，王朗越混越开，曹丕称廷尉钟繇、司空王朗、司徒华歆为"一代之伟人"。钟繇有真才实干，为曹魏的建立和巩固做出卓越贡献，还是著名书法家，儿子钟会也是个奇才。王朗、华歆何德何能与钟繇并列为一代伟人，笔者反正想不通。王朗有个孙女王元姬，嫁给司马昭生晋武帝司马炎。王元姬在很多三国游戏中出场，知名度仅次于二乔、貂蝉、甄宓、蔡文姬。

孙策率领董袭等会稽人，剿灭黄龙罗、周勃等山贼土寇。董袭亲斩黄龙罗、周勃的首级，威名大震，拜别部司马，授兵数千，迁扬武都尉。

负责追杀王朗的贺齐，此后多年坐镇东南，负责会稽尤其是会稽南部事务。会稽是当时中国最东南的郡，地大人少，在贺齐的经营下，会稽南部的开发、文明程度大为提高。后来贺齐调到多山的皖南任职，依然政绩卓著。贺齐在皖南、福建的发展史上有着重要地位，相比张昭、鲁肃之类的名臣，贺齐对中国发展的贡献更大。

孙策结束会稽战事，胜利北返吴郡。按照之前的规划，着手肃清吴郡的各路山贼。邹他、钱铜及前合浦太守嘉兴王晟等土豪草寇被顺利歼灭，除了与孙坚有交情的王晟，其余的都被灭族。

最强大的山贼是乌程人严白虎，这厮收留前吴郡太守许贡，让孙策如鲠在喉。严白虎一面高垒固守，一面派弟弟严舆请和，寻求招安的可能性。严舆一贯以勇猛闻名，他提出与孙策单独面谈，看看孙策的胆量，孙策慨然应允。两人如约见面，孙策突然拔剑砍座席，严舆身体动了一下，孙策笑着说：听说你能坐着跳跃，敏捷无比，我开个玩笑罢了。严舆的虚名被揭穿，肯定很尴尬，既然孙策主动给杆，赶紧顺着往上爬，说我看到利刃就这样。孙策就此断定严舆不过如此，拔出手戟扔过去，严舆当场毙命。严舆是严白虎集团的头号勇士，居然被孙策不费吹灰之力手刃格杀，严白虎部闻风丧胆。孙策趁势进击，大破之。严白虎跑到余杭投靠孙坚的老朋友许昭，看在许昭的面子上，孙策没有对严白虎赶尽杀绝，暂时搁置。

投靠严白虎的吴郡太守许贡，被孙策抓住，孙策与许贡无冤无仇，俩人甚至没有交手，打败许贡的是朱治，再说许贡是马日磾认证的正牌吴郡太守，所以孙策没必要难为许贡，跟王朗一样，被养了起来。至此，除了犄角旮旯，吴郡、会稽被孙策牢牢握在手中。

会稽战役的结束时间不明，肯定在196年六月郝萌兵变之后，196年下半年或197年上半年。

如果没有意外的话，孙策的地盘也就这么大了，因为南面的福建已经在手里，开发尚待时日。东面是大海，北面是舅舅吴景的广陵郡，西面的丹阳郡，名义上属于袁术的从弟袁胤，堵住了孙策西进的路，再掺沙子也是小动作，不方便公开与袁家翻脸。孙策的事业进入瓶颈期，当然也可以叫调整期。

196年和197年初，是袁术的鼎盛时期，他赶跑刘备，和好吕布，向北渡过淮河进入陈国，安置从弟袁嗣为陈相；向西占有老家汝南郡，孙策的族兄孙香为汝南太守。淮南的三个郡都在袁术的掌控之中，孙贲为寿春所在的九江太守，袁术称帝后改称淮南尹；庐江太守为故吏刘勋；徐州广陵太守为吴景。长江以南三郡，丹阳太守袁胤；吴郡太守为领太守事朱治，朝廷认证的许贡似乎还在职；会稽由孙策领会稽太守。纸面上拥有八个郡国，地盘之大高居各路诸侯之冠。随着事业的成功，袁术的野心也急剧膨胀起来，认真着手准备称帝。

196年，汉献帝东归洛阳，改年号为建安，196年也成了建安元年，开始了建安时代。很快曹操将汉献帝迎接到许昌，建立许昌汉庭，各路诸侯纷纷表示效忠、臣服。

就在献帝东迁前后，许贡向朝廷发出那封著名的检举信："孙策骁雄，与项籍（项羽）相似，宜加贵宠，召还京邑。若被诏不得不还，若放於外必作世患。"许贡将孙策比作项羽，这应该是《三国演义》称孙策为小霸王的由来。监控许贡的"候吏"截获此信，孙策大怒，将许贡绞死。许贡的门客流散民间，时刻准备着为旧主报仇。

196年末或197年初，孙策派刘由、高承进京，拜献方物。孙策抱上朝廷的粗腿，也意味着必须与图谋称帝的袁术划清界限。孙策先是好言相劝，"以书喻术"，告诫袁术迷途知返，继而摆出一副仁至义尽的模样，以此为借口宣布与袁术划清界限，"以书责而绝之"，断绝了上下级关系。

孙、袁断交后，首先倒霉的就是孤悬江东的丹阳太守袁胤，他在丹阳一年，待得相当憋屈。首府宛陵县令是孙策的头号亲信吕范，都尉是孙策派来的全柔。现在孙策干脆将他赶走，"便绝江津，不与通"，由渡江战役中立了大功的表哥徐琨任丹阳太守。

不仅如此，孙策蹬鼻子上脸，派堂弟孙辅带兵过江到江西，屯驻历阳，封锁采石矶，"招诱馀民，鸠合遗散"。如果孙策与袁术划江而治也就罢了，毕竟江东三郡是孙策打下来的，占据长江西边的历阳算怎么回事？比当年刘繇扼守横江津、当利口还狠，这两个地方只是江边的桥头堡，历阳则是内陆城市。

孙策、袁术翻脸，在袁术手下混的孙家众位必须选边，吴景扔了广陵太守、孙贲扔下九江太守投奔孙策。孙香远在大西边的汝南，回不来，滞留江北直到去世。

吴景的回归给孙策解决了一个难题，渡江以来徐琨大概靠讨伐土豪、山越发了财，“手下兵多”，引起孙策的不安，而且徐琨及其母徐孙氏私心很大，渡江前徐孙氏完全可以直接建议孙策用芦苇筏子过江，但她让徐琨说，这样功劳归了徐琨。此时孙策一定知道了内情，认为有必要整治一下他。于是当过丹阳太守的吴景二进宫，再任丹阳太守，徐琨则被召回首都吴县，担任督军中郎将，徐琨的部分兵力拨给吴景。徐琨的解职，是孙吴集团发展史上第一次降职和解职，也标志着内部调整和纷争的开始。之前孙吴集团的蛋糕越做越大，大家通通加官晋爵，现在孙策开始猜忌功臣、宗亲，着手削弱乃至剪除一些尾大不掉的人和势力。

八、西征丹阳

197 年春正月或二月，袁术正式称帝，成了汉末唯一称帝的诸侯。

夏天，孙策向朝廷表忠心的反馈终于到了，曹操把持的朝廷派议郎王誧来到江东，向孙策宣读《戊辰诏书》，197 年夏只有一个戊辰日——旧历五月（公元 197 年 6 月 12 日），上一个戊辰日在旧历三月（公元 197 年 4 月 13 日），再上一个在正月（公元 197 年 02 月 12 日），袁术称帝于春正月或二月，《戊辰诏书》只能发布于袁术称帝后，夏天孙策接到，那么《戊辰诏书》只能写于 197 年 4 月 13 日，而同年夏的第一天，四月初一是公元 197 年 5 月 5 日，最后一天是 7 月 31 日。考虑到王誧不能直接从许昌向东南走，必须绕过袁术的地盘，孙策接到诏书在公元 197 年 6 月或 7 月。

王誧对孙策的忠心和既得利益，都给予肯定，封孙策为骑都尉，继承孙坚的爵位乌程侯，领会稽太守；吴景为扬武将军，领丹阳太守如故。

朝廷封官的代价是，要求孙策与使持节平东将军领徐州牧温侯吕布、行吴郡太守安东将军陈瑀，一同讨伐袁术。孙策认为骑都尉的官太小，以骑都尉的身份领会稽太守不搭配，而且低于下属丹阳太守吴景，以及未来的战友吕布、陈瑀。于是孙策向王誧要更大的官，王誧只是个传达文件的通讯员，本来没有资格封官，为了完成使命，“假策明汉将军”，就是让孙策担任代理明汉将军，虽然低于吴景的正牌扬武将军，毕竟吴景是长辈，孙策接受，同意与吕布、陈瑀合作，讨伐袁术。

值得注意的是，此时孙策手头上有三个郡，朝廷只承认孙策、吴景拥有会稽、丹阳，却没承认朱治做吴郡太守，而是任命陈瑀。陈瑀这人，前文提到过，他是徐州下邳人，东汉广汉太守陈亹（wěi）的后人，陈家的世系如下：

陈亹——陈球——陈瑀

陈亹——陈 xx——陈珪——广陵太守陈登

陈球做过三公之一的太尉，被宦官们整死，所以陈家在汉末享有盛誉，也是下邳豪门。陈瑀一度是袁术的扬州刺史，后来反对袁术，193 年被袁术赶出扬州，逃回老家下邳。之后数年陈瑀的动向不明，大概在老家养精蓄锐徐图发展。《戊辰诏书》发布时，他正驻屯在上一年刘备吃人的徐州广陵郡海西县，做了朝廷的行吴郡太守安东将军。由此反推可知，许贡死于颁布《戊辰诏书》（197 年 4 月 13 日）的之前，因为许贡也是朝廷认证的正牌吴郡太守，朝廷不大可能在许贡还活着的时候就任命另一个吴郡太守。朝廷的这一人事安排，显然在挑拨陈瑀、孙策的关系，大概也想看看孙策是否真心忠于朝廷，交出吴郡给陈瑀。诏书的结果是，陈瑀不敢找袁术的麻烦，反而动了占有吴郡的心思。

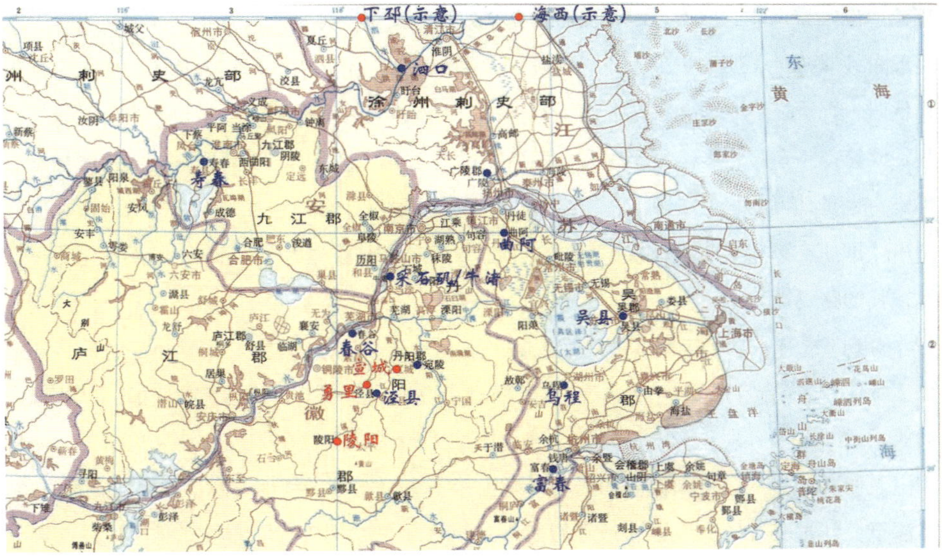

⊙ 公元 197 年的海西之战和丹阳系列战役

接到诏书之后，大概孙策打算在北上前整顿好南方防务，向南去了钱塘县。听说孙策离开首都吴县，陈瑀火速制造了三十多枚官印，让人带到江南，送给江东的土豪们，如孙策的老对手祖郎，煽动他们造孙策的反。《孙辅传》说煽动反孙联盟的是袁术。我认为袁术的可能性比陈瑀大，因为首先陈瑀只是个太守，给祖郎们许诺的官不会高于太守，对土豪们的诱惑小，袁术称帝了，足以封土豪们为太守、将军乃至刺史州牧；其次袁术是豪门出身，这在汉末魏晋对寒门有着极大吸引力。陈瑀出于私利，也加入了反孙同盟。

接受煽动的有，四年前被孙策打败的丹阳西部大帅祖郎、上一年被打败的吴郡山贼严白虎等人，盘踞皖南的刘繇旧部和同乡、自称丹阳太守的太史慈，大概也加入了反孙同盟。这是孙策东征以来面临的最大危机，此前孙策连破三郡，但是刘繇、许贡、王朗互不统属，矛盾重重，被孙策各个击破。现在的局势完全不同，孙策面临着一个有模有样的反孙联盟。

孙策不愧是小霸王，指挥若定。他兵分两路，一路由头号亲信吕范带队，与徐逸北上，进入广陵郡打击海西；另一路自己亲自领兵进攻死不改悔的吴郡严白虎。

先说吕范。孙策赶走刘繇之后，让吕范当了丹阳首府宛陵县令，向袁胤当太守的丹阳郡掺沙子。应该在赶走袁胤之后，吕范的工作告一段落，来到首都吴县，担任孙策的都督，吕范因此成了孙吴集团第一个都督，职责是整顿军纪，建立明确的上下级关系。孙吴集团脱胎于孙家军，以宗族亲情和个人依附关系为纽带，加上各种入股关系，很像一个管理松散的家族企业、股份公司，而不是一个政权。吴景、孙贲、吕范既是元老、长辈，也是股东，对孙吴集团的贡献不亚于孙策，吕范就是第一个带着股份加入集团的大股东，他入伙时，孙策还没拿回孙家军，两手空空，一无所有。在名分上，孙策也不高于吴景、孙贲，大家都是杂号将军。至于程普、韩当、黄盖之类的老员工，当年跟过第一代领导核心孙坚，也是孙策的长辈，跟了孙策之后，同样战功赫赫，孙策很难以上级的身份命令他们做事。即使在孙权接班的时候，孙吴集团依然“未有君臣之固”，距离完成正规化建设还有很长的路要走。

直到221年—222年的夷陵之战，陆逊面对的众多功臣宿将，“或是孙策时旧将，或公室贵戚，各自矜恃，不相听从”。其实陆逊还说少了，手下的韩当是孙坚旧部。陆逊按剑放狠话“军令有常，不可犯矣”，才勉强压制住众将的嚣张气焰。夷陵之战结束，众将才由衷佩服陆逊。孙权问他当初为啥不整肃一下军纪，陆逊依然不忘给众将戴高帽：“受恩深重，任过其才。又此诸将或任腹心，或堪爪牙，或是功臣，皆国家所当与共克定大事者。臣虽驽懦，窃慕相如、寇恂相下之义，以济国事。”孙权的反应耐人寻味，“大笑称善”。

孙策当然意识到正规化的重要性，将兵多功大的徐琨免职，后来孙策坚持杀术士于吉，理由就是于吉“使诸将不复相顾君臣之礼”，所以孙策与吕范唱了一出双簧，由吕范出面担任都督，建立和维护纪律、秩序，做孙策的打手，这是孙吴集团正规化建设的最早尝试。

此时战争又起，吕范自东渡以来，第二次独当一面，进攻海西。海西距离海岸不远，距离长江却很远，我怀疑吕范是走海路去的。此前王朗、许靖都走海路逃亡，王朗去福建，许靖去交州（两广加越南北部），后来王朗又走海路去许昌，足以证明当时的航海很发达。孙权时代航海达到鼎盛，孙权一次性从海路向辽东投放上万人。总之吕范、徐逸在海西大破陈瑀，斩其大将陈牧，俘虏陈瑀的吏士妻子四千人，根据孙吴的惯例，吕范会分到一半左右。陈瑀单骑逃亡，北上投靠了袁绍，做了袁绍的故安都尉，我怀疑陈瑀也是从海路跑的，因为从海西到袁绍的冀州，隔着仇视袁绍—曹操集团的徐州吕布、寿春袁术。陈瑀逃得生天，但官越做越小，从扬州刺史堕落到吴郡太守，最后成了都尉。扫平陈瑀的副产品是孙策与陈家结仇，陈瑀的堂侄陈登陈元龙，野心勃勃地想灭了孙策。

吕范大破陈瑀的同时，孙策顺利解决了严白虎。这是孙策第二次打击严白虎，严白虎完蛋，收留他的孙坚老朋友许昭结局不明。至此，孙策彻底平定了吴郡，得以集中精力向西，肃清丹阳郡西部的皖南山区。

197 年下半年，孙策率领孙权、吕范、程普、孙辅、周泰、潘璋等精兵猛将西征。丹阳郡属于历史遗留问题，无论吴景还是刘繇统治丹阳郡期间，丹阳西部的皖南山区都是土豪、山越的独立王国，孙策在此招兵时遭到过大帅祖郎的攻击。孙策在 195 年从采石矶渡江，专心向采石矶以东的吴、会发展，采石矶以西的皖南，暂时搁置，等有空了再说，让吕范任宛陵（宣城）县令，除了给袁胤添堵，也是阻止宛陵西面的土豪山越东进，抄自己的后路。

⊙ 孙策行军图 05 建安二年（公元 197 年）江东形势图

丹阳山贼们，分布在宛陵（宣城）以西各县，宣城、泾、安吴、陵阳、春谷、始安、歙，宛陵以东的小丹阳也受到波及。孙策从宛陵出发，首先拿下位于宛陵正西四十公里、青弋江畔的宣城。汉末三国的宣城县不是现在的宣城市，而是安徽省芜湖市南陵县，在宣城市正西，宛陵才是现在的宣城市。《后汉书·地理志》中没有宣城，之前的西汉反而有，估计是东汉出于某种考虑放弃了宣城。汉末大乱时，当地土豪山越在西汉宣城旧址上，重建了一个叫宣城的壁垒，当作与吴景、袁胤打擂台的基地。

孙策攻克宣城，也就进入了青弋江流域。青弋江是长江下游右岸最大支流，西南—东北流向，所以它是进出皖南最重要的通道，太史慈盘踞的泾县、祖郎盘踞的陵阳都在青弋江流域。

孙策留下弟弟孙权坐镇宣城，保证补给线。跟在孙权身边的将领有周泰，孙权担任阳羡县长期间亲自招募的潘璋应该也在。此前周泰一直跟着孙策，平定会稽之后，受封为别部司马，孙权将他要到自己帐下。潘璋跟孙权更早，在阳羡期间受孙权之命，招募一百多人，成了孙权的第一支队伍。

孙策军溯青弋江而上，应该先遇到泾县的太史慈，但《吕范传》《孙辅传》都指出，孙策先打的是泾县上游的陵阳祖郎。合理的解释是太史慈避开孙策的锋芒，躲到泾县周围的山里，伺机包抄孙策的后路，尤其是孙权驻守的宣城。

孙策、吕范、孙辅、程普见太史慈躲了起来，暂时不搭理他，继续溯江深入，在陵阳与祖郎相遇。很可能是祖郎利用熟悉地理的优势，对孙军进行了偷袭。祖郎军一举冲到孙策身边，孙策身边只剩下程普与一个骑兵，程普临危不惧，充分展现幽燕骑士的风采，纵马疾呼，以矛突贼，保护孙策突出重围，最终祖郎战败被擒。孙策对祖郎说，当年你袭击我，砍到我的马鞍子。现在我建军立业，正在用人之际，既往不咎，唯取能用，天下人都一样，你也在内，所以你别害怕。祖郎叩头谢罪，愿意投降，孙策解除祖郎的枷锁，赐给衣服，任命为门下贼曹，负责剿灭盗贼，正是以贼攻贼。

⊙ 孙策行军图06 建安二年至建安三年间（公元197—198年）江东形势图

就在孙策势如破竹之际，背后的宣城出事了。镇守宣城的孙权年仅十六岁，以为宣城不会出事，所以防务松懈，“意尚忽略，不治围落”，城中守军不到千人。数千山贼突然从山里杀出，围攻宣城，孙权上马要逃跑，山贼们已经杀到孙权身边，锋刃交加，砍中马鞍，守军军心动摇，随时可能崩溃。关键时刻周泰挺身而出，舍命保护孙权，在周泰的带动下，众将士渐渐从慌乱中走出。山贼们虽多，毕竟是乌合之众，见占不到便宜就退入山区。周泰身上受伤十二处，陷入昏迷，过了好久才苏醒。《三国演义》利用这个桥段，让神医华佗出场，为周泰治伤。

靠宣城护驾，周泰跻身县级干部，担任刚刚征服的春谷县长，成了将领中的新贵，要知道老将韩当在200年才当上乐安县长。周泰也因此成了孙权的嫡系将领，在孙吴众将中，周泰以勇猛著称，“被创数十，肤如刻画”。

春谷县是当时孙吴集团最西边的沿江城市，198年周瑜投奔孙策，也做过春谷县长，担任过春谷县长的还有黄盖。

策划宣城围城战的，我认为就是之前躲开孙策的太史慈。听说宣城老巢遭到攻击，孙策留下孙辅驻守陵阳，堵住太史慈西逃的路线，自己与吕范、程普掉回头来顺青弋江而下，进攻刚刚围攻宣城不下的太史慈，两军在泾县西北的勇里决战，老对手太史慈战败被俘。孙策亲手解开绑绳，问太史慈，还记得神亭之战吗？如果当时你抓到我，你会怎么办？太史慈回答：“未可量也。”孙策大笑：“今日之事，当与卿共之。”孙策又说，你当年为本郡太守撕毁刺史的检举信，为了帮孔融千里走单骑请刘备，可谓义智之士，只是没遇到合适的人来辅佐，咱们虽然有旧怨，但是“射钩斩袪，古人不嫌”，我是你的知己，别担心我日后会报复你。“射钩斩袪”是两个不念旧恶的典故，主人公分别是齐桓公、晋文公，春秋五霸的前两位。这是继许贡把孙策比作项羽之后，孙策第二次自比为霸。太史慈终于遇到明主，当然愿意投降，获封为门下督，成了孙策最信重的将领之一。

随着太史慈、祖郎的投降，丹阳郡战事结束，江东三郡——丹阳、吴郡、会稽全被扫平。丹阳郡多山险峻，“民多果劲”“俗好武习战，高尚气力”，盛产优秀的丹杨兵。丹阳郡的平定，为孙吴集团提供了稳定的兵源。当然山中的土豪、山越的彻底扫清，还有待时日。直到234年，才由诸葛亮的侄子诸葛恪最终解决丹阳山越问题。

孙策率军回吴县，凯旋途中，祖郎、太史慈在前面做先导，作为给他们的殊荣。祖郎的后事不明，太史慈成了孙策的心腹将领，获赠军队，封折冲中郎将。孙策去世时，除了六大太守，担任过中郎将的只有七位：表哥徐琨、文官之首张昭、发小周瑜、头号老将程普、孙策首席心腹吕范、孙晟、太史慈。孙晟大家比较陌生，他是帮孙策征服会稽的叔叔孙静的长子，代表孙坚三兄弟中的老小孙静一系，做中郎将无可争议。七人中入伙最晚，功劳最小的就是太史慈，足见孙策对他的重视。

建安三年（198 年）——《张纮传》说是建安四年，孙策派孙吴二号文官张纮带队，第二次向许昌朝廷进献方物，贡品的数量超过上次一倍。为表彰孙策的忠心，朝廷改封孙策为讨逆将军、吴侯。值得注意的是，朝廷彻底放弃把吴郡从孙策手里挖出的企图，承认吴县是孙策的封地。

控制朝廷的司空曹操，非常欣赏张纮，同时也要通过重用、挽留张纮来对各地诸侯进行统战，对张纮“优文褒崇，改号加封”，征召张纮做自己的掾吏，再升迁为侍御史、九江太守。张纮托病婉拒，即便如此，依然被曹操滞留在许昌。《张纮传》记载，200 年孙策遇刺，见接班人孙权年轻，曹操动了吞并江东的念头，在张纮的劝说下才作罢，曹操封孙权为讨虏将军，领会稽太守，放张纮回江东。我不相信存在张纮劝阻曹操南征这事，因为孙策遇刺的消息传到许昌时，袁绍大军南下延津，曹操忙于备战，年底才结束官渡之战。即使曹操想灭掉孙吴集团，也是后话。曹操放张纮回来，更像是为了稳定后方而对孙权的示好，曹操、孙权各自一屁股屎，都忙着擦，对方不来打自己的主意就不错了。

然而曹操挽留、重用张纮是事实。相似的事情在 208 年刘表死后，曹操占领襄阳时又发生一回，四川之王刘璋听说刘表集团灭亡，兔死狐悲，派别驾张松去见曹操，一来是效忠，二来是探探曹操的口风，会不会入川打自己。曹操正在征服荆州的兴头上，“方自矜伐”，不录用张松，张松怀恨在心，回到成都在刘璋面前诋毁曹操，劝刘璋与曹操断绝关系，最后便宜了刘备。这段故事在《三国演义》变成了张松献图。所以史学家习凿齿说：“昔齐桓一矜其功而叛者九国，曹操暂自骄伐而天下三分，皆勤之於数十年之内而弃之於俯仰之顷，岂不惜乎！”

197 年与 198 两年，袁术的事业急转直下。虽然孙策没来打他，但吕范在广陵郡海西县大破陈瑀，也意味着孙策将触角伸到了江北。在下邳土豪陈珪、陈登父子的煽动下，老朋友吕布也跟袁术翻脸，大破袁术的大将、孙策的老友张勋，袁术的仲家帝国由盛转衰。

198 年，在曹操的压力下，吕布赶走屯驻小沛的刘备，与袁术抱团取暖。眼看袁术行将就木，在袁术手下混了两年的周瑜，终于决定放弃袁术，到江东投奔发小孙策。孙策闻讯大喜，亲自迎接周瑜，一锤子就给了建威中郎将，兵二千人，骑五十匹，又给了一套鼓吹、一所豪宅。因周瑜是庐江郡土豪，“恩信著於庐江”，孙策派周瑜镇守采石矶渡口，兼管对江西庐江的统战工作。之前镇守采石矶渡口的是孙辅，驻屯在江西的历阳县，然而孙辅参加了 197 年的丹阳西征，战后职责、驻地不明，现在由周瑜驻守采石矶，很可能孙策放弃了历阳，将防线或国界退到江东的采石矶。之后不久，周瑜取代周泰担任春谷县长，继续镇守江防。

孙策给周瑜的待遇之丰厚，在孙吴集团空前绝后。为了平息众将的争议，孙策特意做出解释："周公瑾英俊异才，与孤有总角之好，骨肉之分。如前在丹杨，发众及船粮以济大事，论德酬功，此未足以报者也。"理由有三：一是周瑜有才，二是与孙策感情好，三是在渡江战役中立了大功。其实孙策的解释是欲盖弥彰，以周瑜的功劳和脱队两年，不足以一下子就跃居中郎将，授予两千多兵马，获得同样多军队的只有吕范、程普、韩当，吕、程的功劳资历远比周瑜高，韩当也许战功不如周瑜，但远比周瑜资深，终孙策之世也才是先登校尉，不够中郎将级别。所以孙策给周瑜的待遇是破格的，自然招致其他人的忌恨，尤其是老将程普，总看着周瑜不顺眼。然而随着孙策的早死，在孙吴集团孤立无助、资浅功低的周瑜，不管是不是真心，只能把身家性命压在孙权身上，对孙权"独先尽敬，便执臣节"，誓死捍卫孙权的核心地位。

同年冬，曹操亲征下邳讨伐吕布。建安三年底（公元 199 年 2 月 7 日）吕布白门楼殒命，吕布的军师陈宫、大将高顺被杀，张辽等将领投降曹操。在灭亡吕布过程中居功至伟的陈登，被曹操任命为广陵太守，成为悬在孙策脖子上的钢刀。

随着吕布集团的灰飞烟灭，袁术集团的灭亡进入倒计时。

九、袁术灭亡

丹阳和海西战役在 197 年内全部结束，孙吴集团进入调整或暂歇期。198 年全年都没有上得了台面的战事，孙策坐视吕布、袁术、刘备、曹操逐鹿中原。

笔者认为孙策和孙吴集团的最大失策，就是没充分利用 197 年征服广陵郡。如前所述，197 年下半年，吕范取得海西大捷，赶走朝廷任命的吴郡太守陈瑀。海西县属于徐州广陵郡，在淮河北岸，不仅距离孙策的首都吴县远，距离长江都很远。广陵郡的大部分土地在淮河以南，总共十一个县，只有海西、凌县在淮北，所以广陵郡可以视为长江、淮河下游之间的土地的总和。广陵郡的一大重要性，在于境内有沟通长江、淮河的邗沟。之前的 196 年，身为袁术版广陵太守的吴景在邗沟的淮河出口淮阴县，与刘备相持数月，互有胜负。如果孙策能利用海西大捷的机会，占据广陵郡，哪怕只占据广陵的淮南九县也是好的，这样孙吴的国界会从长江推进到淮河，大大增加防御纵深。

但是孙策没抓住吴景来投和吕范北伐的两次机会征服广陵郡，就别怪别人占便宜了。197 年夏，吕布在下邳土豪陈珪的煽动下，派陈珪的儿子、陈瑀的堂侄陈登去许昌朝见汉献帝，希望朝廷能封他为徐州牧。在许昌，曹操与陈登密谈，陈登说吕布有勇无谋、轻于去就，建议曹操趁早灭了吕布。曹操很高兴徐州来了个“带路党”，拉着陈登的手说：“东方之事，便以相付。”封陈登为广陵太守，于是陈登成了袁术版广陵太守吴景之后的朝廷版广陵太守。

陈登的生卒年不详，史书只说他享年三十九岁。笔者认为他死于 204 年，因为这一年曹军攻克袁绍的首都邺城，曹操的头号心腹爱将夏侯惇获封为伏波将军，此前的 199 年陈登获封此职，曹操不大可能同时让两个伏波将军存在，由卒年推生年，则他生于 166 年。

陈登做广陵太守，应该在海西大捷之前不久，即使晚于海西大捷也晚不了几天，战后吕范撤军汇合孙策平定丹阳郡，走了。于是陈登得以踏踏实实地去广陵上任，198 年 9 月，曹操亲征吕布，陈登率领广陵军做曹操的先锋，说明陈登已经牢牢控制了广陵，能够招兵并把军队带出来作战。199 年二月，吕布白门楼殒命，陈登获封为伏波将军。伏波将军是中国最著名的将军称号之一，最著名的伏波将军当然是东汉初年的马援，留下马革裹尸的典故，伏波将军因此有了独当一面，特别是征讨水边的边疆的含义。陈登是汉末三国时期第一个伏波将军，下一个才是夏侯惇。陈登的伏波将军头衔恰如其分，他“甚得江、淮间欢心，於是有吞灭江南之志”。这里的江南，当然就是孙策，从孙策的角度说，则是“陈登间其心腹”。

孙策没抓住机会在广陵郡立足，有以下几个原因：

（一）兵力不足。孙策的全军总兵力不会超过五万人，直到 208 年冬的赤壁之战，孙权拼凑五万人给周瑜都困难。

（二）骑兵太少。广陵郡虽然也在中国的天然南北分界线——秦岭、淮河以南，相对江东依然是北方，从孙策给吕范、程普等人的兵力看，孙军的步骑兵比例为 40:1，即使孙策有五万步兵，骑兵也才一千二百五十人。同时乃至稍早的曹操、吕布、袁绍、公孙瓒，都有骑兵数千乃至上万。例如在官渡之战期间，坐镇关中的钟繇送给曹操两千多匹马，则曹军骑兵至少两千起跳。191 年的界桥之战中，公孙瓒有一万两千以上骑兵。缺少骑兵，意味着孙吴集团无法在北方实施机动和作战。

（三）补给困难。从长江到淮河边上的淮阴，当然可以使用邗沟，但是邗沟淤塞多年，航道窄、深度浅、季节性强，不堪使用。曹操四越巢湖都没走邗沟，魏文帝曹丕时代三次南征用过邗沟，但那更像对臧霸为首的青徐豪霸们的示威，而不是征讨孙吴。

（四）没有当地豪强的支持。孙策生于广陵郡盐渎县，但待的时间不长，还没有在庐江舒城周瑜家时间长，谈不上与广陵和徐州的关系。而且孙策的出身太低，这个出身不是孙策本人，而是孙家出身草根。孙策征服江东三郡期间，许多名士如许靖、王朗拒绝与孙策合作，宁愿浮海而去。吴县土豪陆家与他的合作也很勉强，一来族长陆绩、代理族长陆逊年龄太小，二来他们走不了也缺少武力，不得不与孙策合作。曾经避乱江东的广陵郡海西县人徐宣、广陵郡东阳县人陈矫，都曾经避难江东，却都拒绝孙策的征召，跑回广陵投入陈登门下。本地人不合作，大大增加了孙策的困难。

尽管有可以理解的原因，孙吴集团两次放弃占有广陵的机会，也极为可惜。下次孙吴尝试向淮河一线推进，是赤壁之战后的209年初。

199年初，吕布死后，曹操把持的朝廷命令司空曹操、江东讨逆将军孙策、卫将军董承、益州牧刘璋征讨伪帝袁术和荆州牧刘表。其实刘表和袁术的关系一贯恶劣，当年孙坚就是在为袁术攻打刘表的战争中阵亡的。曹操手里攥着朝廷，说打谁就打谁，孙策、刘璋等人不得不从命。刘璋远在四川，够不着袁术，要打也是出川攻打刘表，真正打袁术的只有孙策、许昌朝廷的曹操、董承。

此时的袁术不仅四面楚歌，而且由于治国无方，“士卒冻馁，江淮间空尽，人民相食”，无力抵抗曹操、孙策的南北夹攻。于是袁术主动放弃首都寿春，准备向南投靠灊山附近的老部下雷薄、陈兰，但这二位拒而不纳。袁术听说袁绍灭了公孙瓒，兼并北方四州，财雄势大，不可一世，断定袁绍与曹操即将决裂，于是决定放弃帝号，向哥哥袁绍低头认输，北上投靠袁绍。

应该说袁术的政治嗅觉相当敏感，曹操和袁绍还没公开翻脸，他已经看出来了。曹操当然不能允许二袁合流打自己，派投奔自己不久的豫州牧刘备、将军朱灵去徐州拦截袁术。袁术见北上无望，南下不成，只得返回寿春。六月，在距离寿春八十里的江亭，全军断粮，穷途末路的袁术吐血而死。按袁术在189年诛杀宦官时三十岁算，终年四十岁。

与众多诸侯相比，袁术集团的灭亡极为特殊，其他集团要么覆灭，如袁绍集团，要么主动或被动投降，如南阳张绣、汉中张鲁，袁术集团则是自我爆炸，没遭到什么像样的打击。随着袁术的死亡，袁术集团瓦解冰消，碎成一地玻璃。

袁术死后，他的妻子、部曲、军队，共三万多人，在长史杨弘、大将张勋的带领下，投靠袁术的故吏、庐江太守刘勋。《孙策传》说袁术旧部本打算渡江投靠孙策，被刘勋截和了。刘勋在189年担任建平县令，讨董联军散伙之后，曹操兵少，去东南方的扬州招兵，丹阳太守周昕送给曹操四千兵，曹洪招了数千，回中原的路上，新兵兵变，虽然曹操手刃数十人，军队也散了伙，只剩下五百人没跑。曹操带领残兵败将走到建平县，得到刘勋的帮助，又得兵一千多人。靠这一功劳，刘勋也成了曹操的恩人，所以袁术走投无路时不敢投靠刘勋，宁可投靠老仇人袁绍。

靠吞并袁术的遗产，刘勋发了横财，让孙策眼红，“兵强于江淮之间”，成了缩水版袁术，对孙策造成巨大威胁。从孙策的角度说，他既想吞并四年前一手打下来的庐江郡，也想扩大江东的防御纵深。因为要保住江东地盘，划江而治是不够的，赤壁之战前，孙权身边的投降派就认为，敌人到了江边则“长江之险，已与我共之矣”，所以应该尽量将国境线向北推，能推进到淮河最好，再不济也要推进到江北丘陵一线。打定吃掉刘勋的主意，剩下的就是具体怎么操作了。

⊙ 孙策行军图 07 建安四年（公元 199 年）江东形势图

刘勋一下子吃掉袁术部曲三万多人，得意之余马上发现多了上万张嘴，粮食不够吃，便派从弟刘偕去往西南方的豫章郡，找豫章太守华歆要或借粮食。

说到这就得说说豫章局势。如《江东乱局》所述，豫章在扬州各郡中最为混乱，史料的记载也不同，195 年前后有三位太守出场，分别是诸葛亮的从父诸葛玄、孙坚的老上级朱俊的儿子朱皓、大儒华歆华子鱼。诸葛玄、朱俊去豫章去得早，《三国志・诸葛亮传》引《献帝春秋》说，诸葛玄与朱皓兵戎相见，诸葛玄不是对手，逃出首府南昌城，躲到南昌西城“潜伏爪牙忍受”，朱皓入主南昌城，俩太守在豫章郡较劲。

194 年，和解关东的太傅马日磾，征召华歆做自己的掾吏，马日磾走到徐州，任命华歆做豫章太守，这样在 195 年豫章至少有两位太守。

196 年，朝廷任命的扬州刺史刘繇被孙策赶出曲阿，带着军师许劭、崇佛的老部下笮融溯江而上，前往豫章郡。见豫章政局混乱，这帮难兄难弟先到鄱阳湖东北的彭泽暂住，刘繇派笮融先去南昌打前站。笮融这人前面说过，虽然喜欢念经，却是个背信弃义的小人，陶谦对他那么好，他背叛陶谦毫无压力。现在笮融故技重施，来到南昌诱杀“推诚以信人”的朱皓，自己像模像样地做了太守，“代领郡事”。刘繇与许劭进军南昌讨伐笮融，被后者打败。刘繇重新纠合各县再攻笮融，笮融战败躲进山里，被山民杀掉。197 年正月，南昌西城人造反，杀诸葛玄，首级献给刘繇，说明此时刘繇还活着。很快刘繇死了，终年四十二岁。许劭也死于豫章，终年约四十六岁。

从 194 年被马日磾任命为豫章太守，到熬到刘繇死去，华歆的行止不明。总之随着诸葛玄、朱皓、刘繇、笮融相继死去，华歆终于熬出头，做了豫章郡的正牌太守。华歆继承了刘繇的旧部，拥兵一万多人，成了个不大不小的诸侯。

华歆字子鱼，著名大儒，与管宁、邴原并称为“一龙”，华歆为龙头、邴原为龙腹、管宁为龙尾。后来曹丕将钟繇、王朗、华歆并称为“一代之伟人”，一贯目中无人的陈登，夸奖华歆“渊清玉絜（洁），有礼有法”。太守华歆面临的问题却不少，作为没有根基的外来户，还是个只会舞文弄墨的儒生，他的实控地盘仅限于首府南昌（今江西南昌）一带，南昌北边的海昏县，有一万多户人家（《太史慈传》说五六千户），以宗族为核心结城自保。这种地方群落、武装，叫作“宗伍”或“宗贼”，头头叫“宗帅”。海昏宗贼建立了一个叫上缭的坞堡，割据一方。

汉末天下大乱，为了自保，宗伍遍地开花，例如孙坚杀了荆州刺史王叡之后，荆州大乱，继任刺史刘表单马入宜城（今湖北省襄阳市宜城市，襄阳的汉水下游，城南），诛杀宗贼头子五十五人，才算在荆州站稳脚跟。再如许褚、李典、李通，都是拥有成百上千民户的宗帅，因及时投靠了曹操，成为曹魏开国功臣。海昏县在现在发掘海昏侯墓地的地方附近，县城位于江西省北部九江市永修县境内，九江、南昌之间。在南昌东北的鄱阳县（今江西省上饶市鄱阳县），也有一波宗贼土豪。两伙宗贼对华歆还算客气，按时足额纳税交粮，但征兵调兵绝不可能，一个人都不给。

在南昌南边的庐陵县（今江西省中部吉安市吉安县），一个叫僮芝的人自称太守，割据一方，公然与华歆唱对台戏。虽说僮芝的小政权很短命，但他是第一个庐陵太守，后来孙策正式从豫章郡分出庐陵郡，严格地说也不合法，没有得到东汉政府的批准。这样，南昌北边海昏、鄱阳两伙宗贼，南边伪庐陵太守僮芝，将华歆的南昌变成了一座孤岛，与中国其他地区隔绝。华歆看着宗贼们不顺眼，却也没啥办法收拾他们。

刘勋、华歆，两位未来曹魏重臣，各有各的难处，刘勋的从弟刘偕来到南昌县找到华歆要粮，华歆一定认为这是向刘勋示好进而抱团取暖的好机会，很热心地帮忙。不过华歆也缺粮，便派人带着刘偕来到海昏，请上缭宗帅提供三万斛粮。不知道宗帅没这么多还是不想给，磨磨蹭蹭几个月下来，才筹集到几千斛。目睹豫章郡的乱象，刘偕写信给刘勋，建议他乘乱兼并豫章。

十、智取豫章与庐江

刘繇去世的消息传来，孙策对好哥们太史慈说，我东渡长江攻打扬州刺史刘繇，并不是我的本意，听说他死在豫章，我想打听一下刘繇的儿子和旧部咋样了，你是刘繇的旧部，能否替我去豫章走一趟，看看刘繇的儿子、旧部的现状，另外再看看豫章郡的情况，摸摸华歆的底，看看豫章是否可取，给我提交一份可行性报告。你要带多少人去，尽管张嘴。太史慈说："慈有不赦之罪，将军量同桓、文，待遇过望。古人报生以死，期於尽节，没而后已。今并息兵，兵不宜多，将数十人，自足以往还也。"孙策的手下都说，太史慈一定一去不复返，孙策说太史慈是重然诺守信用的君子，何况他当初在刘繇手下不被重用，眼下不跟我打天下还能跟谁。于是孙策亲自送太史慈出苏州（吴县）城门，问太史慈大概要多久能回来，太史慈说不过六十天，果然太史慈如期返回。

太史慈向孙策汇报，华歆是个道德君子，"良德也"，但能力低下，"非筹略才，无他方规，自守而已"，天赐吞并豫章的良机，不抓住对不起老天爷。孙策听了拍掌大笑，下定了征服豫章的决心。

孙策一面卑辞厚币讨好刘勋，一面唆使刘勋进攻豫章，自己好从背后捅刘勋的刀子。孙策的唆使很高明，他并不直接劝刘勋出兵，而是绕了个弯子，说海昏的宗贼"甚实，得之可以富国"，我想去攻打海昏，但从我的地盘去海昏路远不便，还得路过刘老您的庐江郡，请您出兵帮帮我。刘勋召集手下讨论，谋士刘晔说："上缭（海昏的宗贼壁垒）虽小，城坚池深，攻难守易，不可旬日而举，则兵疲於外，而国内虚。策乘虚而袭我，则后不能独守。是将军进屈於敌，退无所归。若军必出，祸今至矣。"可是刘勋利欲熏心，被孙策的鬼话和财物冲昏了头脑，打算抢在孙策前面独吞海昏。

然而换个角度说，刘勋的决定有他的道理。袁术死后，长江下游以江西庐江的刘勋、江东三郡的孙策最强，早晚要掐起来；更西边的豫章郡混乱衰弱，不是被刘吃就是被孙吃。如果孙策抢先，刘勋就被孙策夹成三明治，腹背受敌极其难受。如果出兵西征豫章，又怕孙策从背后捅刀子。当年袁术北伐中原打曹操，老巢南阳就被刘表抄了，所以要打豫章，就得偷偷摸摸地袭击，在孙策反应过来之前结束战斗。

刘勋、孙策都想吃掉豫章华歆，孙策还想吃掉刘勋。但刘勋也不是傻子，在确定孙策不会对自己动手之前，不会去动华歆。正好，孙策召集精兵猛将将近三万人，声称要去江夏攻打杀父仇人——刘表的头号悍将黄祖。刘勋信以为真，带上谋士刘晔和部队，偷偷前往海昏。海昏宗贼无力抵抗，扔下壁垒逃走，刘勋一无所获。此时孙策正在西征黄祖的路上，听说刘勋走了，派堂兄孙贲、孙辅带领八千人前往彭泽截杀可能原路返回的刘勋，自己与周瑜、弟弟孙权、韩当、程普、黄盖、吕范、陈武、董袭、周泰等，率领两万人进攻刘勋的首都皖城。

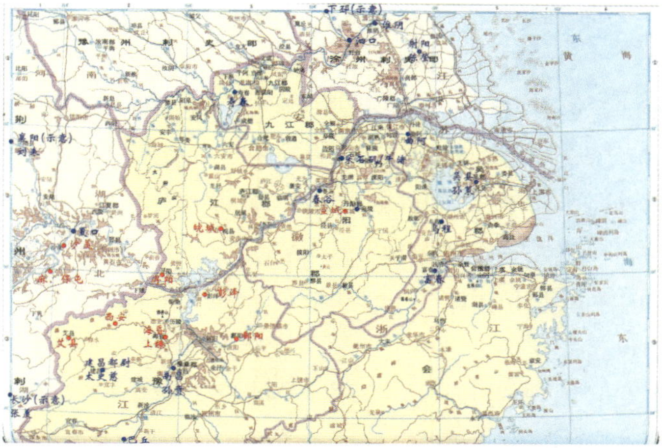

⊙ 公元 199 年—公元 200 年的沙羡、豫章、庐江、麻保战役

皖城哪里能抵挡孙策、周瑜、孙权这三人的联手进攻，这套阵容放在整个三国时代，也堪称最豪华。袁术的百工、部曲、乐队共三万多人，袁术、袁术的大将张勋等人的妻、子，都成了孙策的战利品。袁术的女儿归了孙权，儿子袁耀做了吴国官员，袁耀的女儿后来又嫁给孙权的儿子孙奋。孙策狠狠地发了出道以来最大的一笔横财。

除此之外，皖城中有位从中原来的名士——桥公（即乔国老），可能就是说曹操“天下将乱，非命世之才不能济也，能安之者，其在君乎！”并建议曹操找名士许劭相面的桥玄，这位桥老爷的两个女儿都有“国色”，孙策娶了大乔，周瑜娶了小乔，成就一段佳话。

刘勋在海昏听说老窝被端了，赶忙率部返回，在鄱阳湖遇到孙贲、孙辅兄弟的八千吴军。孙辅身先士卒，大破刘勋。刘勋、刘偕、刘晔确定老家皖城回不去了，带领残兵败将向西北方向逃窜，渡过长江来到江北的寻阳（今湖北省最东端黄冈市黄梅县）一带，在刘表的地盘上筑垒自守，请刘表帮忙救命。

刘表与孙策有杀父之仇不共戴天，而且上一年初曹操把持的朝廷命令曹操、刘璋、孙策攻打袁术、刘表。袁术完蛋了但是刘表还在，所以孙策攻打刘表既是报私仇、扩地盘，又有朝廷颁发的认证，不打刘表反而是怪事。

本着敌人的敌人是朋友的原则，刘表、黄祖当然要扶助刘勋，坐镇江夏给刘表看门的黄祖，派儿子黄射带领水军五千援助刘勋。孙策、周瑜挥师猛攻，攻破刘勋的壁垒，刘勋、黄射大败亏输，刘勋与刘晔逃往北方投奔老朋友曹操，后来刘晔成了曹操的重要谋士之一，黄射也逃了。孙策搜集刘勋两千残兵，进攻夏口。夏口就是夏水即汉水与长江的汇合处，后来的武汉市武昌，而刘表的荆州首府襄阳在汉水中游。如果孙策、周瑜攻占夏口，就能把刘表堵在长江以北无法南下，荆州的江南各郡不复为刘表所有。见孙策来势凶猛，刘表也下了血本，派从子刘虎、韩晞率领五千长矛兵支援黄祖。

按常理，为了保护襄阳老巢，刘表应该让黄祖在夏口抵御孙策，汇合襄阳来的刘虎部合力打退孙策，如果在夏口抵抗不住，也应该放弃夏口向汉水上游收缩。刘表的方略是，黄祖从夏口向长江上游收缩，退到夏口西面的沙羡（今湖北省武汉市江夏区金口，武汉西南方向），无论孙策溯江而上追击黄祖，还是溯汉水而上迎战刘虎，都将陷入两线作战、腹背受敌的不利局面，一不小心将会被黄祖、刘虎包围而全军覆没。可见刘表、黄祖的胃口很大，不局限于击退孙策，而是要包饺子，全歼孙策。刘表未必有这么高明的军事头脑，我怀疑是黄祖的主意，或者是黄祖的向沙羡收缩，客观上制造了夹击孙策的局面，刘表只是被动地跟着黄祖动。

建安四年十二月八日（公元200年1月11日），孙军前进到黄祖驻屯的沙羡。十一日（公元200年1月14日），刘虎、韩晞的荆州援军抵达战场，双方展开了孙策出道以来最大、最激烈的会战。此役不仅事关胜负，孙军在腹背受敌的被动局面下，为生死存亡而战，自孙策以下，周瑜、吕范、程普、孙权、韩当、黄盖都奋勇冲杀。据孙策给朝廷的上表记载，吴军大获全胜，歼敌三万多：“身跨马栎陈，手击急鼓，以齐战势。吏士奋激，踊跃百倍，心精意果，各竞用命。越渡重堑，迅疾若飞。火放上风，兵激烟下，弓弩并发，流矢雨集，日加辰时，祖乃溃烂。锋刃所截，猋火所焚，前无生寇，惟祖迸走。获其妻息男女七人，斩虎、韩晞已下二万馀级，其赴水溺者一万馀口，船六千馀艘，财物山积。”

⊙ 孙策行军图08 建安五年（公元200年）江东形势图

虽然孙策取得沙羡大捷，但没能消灭黄祖，为私为父报仇、为公消灭刘表的目的没有实现。黄祖的军事能力颇为强悍，在孙策、孙权、周瑜的联手进攻面前没被吃掉，就是一大胜利。黄祖抵抗孙、周长达十四年，打退孙吴集团多次进攻。孙策的大表哥徐琨、爱将凌操阵亡。直到 208 年赤壁之战前，黄祖才被孙权消灭。

孙策战胜黄祖、刘勋往回走，困守南昌孤城的太守华歆就成了下一个目标。孙策希望不战而屈人之兵，派谋士虞翻去游说华歆，华歆自知不是孙策的对手，既然虞翻前来劝降，索性开门投降。鉴于对方是名士，又主动投降，孙策也没必要难为华歆，“策遂亲执子弟之礼，礼为上宾”，二人相谈甚欢，一团和气，从此华歆成了孙策的政治花瓶。孙策死后，曹操征召华歆入朝当官，孙权有些不舍得，华歆说反正我在你这也没啥用，不如把我送给曹操，还能讨好曹操，于是孙权将华歆礼送出境。在曹操手下，华歆基本上还是政治花瓶，用来装点曹操政权，偶尔也干点脏活。214 年，曹操杀皇后伏寿的父亲伏完，皇后伏寿自然也不能留着，令华歆带兵入宫，把皇后抓出来杀掉。

在孙策、周瑜的巨大军事压力下，割据庐陵的僮芝病了，吴军兵不血刃拿下庐陵。

豫章的另一个小势力，鄱阳宗贼的结局有点争议。据《韩当传》《吕范传》记载，孙策带兵西征连破刘勋、黄祖之后，进入豫章，先平了鄱阳，再去南昌接受华歆的投降。《吕范传》明确说吕范平鄱阳在 200 年孙策去世之前，然而《吴主孙权传》记载：“八年，权西伐黄祖……还过豫章，使吕范平鄱阳。”要比较两种说法，只能说 199 年韩当、吕范平鄱阳之后，鄱阳又造反独立了，孙权在 203 年再次派吕范平定。建安十五年（210 年），孙权正式将鄱阳和周边地区从豫章郡分出来，建立鄱阳郡，由步骘担任首任太守。

鄱阳这个地方民风强悍，在 203 年之后也多次造反，周鲂说“鄱阳之民，实多愚劲”，陆逊说“此郡民易动难安”。最重要的一次造反发生在黄武四年（公元 225 年—公元 226 年），“鄱阳贼彭绮自称将军，攻没诸县，众数万人”，“鄱阳大帅彭绮作乱，攻没属城”，魏文帝曹丕打算出兵接应，趁机占据鄱阳郡，遭到宠臣刘放反对才作罢。彭绮之乱被吴将周鲂平了，孙权任命周鲂为鄱阳太守。周鲂认为鄱阳动乱是个好题材，不好好炒作一下对不起良心，于是忽悠曹魏最高军事长官大司马曹休出兵占领鄱阳。曹休果然上当，228 年，在石亭被陆逊大败，随后羞愤而死，“痈发背薨”，这段故事在《三国演义》中叫作“周鲂断发赚曹休”。周鲂的儿子名头更响亮，是“周处除三害”的主人公周处。

另据《太史慈传》，孙策、太史慈曾携手讨伐“麻保贼”。《三国志・卷 51・孙瑜传》记载：“十一年（206 年），（孙瑜，孙坚的弟弟孙静的儿子）与周瑜共讨麻、保二屯，破之。”《三国志・卷 54・周瑜传》记载得更加详细些：“十一年（206 年），督孙瑜等讨麻、保二屯，枭其渠帅，囚俘万馀口，还备宫亭。江夏太守黄祖遣将邓龙将兵数千人入柴桑，瑜追讨击，生虏龙送吴。”《三国志・卷 55・凌统传》：“后从击山贼，权（孙权）破保屯先还，馀麻屯万人，统与督张异等留攻围之，克日当攻。”

四份传记说的“麻保贼”“麻、保二屯”是一个地方的同一伙贼寇。“麻、保二屯”大致在现在的咸宁县嘉鱼县附近，距离后来的赤壁战场也不远，更在沙羡以西。孙策、太史慈的麻保攻势，肯定在沙羡大捷之后，从行文看是一次小规模战事，除了太史慈一箭把城楼上的一个贼的手钉在房梁上，没取得什么战果，拔掉麻保贼是在206年的孙权时代。那么问题就来了，孙策怎么会在黄祖、刘表还颇有余力的时候，越过沙羡跑到未来的赤壁战场一线活动呢？

笔者认为，沙羡之战重创了黄祖，迫使他退离长江江岸，收缩到内陆地区。孙策和后来的孙权、周瑜，都在黄祖未灭时就进攻麻保贼，目的是截断长江，与荆州的江南各郡建立联系。据《刘表传》，南阳人张羡，做过零陵郡零陵县长、桂阳郡桂阳县长，在荆州的江南各郡很有威望，在199年或更早，张羡做了孙坚担任过的长沙太守。荆州总共七个郡，江北三个，江南四个——长沙、桂阳、零陵、武陵，对应湘江流域和湖南省，张羡待过三个郡，“甚得江、湘间心”。很可能在199年朝廷讨伐刘表、袁术的诏书的煽动下，长沙太守张羡动了造刘表的反而独立的心思。

199年到200年初，曾经的老朋友曹操、袁绍的关系急剧恶化，刘表加入袁绍阵营反曹。当年孙坚做太守时推举的孝廉，长沙郡临湘县（长沙市）人桓阶，建议张羡割据江南或湖南四郡，响应曹操，“举四郡保三江以待其（曹操）来，而为之内应”。张羡同意，割据江南四郡独立，抗拒刘表。后来张羡病死，其子张怿接班，继续割据四郡与刘表较劲。

袁、曹翻脸乃至官渡决战期间，孙策态度中立，然而刘表是孙策的死敌，所以孙策较为偏向曹操而反刘表。孙坚在长沙任上待了三年，讨伐江南四郡的山贼土寇，颇有威望，转战长沙、零陵、桂阳三郡，“三郡肃然，汉朝录前后功，封坚乌程侯”。零陵人黄盖就是在孙坚转战三郡期间入伙的，而且黄盖也是孝廉出身，很可能认识桓阶。孙坚在襄阳城外阵亡后，又是桓阶收的尸，所以他跟孙家的交情不是一般的深。孙策进攻麻保贼的目的，是溯江而上，打通自己的地盘与荆州的江南四郡的交通线，至少要以长江为界把刘表的地盘拦腰砍成两段。然而麻保贼没攻下，没能完成横断长江联络张羡的目的。

麻保战役的规模虽不大，也没拔掉麻、保二屯，却标志着孙吴集团掌握了长江制水权。孙吴集团的首次水战，发生在会稽战役期间，孙策与会稽土豪周昕在钱塘江上厮杀，但没打赢，靠偷袭高迁屯才战胜、击毙周昕。此后浮海追杀王朗，海西大捷打垮陈瑀，都谈不上水战或海战。沙羡大捷有水战，但也不足以证明孙吴控制了江面。麻保战役标志着孙吴成了长江乃至海上霸主，敌人充其量只能窝在岸边要塞中死守，不敢或不能与孙吴水战。

与江南四郡的水上交通线没打通，孙策又打起了陆路的主意。从豫章南昌到长沙临湘（长沙市），最便捷的陆上通道是赣江下游左岸支流修水，从赣北溯修水而上向西，再翻越江西赣江与湖南湘江的分水岭罗霄山，就进入了湖南或湘江流域。然而刘表在湖南东北部有一颗钉子——侄子刘磐，此人骁勇善战不说，手下还有一员悍将黄忠黄汉升。刘磐、黄忠不断从湖南出击，骚扰修水流域的艾、西岸，阻断交通不说，还侵犯孙贲担任太守的豫章郡。于是孙策将豫章郡西北部海昏、建昌等六个县剥离出来，封太史慈为建昌都尉，负责抵御或讨伐刘磐、黄忠。然而直到孙策去世，太史慈也没完成打通修水的任务，只能做到“磐（刘磐）绝迹不复为寇”。

至此，一年之内，孙策连下江西三郡：庐江、豫章、庐陵。孙策任命孙贲为豫章太守，孙辅为庐陵太守，李术为庐江太守，加上之前到手的江东三郡——丹阳、吴、会稽，六郡全部拿到。孙策自任会稽太守，舅舅吴景担任丹阳太守，朱治为吴郡太守。

十一、分田分地真忙

孙策的扩张分为两个阶段，从195年下半年过江到197年下半年，两年内征服和扫平江东三郡——吴、会稽、丹阳。此后整个198年没有大规模战事。孙吴集团第一次分蛋糕，中心事件是孙策两次向许昌朝廷朝贡和朝廷的反馈。

第二阶段扩张从199年开始，到200年初征服豫章结束，历时一年。孙策向西征服豫章、庐江两个郡，孙策将豫章以巴丘为界，一刀砍成南北两半，北边还是豫章郡，南边分出庐陵郡，于是孙策去世时共六个郡，就是演义说的“六郡八十一州”。

从征服豫章到云山雾罩的匡琦之战和孙策遇刺，间隔四个月。期间的主要工作是孙吴集团第二次分蛋糕，为没来得及发生的第三期扩张打基础。由于第二次分蛋糕距离孙策死亡很近，孙权接班时地位不稳，没必要和没能力做调整，所以此次分蛋糕的成果和影响，至少延续到赤壁之战前。下面我们就看看孙策是怎么分的。

江东六郡中的庐陵郡是孙策自作主张从豫章郡分出来的，所以按传统和习惯，其实是五个郡，其中又以第一期扩张征服的江东三郡更重要。

孙策，集团的老大，得到朝廷的正式认证的会稽太守、吴侯、讨逆将军，职位比集团其他成员都高一级。孙吴最重要的郡自然是吴郡，但孙策祖籍是吴郡富春县，按东汉的“三互法”，他不能担任祖籍所在的郡官，所以做会稽太守，符合东汉的人事规定。

吴景，按朝廷授予的职务，是集团内仅次于孙策的二号人物，担任扬武将军，领丹阳太守，只比孙策少个侯爵头衔。吴景是孙吴集团的老人，辈分也足够高，但他对孙策的事业的帮助很有限。孙策过江攻占曲阿之后，吴景就脱队投奔袁术去了，担任袁术的广陵太守。197 年袁术称帝后，吴景才抛弃袁术正式来江东入伙。他能被朝廷认证为太守、将军，除了肯定他的资历之外，大概也有分化孙策集团和“众建诸侯而少其力”的企图，通过在江东搞出两个并列的将军、太守，引发吴景、孙策的内讧。无论如何，吴景都是孙吴集团的二号人物，由他做丹阳太守当之无愧，或者说非太守无以安置吴景。

朱治，集团内首席元老，跟孙策也很早，是最早建议孙策去江东发展的人之一。李傕把持的朝廷任命他做吴郡都尉，驻屯在钱塘县（今杭州），独立战胜吴郡太守许贡，夺取首府吴县，之后孙策才率军入吴，所以征服吴郡，朱治的功劳至少要占一半。再加上根据三互法，孙策不能做吴郡太守，所以朱治代理吴郡太守是最合理的选择。反过来说，孙策赶走朱治，让别人做吴郡太守也不大可能。对朱治的地位，终孙策之世，朝廷一直没有给予承认，反而任命下邳土豪陈瑀做太守。陈瑀被吕范赶走，朝廷依然没承认朱治。

孙策对朱治的态度具有两面性。首先是拉拢，让朱治的外甥兼养子朱然做孙权的同学，从小培养感情。其次是抑制，不确定在什么时间，孙策任命孙坚的弟弟孙静的长子孙暠为定武中郎将，驻屯在吴县南边不远的乌程，作为掺入吴郡的沙子。此外，孙策到死也没“表”朱治做太守，直到孙权接班两年后的 202 年，孙权才表朱治为吴郡太守，行扶义将军，成了孙吴集团孙策、吴景、孙权之后的第四位太守加将军。可见孙策并不愿意在自己和吴景之外，再搞出一个名分跟自己一样的人或山头。

朱治的最大特点是资格老，在三巨头孙策、吴景、孙贲面前都说的上话，他的抉择对孙吴集团的未来走向至关重要。孙策死后，集团内部出现深刻裂痕，孙暠甚至要造反，孙权的战功、资历、辈分、根基，都不足以让吴景、孙贲信服，关键时刻朱治站了出来，“与张昭等共尊奉权”，才暂时稳住了孙权的地位。随着曹操征服荆州，号称要与孙权“会猎于吴”，与曹操有姻亲关系的孙贲有“异趣”“遣子入质”，朱治跑去劝孙贲，连哄带吓才阻止孙贲。劝孙贲这事，只能由朱治去，其他人甚至张昭、张纮都不够资格。朱治也很知趣，晚年一度主动让出吴郡，出镇荒凉的丹阳郡。孙权也给了朱治丰厚回报，重用其养子朱然，朱治的另一个儿子娶了孙策的女儿。

庐江太守李术——也写作李述，史料中对他的早年记载极少，只知道他是汝南人，与二袁是老乡。李术能与孙策、吴景等人并列为太守，而且孙策征服庐江让他坐镇的第一时间，就表他为庐江太守，朱治却始终没被表，足见他的功劳、资历不在朱治之下。孙策死后，李术割据庐江造反，被刚刚继位的孙权灭了，他的事迹和功劳很可能被孙吴集团系统地删除了。而且李术杀掉曹操把持的朝廷派来的正牌扬州刺史严象，曹魏方面也讨厌他，没必要给他脸上贴金。

关于李术的事迹和功劳，只能从史料中找到一鳞半甲。首先李术很有实力，孙策征服庐江首府皖城时，“给兵三千人以守皖，皆徙所得人东诣吴”。而李术被孙权消灭时，孙权“遂屠其城，枭术首，徙其部曲三万馀人”。一来一去李术在皖城待了一年，手下党徒膨胀了十倍，只能说这三万人是李术的旧部。

李术杀的刺史严象，是曹操首席重臣荀彧推荐的。袁术灭亡前，担任朝廷的“督军御史中丞”全面负责讨伐袁术，袁术死后担任扬州刺史，名义上孙策、吴景、李术都是其下属，朱治连做下属的名义都没有。即使严象是诚心到扬州给孙吴集团添乱来的，李术也没必要宰了严象，驱逐出境足矣。

李术的资料太少，只能确定他的资历、功劳、实力与朱治相当，高于吕范。

最有意思的安排是豫章郡及其太守孙贲。可以说孙策的发家史，就是与孙贲的斗争史，孙贲在孙家军和孙吴集团中的地位，至少不低于孙策。孙坚死后，孙贲接管了孙家军，而且当上了袁术的豫州刺史和丹杨都尉行征虏将军。反观孙策，直到193年或194年从丹阳郡招兵并打败祖郎回来，袁术才“以坚（孙坚）馀兵千馀人还策”。那么孙策拿到的是孙家军全部吗？答曰不是。后来孙策与太史慈谈自己的心路历程，说道：“先君手下兵数千馀人，尽在公路（袁术）许。孤志在立事，不得不屈意於公路，求索故兵，再往才得千馀人耳。”孙坚旧部有数千，孙策只拿到一千多，剩下的两千以上，肯定大部分在孙贲手里，远房堂兄孙香也会有一些。

此后孙策为袁术打庐江陆康，孙贲、吴景与刘繇翻脸，被刘繇赶到江东，继而围攻刘繇的两个江东桥头堡，打了一年多还没打下来。195年，孙策从寿春出发时，总共不到两千人，到历阳前线膨胀到五六千。196年初孙策赶走刘繇，吴景、孙贲回江西到袁术处当官，肯定会带走自己的队伍。他俩离去对孙策是好消息，因为吴、孙的资历远比孙策高。从职务说，孙贲是袁术认证的丹阳都尉、行征虏将军，孙策是折冲校尉、行殄寇将军，没有太守、都尉之类的实职。孙策几乎不能指挥孙贲，孙贲的离去等于袁术帮忙，确定了孙策的东征军核心地位。直到此时，孙策才算勉强确立了在孙吴集团的领导地位。

孙贲从三巨头中跌落，始于袁术称帝。担任广陵太守的吴景率部渡江投靠了孙策，孙贲就惨了，他担任太守的九江郡距离江东较远，而且就在袁术的眼皮子底下的寿春，出逃很匆忙，“弃妻孥还江南”，老婆孩子都没带上，出逃很费周章，“困而后免”，军队肯定带不出来了。同样是出逃，吴景带了队伍，孙贲没带，三巨头的差距就此拉开。吴景做了第一批太守，孙贲没赶上。

199年，孙策第二次扩张，征服庐江、豫章，第二次分蛋糕，才轮到孙贲。按常理，孙策也该给他一个整郡，豫章郡或庐江郡，孙策给了最穷最远的豫章郡。这还不算，孙策将豫章郡以巴丘为界拦腰砍成两半，北边给孙贲，南边划出为庐陵郡，给孙贲的弟弟孙辅。孙辅幼年丧父，由大哥孙贲拉扯大，两人名为兄弟，实为父子，可以认为他俩是一个人，相当于孙贲拥有完整的豫章加庐陵。孙贲显然吃了亏，而且以孙辅的功劳、资历，不足以担任太守，做太守是抬举孙辅，可是孙贲无法反对，正是哑巴吃黄连——有苦说不出。

除了分割豫章郡，孙策还在豫章——庐陵放了两颗钉子，一颗钉在两郡之间的巴丘，由中护军、领江夏太守、建威中郎将周瑜坐镇。另一颗在豫章郡西北部，建昌都尉、折冲中郎将太史慈。中护军是当时非常重要的军职，掌管君主直辖的中军，周瑜领江夏太守，虽然是遥领，毕竟也是太守级别，与孙贲、孙辅同级，至于中郎将，孙贲、孙辅都没有。太史慈的建昌都尉，是从豫章郡分出的六个县组建的。豫章郡分家前共有二十一个县，拦腰分两半，豫章郡分得十六个县，建昌都尉分走小半。如果太史慈做豫章都尉，那么太史慈是孙贲的下级，建昌都尉则是事实上的郡级单位。

一个豫章郡，孙策放了四个太守、中郎将级别的人物，尤其是两位人气极高的偶像级帅哥——太史慈、周瑜，显然无法用豫章重要、富庶和守边来解释。只能说孙策对孙贲兄弟防范甚深。

应该在建安三年，张纮带队去许昌朝见皇帝之后，曹、孙两家进入蜜月期，曹操将侄女嫁给孙策的小弟弟乌程侯孙匡，本来代表朝廷的王誧册封孙策为骑都尉、乌程侯，孙策嫌官小，王誧换成明汉将军，之后曹操封孙策为讨逆将军、吴侯，孙策的乌程侯转给孙匡。当然还有一种可能，就是王誧将骑都尉、乌程侯印给孙策时，孙策为了向对方示威，直接把乌程侯印给了孙匡，反正孙匡以乌程侯的身份娶曹操的侄女，身份般配。曹操为嫡子曹彰娶孙贲的女儿，就有点奇怪了，很像之前曹操把持的朝廷任命陈瑀为吴郡太守，挑拨对方的关系。

抛开曹操的挑拨，孙策也不可能信任孙贲。孙贲是当年的三巨头之一，在孙家军中的根基和影响高于吴景、孙策，虽然从寿春出逃没了队伍，程普、韩当之流也做过孙贲的部下，所以孙策、孙权都想方设法对其加以限制和削弱。早在赤壁之战前，曹操给太史慈送当归，用“当归”的谐音，暗示太史慈应该投靠自己。赤壁之战后，曹操加紧分化瓦解孙吴集团，派蒋干游说周瑜——《三国演义》将蒋干劝降周瑜移花接木到赤壁之战前。曹操重点策反孙辅，封孙辅为王牌平南将军，假节领交州刺史。平南将军是四平将军之一，比孙权的讨虏将军高多了，交州刺史则是孙吴集团第一个州级干部。孙权也够狠，将孙辅囚禁至死。

总之六大太守都是集团内资历、血统、功劳最高的，只有出于平衡而获封的孙辅略弱，但他也不比那五位弱多少。

六大太守以下是三位领太守行中郎将：领江夏太守行建威中郎将周瑜，领桂阳太守行征虏中郎将吕范，领零陵太守行荡寇中郎将程普。程普是首席老将，投奔孙策后继续屡立战功，位居第二集团无可争议。吕范是最早投靠孙策的人，是孙策头号亲信，功劳、能力也足够。孙策朝的买卖不大，孙策又喜欢亲自领兵，所以获得独当一面机会的人，除了以海西大捷打垮陈瑀的吕范，大概只有程普。相比之下，周瑜名列其中且排名第一，显得颇为突兀。周瑜的才干，主要表现在孙权时期，除了周瑜与孙策是发小、连襟，也在于周瑜出身豪门，通过重用周瑜，孙策能够结好世家大族。

第三层是四位中郎将——督军中郎将徐琨，抚军中郎将张昭，定武中郎将孙暠，折冲中郎将太史慈。

徐琨是孙策的表哥，其母徐孙氏通过徐琨之口，建议孙策用芦苇筏子过江，所以他在渡江战役中居功至伟，仅次于周瑜。孙策与袁术断交后，徐琨的地位达到顶峰，当了丹阳太守，虽然没有朝廷认证。吴景投奔孙策，徐琨只得让位，从此行情一路看跌，孙策剥夺了他的一部分军队，很可能孙策知道了徐孙氏在渡江战役中的私心，而对他们母子心生反感。尽管受到打压，徐琨依然稳居第三层之首。

张昭，文官之首，担任孙策的长史，“升堂拜母，如比肩之旧，文武之事，一以委昭”。由于不断有人将孙策的成功归功于张昭，张昭怕孙策吃醋，“进退不安”。孙策闻之大笑，说当年齐桓公靠仲父管仲的辅佐而成功，现在你就是我的管仲，你能为我所用，我就是齐桓公，就是成功。

孙暠，孙策的叔叔孙静的长子，代表孙静一系。孙坚兄弟三人，大哥孙羌早死，孙羌的两个儿子孙贲、孙辅都做了太守，孙静在会稽战役中居功至伟。虽然孙静不愿意当官，给孙暠封官既是表彰孙静，也是维护宗室内部的平衡。孙暠坐镇的乌程，在孙静待的老家富春和首都吴县之间，孙策是用他来制衡吴郡太守朱治。

太史慈，高级将领中的唯一降将，入伙晚、功劳小，但他才高、名大，性格也对孙策的胃口。周瑜、太史慈都是孙策亲自提拔起来的嫡系将领，用来平衡程普等老将。在孙策晚年，他们坐镇江西，监视孙贲孙辅兄弟，同时也负责打通通往荆州江南四郡的道路，孙策动了吞并四郡的心思。

第四层是四位校尉：行奉业校尉孙权（《孙权传》作“奉义校尉”），行先登校尉韩当，行武锋校尉黄盖，破贼校尉凌操。

在前文中，孙权的戏份不多，但职责相当重要，相继镇守过阳羡、宣城，保护孙策南征会稽、西征丹阳的后方。孙策当然不能预计到自己遇刺、早死，未必把孙权当继承人培养，不过至少也是当成助手培养的。孙吴集团内的老人太多，做不到如臂使指，孙策有计划地培养嫡系，外人有周瑜、太史慈，族内的有孙权兄弟。孙权自招潘璋，孙策调拨给他周泰，让他跟朱治的养子朱然同学等。孙权性格开朗，“性既滑稽，嘲啁无方”，有着很强的交际能力。后来孙策临终时对他说：“举贤任能，各尽其心，以保江东，我不知卿。”在孙策看来，孙权是个优秀的公关人才，很适合与那些自高自大的大贵族打交道。

韩当、黄盖都是孙坚留下的老人，孙策既要用他们的忠诚和经验，也肯定认为他们不够听话。后来赤壁之战前，孙权也不好摆平程普、周瑜的关系，只好让他俩担任左、右都，“各领万人”。新派、老人的矛盾尽人皆知，周瑜让黄盖诈降，曹操还能信，就利用了这一点，换成蒋钦、周泰诈降，曹操就未必信了。

凌操的事迹不多，孙权时期死于对黄祖的战事，其子凌统继续为将。孙权很可能早就认识凌统，两人的关系很密切。孙权最喜欢的将领有三位：吕蒙、朱然、凌统，朱、吕都是孙权一手培养起来的，朱然还是孙权的发小，凌统应该也差不多。凌统死后，孙权将凌统的儿子接入宫里，当儿子养，这一待遇无人能及。

下一层还有蒋钦、周泰等人，篇幅所限不说了。

总之，孙策给每个人的待遇，通盘考虑了资历、功劳、亲疏、才华、出身、所代表群体等各方面，充分体现了孙策的政治智慧，标志着孙策已成长为成熟的政治家。

十二、大结局

孙策一生中有两大疑团，就是匡琦之战和遇刺。据《陈登传》记载，广陵陈登将首府从距离长江不远的广陵县，搬家到北部的射阳城——今江苏省扬州市宝应县东偏北，目的很明显，就是怕遭到孙策的攻击。

《陈登传》说孙策两攻匡琦，《孙策传》没有对应记录，但也不能完全说没影。《孙策传》引《搜神记》记载，孙策正要渡江偷袭许昌，然而“天旱不雨，道涂（途）艰涩”，孙策难以行军，才让神棍于吉求雨。孙策说的“道涂”只能是广陵郡境内的邗沟。196年刘备与吴景在淮阴相持数月，互有胜负，双方也是为了打通邗沟。孙策要打通邗沟北上，必然与陈登发生冲突。如果存在两次匡琦之战，起因就在于孙策要偷袭许昌。

两次匡琦之战见于《陈登传》《陈矫传》，第二次匡琦之战时，陈登派陈矫向曹操求援。战役过程全文抄录如下：

孙策遣军攻登（陈登）于匡琦城。贼初到，旌甲覆水，群下咸以今贼众十倍於郡兵，恐不能抗，可引军避之，与其空城。水人居陆，不能久处，必寻引去。登厉声曰：“吾受国命，来镇此土。昔马文渊（东汉初伏波将军马援）之在斯位，能南平百越，北灭群狄，吾既不能遏除凶慝，何逃寇之为邪！吾其出命以报国，仗义以整乱，天道与顺，克之必矣。”乃闭门自守，示弱不与战，将士衔声，寂若无人。登乘城望形势，知其可击。乃申令将士，宿整兵器，昧爽，开南门，引军诣贼营，步骑钞其后。贼周章，方结陈，不得还船。登手执军鼓，纵兵乘之，贼遂大破，皆弃船迸走。登乘胜追奔，斩虏以万数。贼忿丧军，寻复大兴兵向登。登以兵不敌，使功曹陈矫求救於太祖。登密去城十里治军营处所，令多取柴薪，两束一聚，相去十步，纵横成行，令夜俱起火，火然其聚。城上称庆，若大军到。贼望火惊溃，登勒兵追奔，斩首万级。

第一次匡琦之战的过程，很有点《三国演义》中的诸葛亮空城计的味道，更像《文聘传》记载的226年江夏防御战。当时曹丕刚死，曹叡继位，主少国疑，孙权亲自带兵攻打江夏，“时大雨，城栅崩坏，人民散在田野，未及补治”，面临危局，文聘“乃敕城中人使不得见，又自卧舍中不起”，孙策怀疑文聘有诈，“不敢攻而去”。

关于两次匡琦之战，简单地说，笔者认为不存在，原因如下：

（一）时间来不及。孙策死于建安五年四月四日（200年5月5日），孙策上一次有明确记载的战事是年初（200年1月14日）的沙羡大捷，间隔四个月不到。期间孙策与太史慈西征，在湖北省发动了麻保战役，再跑到长江口附近的射阳—匡琦一线发动新战事，时间过于局促。

（二）交通不畅。匡琦的位置不明，应该在射阳附近，邗沟岸边。孙策攻匡琦的目的是打通邗沟，孙军自然要走邗沟到匡琦。然而邗沟荒废已久，本就航道窄、水深浅。《搜神记》记载当年春季久旱无雨，航道更不通畅，所以孙策很着急，让于吉求雨。要把三万以上军队送到匡琦城下极其困难。

（三）时机不对。自从197年曹操把持的朝廷派王誧册封孙策为明汉将军，孙策、曹操之间进入蜜月期，完成两次通婚。《孙策传》本传说：“建安五年（200），曹公与袁绍相拒於官渡，策阴欲袭许，迎汉帝。”如果存在匡琦之战，只能是孙策“阴欲袭许，迎汉帝”的一部分。然而袭许的前提是袁绍、曹操在官渡相持。再看《武帝纪》的时间表，当年二月袁绍大举南下，进攻曹操的白马县，官渡之战的前哨战打响。曹操相继斩颜良、诛文丑，取得两次胜利，依然被迫收缩防线。曹军退到官渡与袁绍相持，是在四月之后。然而孙策死于四月四日，与官渡之战的时间表冲突。

（四）孙军主将不对。《陈登传》说第二次匡琦之战的孙军主将是孙权，陈登军斩首一万，挤掉一半水分算五千首级，再按1:5的死伤比例，孙军出兵至少三万，超过西征黄祖的沙羡之战的兵力。此前孙权只坐镇过后方管后勤，宣城之战遭到山贼偷袭，靠周泰舍命奋战才涉险过关，暴露了孙权的军事短板。以孙策喜欢亲自领兵的习惯，以及孙策给孙权安排的成长路线是读书、举孝廉，结交士族，孙策几乎不可能让孙权主持这么大的战事。《吴主孙权传》说，赤壁之战后，孙权、张昭乘胜两路北伐，孙权攻合肥，张昭攻当涂，《张昭传》则说张昭攻打的是匡琦城。笔者怀疑记载匡琦之战的《陈登传》将孙权、张昭在赤壁之战后的北伐，张冠李戴在陈登身上。

无论两次匡琦之战是否存在，孙策在麻保战役后，都将注意力从长江上游的黄祖、刘表，转移到正对着吴郡的广陵郡，图谋征服广陵，将国境向北推进到淮河一线。孙策为此积极备战，让于吉求雨。陈登绝非被动挨打之人，反而“有吞灭江南之志”，加上他的从父陈瑀被孙策轰走，双方即使没进行热战，冷战也开始了。

正好，孙策喜欢轻身冒进。平定丹阳郡时，张纮劝过孙策：“夫主将乃筹谟之所自出，三军之所系命也，不宜轻脱，自敌小寇。愿麾下重天授之姿，副四海之望，无令国内上下危惧。”通常史料会记载被劝者的反应，诸如“然之”“从之”“纳之”等，史料没记载孙策的反应，很可能张纮碰了软钉子。

孙策与太史慈的神亭之战，也是一个例子。当时孙策身边有程普、黄盖等名将、勇士，依然相当惊险，孙策的头盔被太史慈抢走。

《虞翻传》记载了两件事，一个在正文中，说孙策喜欢驰骋游猎，虞翻劝谏道：“您的才干勇略，汉高祖刘邦也赶不上，然而你微服私行，相关人员来不及做安保工作，正所谓“白龙鱼服”，龙变成鱼到处玩，也保不齐被渔民当作鱼捕获，您轻出微行可能会出事。”

孙策说你说得对，但是我闲待着就闹心，喜欢出去遛弯散心。另一个故事在裴松之引的《吴书》中，说的相当惊险，全文抄录如下：

策讨山越，斩其渠帅，悉令左右分行逐贼，独骑与翻（虞翻）相得山中。翻问左右安在，策曰："悉行逐贼。"翻曰："危事也！"令策下马："此草深，卒有惊急，马不及萦策，但牵之，执弓矢以步。翻善用矛，请在前行。"得平地，劝策乘马。策曰："卿无马奈何？"答曰："翻能步行，日可二百里，自征讨以来，吏卒无及翻者，明府试跃马，翻能疏步随之。"行及大道，得一鼓吏，策取角自鸣之，部曲识声，小大皆出。

喜欢轻身犯险是孙策的天性，张纮、虞翻都劝过。孙策要么不接受，要么找理由拒绝，总而言之，都是不接受，而且他的这一特点早已不是秘密，陈登不利用一下才怪。

陈登也的确在组织反孙策的地下活动。孙策西征黄祖、豫章期间，陈登向严白虎的旧部发放印绶，忽悠他们造反。孙策结束西征，来到广陵对面的当年刘繇出逃的出发地丹徒，运送粮食物资，准备北伐陈登。孙策在丹徒准备北伐的粮草物资，闲暇之余外出狩猎，孙策遭到被其杀害的前吴郡太守许贡的三位门客的伏击，孙策受致命伤。

孙策遇刺前，袁、曹已经决裂，曹操着手在与袁绍决战前肃清后顾之忧，打垮、驱逐了刘备。孙策同样在曹操的顾虑范围内，于是召集手下商讨如何对付他。郭嘉说："策新并江东，所诛皆英豪雄杰，能得人死力者也。然策轻而无备，虽有百万之众，无异於独行中原也。若刺客伏起，一人之敌耳。以吾观之，必死於匹夫之手。"

⊙《小霸王孙策》连环画

这段记载是郭嘉最准、最神的预测，而且应验极快。如果一定要从《三国志》中找个半仙，一定是郭嘉，管辂都排不上号。要说预测，其实也不难，比如我就可以预测明天早晨太阳还会升起，今年奥巴马下课。

但这种预测没用，大家都知道会发生的事情，或者说，根本算不上预测。郭嘉的预测最厉害的地方，还不是准确、应验快，而是它有着极强的针对性。

曹操找大家开会，商量怎么对付孙策，有着明确的目的性和时效性。单看郭嘉的分析，务虚的色彩很浓，郭嘉说孙策轻而无备，必定死于匹夫之手，问题就在这，孙策何时死于匹夫之手？如果死于官渡之战后，曹操的黄花菜都凉了，这样的分析和预测对曹操没用，或者不符合开会的宗旨。郭嘉预测正确，并且在官渡决战前生效，解除了曹操的后顾之忧，几个要素具备，才成就了郭嘉的半仙。也正因为如此，许多人认为孙策之死是曹操或其手下策划的。

笔者也认为孙策遇刺是曹操一伙策划，具体的项目负责人不是郭嘉、陈登，而是荀攸。曹操称荀彧为“吾之子房也”，子房是张良的字，其实荀彧更像萧何，长期为曹操看家、选拔人才、保障后勤。曹操真正的张良是荀攸，荀攸、郭嘉加入曹操集团的时间差不多，但荀攸的起点更高，展现才华也更早。郭嘉直到官渡之战前的灭吕布之战，才有些建树，逐渐重要起来。

荀攸的“奇策”前后十二个，比出了六个奇策的陈平多一倍。而且荀攸“密有智防……时人及子弟莫知其所言”，说白了就是嘴巴严，脑瓜子好使嘴巴又严，符合干脏活的基本要求。

尤其重要的是，荀攸策划过刺杀、政变。董卓专权时，荀攸与种辑、伍琼、何颙等人策划刺杀董卓。未遂事发，何颙等人被杀，荀攸等人入狱，好在董卓及时被王允、吕布杀掉，荀攸才逃过一劫。曹操以忠臣面目出现，拥戴汉献帝到许昌，荀攸加入曹操集团，做了曹操的军师。当年跟着荀攸策划刺杀董卓的种辑，也在曹操手下当差。大约在建安四年底，种辑与车骑将军董承、豫州牧刘备等人合谋，打算杀曹操，史称“衣带诏事件”。建安五年春正月，东窗事发，种辑等人被夷灭三族，出逃在外的刘备也被曹操亲征打垮，投靠袁绍，从此成了曹操不共戴天的死敌。

连重兵护卫的董卓，荀攸都敢杀，而且荀攸的同党种辑又图谋杀曹操，更何况喜欢微服私行的孙策。所以荀攸具备策划刺杀孙策的经验，在曹操的智囊团中，刺杀孙策项目组组长的最合适人选，就是荀攸。

孙策的遇刺，标志着孙吴集团的一个时代的结束。孙策临终让孙权接班，交代遗嘱。孙策、孙权的能力结构不同，在孙策看来，孙权显然不是个理想的接班人，但也找不出更好的来。

孙策与其他五大太守，更像是盟友，孙策充其量是集团最大股东，无论实力还是名分，对其他人都不具备压倒性优势。孙权不是集团的下一代领导人，而是孙策这一股的继承人，能不能成为集团领导人，取决于孙权的意愿、能力和赢得多少其他股东的支持。不出孙策所料，孙策一死，庐江太守李术、坐镇乌程的定武中郎将孙暠造反了。

⊙ 孙策临终前交班给孙权，最终成就了孙权的三国霸业

面对孙权可能无力接班，乃至集团解体、破产的黯淡前景，孙策又交代张昭："若仲谋不任事者，君便自取之。正复不克捷，缓步西归，亦无所虑。"张昭是北方徐州彭城人，在名士群体中享有很高威望，以至于北方名士不知真心还是假意，将孙策征服江东，归功于张昭，张昭还因此怕孙策吃醋。然而换个角度看，张昭是孙吴集团与中原朝廷之间的最佳话事人，万一孙吴集团破产，就由张昭带着孙权等人前往北方投靠曹操或袁绍，就像后来鲁肃说的："今肃（鲁肃）迎操（曹操），操当以肃还付乡党，品其名位，犹不失下曹从事，乘犊车，从吏卒，交游士林，累官故不失州郡也。"就是说，趁着孙曹两家还没翻脸，由张昭牵头带领孙家投降，孙权以下孙家成员在曹操、袁绍手下混个太守级别的官当，还是很轻松的。有孙策的遗嘱，在赤壁之前的论战中，张昭力主投降，不完全是出于私利，"各顾妻子，挟持私虑"，而是确实看空战争前景，按孙策的既定方针选择投降，孙权对此也无可奈何。靠实力派周瑜的武力支持，孙权才拔刀砍桌子，吹胡子瞪眼强行定了抗战的调子。

孙策有一个儿子孙绍，女儿的数量不详，陆逊娶了孙策的女儿，未来丞相顾雍的长子顾邵、朱治的次子朱纪，两人相继娶了孙策的一个女儿，这两姑娘可能是同一个人。孙策的妻妾中有据可查只有大乔或大桥，但是从孙策娶大乔到孙策死，不足一年，正常情况下只能生一个孩子，更可能一个没生。孙权对孙策有些凉薄，不给帝号，只追封为长沙桓王，孙策的儿子只封侯。孙权有他的现实考虑，孙策有儿子孙绍，如果给孙策帝号，吴帝国的法统和未来的继承，就出现了争议，皇位给孙绍还是孙权自己的儿子呢？相比之下，司马家没这个问题，司马师无子，弟弟司马昭一系追封司马师为景帝，毫无压力。

对孙策的评价，笔者完全赞同陈寿的观点：

> 策英气杰济，猛锐冠世，览奇取异，志陵中夏。然皆轻佻果躁，陨身致败。且割据江东，策之基兆也。

终结三国

——晋灭吴之战

作者：林浮云

三国末年，河内司马氏掌握了魏国实权，皇帝成了傀儡。公元 263 年 (魏景元四年、蜀汉炎兴元年)，魏灭蜀汉。公元 265 年 (魏咸熙二年、晋泰始元年)，司马炎受禅，登基改制，建立晋朝。从东汉末年的军阀混战到三足鼎立，持续了一百多年的乱世，此时距离统一只有一步之遥。晋灭吴之战，便在这样的历史背景之下展开了。

一、西陵之战

公元 272 年 (晋泰始八年、吴凤凰元年)，晋武帝为伐吴做准备，命益州刺史王濬，在长江上游造船。又命令羊祜在襄阳屯田，与吴国边境相接。

同年八月，吴国西陵的守将步阐被孙皓撤职，召回建邺。西陵就是夷陵，即今天的湖北宜昌，是当时吴国西陲要塞。大家所熟悉的夷陵之战，便发生在此。步阐无端被免职，以为自己有什么过失，更害怕孙皓是听信了谗言而召回自己。九月，步阐担心自己回到建邺被杀，举城投降了晋国。十月，身处乐乡的陆抗接到消息，立刻调兵遣将，率军三万，讨伐步阐。西陵战事一触即发。

西陵是从水路出川的咽喉要道，战略意义十分重要，自古便为兵家必争之地。晋武帝司马炎当然不会看着已经到嘴边的肉，又被人抢回去。晋武帝立刻命令车骑将军羊祜、巴西监军徐胤出兵援救，各率军队分别攻打江陵（吴国荆州治所，今湖北荆州江陵县）和建平（今重庆巫山县）。江陵在西陵以东，建平在西陵以西，目的是从两翼牵制陆抗，并且分散陆抗兵力，使其无法全力攻打西陵。同时又派了荆州刺史杨肇，率军直接救援西陵。三路大军，共计八万人。这套布置，三管齐下，考虑周密，可以给个九十分，甚至更高的评分。既然布置没有失误，剩下的比拼就是军队的战斗力以及将领的指挥才能了。可惜特别不凑巧的就是：如果单论指挥才能，当时在中国的土地上，还活着的人里，恐怕没人是陆抗的对手。

陆抗命令在西陵周围的各个军队修建围墙，对内可以用来包围步阐，对外又可以作为抵御晋国援军的防御工事，昼夜催促不停，就像敌人已到眼前一般急迫，众人都异常辛苦。将领们于是劝谏陆抗，说："今宜及三军之锐，急攻阐，比晋救至，必可拔也，何事于围，以敝士民之力！"意思就是说，现在趁着士气正盛，猛攻西陵，完全可以在晋国援军赶到之前攻克它，为什么要在此修筑围墙，空耗兵力、民力。陆抗说：步阐这一家，从他父亲步骘开始，就在西陵驻守，至今已经有四十余年了；而且西陵地势易守难攻，城内又粮草充足、器械完备，很多城防布置，都是当时按照我的安排去修建的，十分坚固；现在如果强攻，一时间必然无法成功，到时候晋国援军一到，我们腹背受敌，那就危险了。众将一听陆抗这话，没人信，尤其是宜都太守雷谭等人，执意要打。陆抗为了安抚众人，于是就让雷谭等人带领人马试着进攻西陵一次。结果果然如陆抗所说的，无功而返。既然试都试了，确实如陆抗所言，无法快速攻下，那就好好修墙继续围吧。

与此同时，晋国羊祜这边，也已从襄阳出发，向江陵进军了。江陵城北面的道路过去没有水，平坦通顺，非常不利于防守。后来陆抗就命令江陵守将张咸筑起一道大坝用来阻断及改道水流，这样江陵城北就变成了一片汪洋，和其他荆州水路连接在一起了。羊祜到了江陵，最先需要解决的问题就是粮草运输，心里原本打算借着江陵城北的这条水路来运粮，因为同样的距离，走水路肯定要比走陆路要好很多，方便很多。比如水路运粮使用竹筏、舟船，每次的载重量可以是陆路运粮的好几倍，而且水路运粮使用的人数要比陆路少很多，节约了人力成本也就节省了战争开销，其优势是陆路远不能及的。但是羊祜又怕这么做，容易被敌人察觉，于是就故意扬言要破坏堤坝，让自己的步兵通过，径逼江陵。陆抗熟读兵法，完全明白羊祜用的一套虚实之道。所谓虚虚实实，实则虚之：真要毁，早就毁了，何必喊得这么响亮？这么大肆宣扬要毁坏大坝，就说明他不会破坏，肯定是想用水路运粮，所以才故意反着说。这就像当年长平之战，秦国人扬言不怕廉颇，就怕赵括，实际上心里面是就怕赵括不来，越扬言想要做什么，实际越不会这么做。于是急速命张咸把大坝毁了，堤坝一崩，平日

⊙ 陆抗画像

阻断的那些水，就全部随着石土而去了，江陵北面的道路，水位开始降低，最终又变回了一片陆地。羊祜行军到了当阳，听说大坝被毁，知道自己的计谋被陆抗识破了，水路补给的计划泡汤。于是就改用车子运粮。结果平白无故地耗费了很多时间和人力，最终羊祜五万大军到达江陵的时间，比预期要晚了很多，这也为江陵的防御布置争取了宝贵的时间。

陆抗手下听说羊祜到了江陵，都劝陆抗回去救援。陆抗说：江陵坚固，没什么担心的，羊祜很难攻下，即便攻下，也守不住，我们损失不大；但是西陵则不同，西陵一失，就再也没有办法扼制晋国水军从益州东下，南山的夷人也会因惊慌而引发动乱，这个损失就不可估量了，于是坚定地留在西陵督战。其实陆抗说得非常在理，西陵的位置，不仅仅是分割两州（益州、荆州）而且还分割两国（晋国、吴国）。一旦丢失，晋国的水军顺着长江继续东行，要直到夏口，才会受到阻力。吴国的屏障就是长江，长江的腹地在其中游，西陵一失，等于将长江中游割去一半让与晋国。所以陆抗听闻步阐降晋的第一反应就是立刻出兵，毫不犹豫。而江陵则不同，江陵地处荆北腹地，周围都是吴国的领土。羊祜孤军深入，面对坚固的江陵，仓促之间，很难有作为。即便真的打下了江陵，面对周围的形势，他也很难在此驻守。羊祜的军事目的更多是希望分散陆抗的兵力去往江陵，而对江陵城本身，并没有那么强烈的渴望。

⊙ 西陵遗址

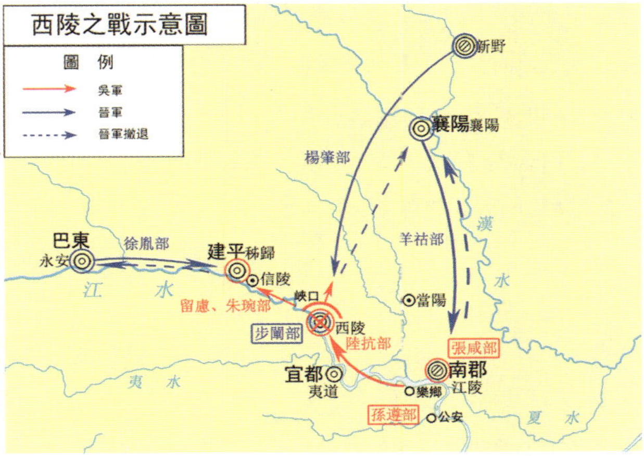

⊙ 西陵之战形势图

不过对羊祜，陆抗也不是放任其攻城不管。他命令公安都督孙遵沿着长江南岸抵御羊祜，目的同样是牵制。又派水军都督留虑率兵抵御徐胤，两军隔江而对。十一月，晋国杨肇救援西陵的军队也到了，被陆抗修筑的围墙隔在外面，和西陵城里联系不上，陆抗凭借之前修的围墙与杨肇相持。于是到目前为止，晋国计划中的三路军马，全部到达前线，但是一路也没有取得成功，全都在和吴军对峙。

在决战即将来临之时，却发生了一个足以让胜利天平向晋国倾斜的插曲：吴国将军朱乔帐下的都督俞赞向晋军投降，跑到了杨肇那里。本来晋吴两军的兵力就相差悬殊，晋军八万，吴军三万，现在又出现了这样的事情，吴军内部一片恐慌，形势已经十分危急。但陆抗却很沉着冷静，来了个将计就计，接着说：这人是军中旧吏，了解我军虚实。我们最薄弱的环节，就是夷兵把守的地方。夷兵就是蛮夷士兵，他们平时训练不够，如果敌人一旦猛攻他们，就很容易打开突破口。于是连夜用最精锐的部队，把夷兵全部换下来。第二天，杨肇果然率兵猛攻这里。一打过去发现不对，对面军队训练有素，武器精良，反击十分凶猛，箭石如雨点般打过来，自己军队的伤亡不断增加，这怎么看都不是夷兵！问身边的俞赞，俞赞也懵了。懵也没办法，两军一旦交锋，不是说停就能立刻停的。杨肇本来就是三路军中兵士和粮草最少的，自己家底就这么点，全都死在这里那还得了。于是来个壮士断腕，牺牲少部分人，停止进攻，当天晚上，杨肇就趁着夜色撤退了。陆抗本来想追，又怕西陵城里的步阐有什么动作，于是就擂鼓呐喊，做出假装要追杨肇的样子来。结果杨肇的士兵一个个惊恐万分，骚动混乱，全部丢盔弃甲，仓皇逃跑。陆抗这时候才选了一支轻装部队去追杀溃兵，杨肇惨败，逃回了洛阳。陆抗凭借着自己冷静的判断，高超的指挥能力，硬是将已经向晋军倾斜的胜利天平，硬生生地扳回到己方。

十二月，杨肇惨败的消息传到了羊祜和徐胤的军中，此时，二人攻打江陵和建平的计划也没有取得成功，既然西陵已失，多留无益，于是也纷纷撤退。这样晋国的三路兵马，作战就全部失败了。陆抗现在可以腾出手来对付步阐了。西陵已经是孤城一座，没有援军，陆抗这时候终于发动了猛攻，就在当月之内，将西陵攻克，诛杀了步阐及几十名参与降晋计划的将吏，并屠灭了他们的三族。

晋国这次遭遇惨败，举国大为震惊，从此对陆抗深深畏惧。羊祜因为在西陵之战中的表现不尽如人意，被弹劾，贬为平南将军，继续留守襄阳。遭遇惨败的杨肇则被免为庶人。

二、平吴方略

经历了西陵之战的失败后，羊祜认为，只要陆抗还在，吴国就很难用武力征服。于是羊祜决定换一种策略，开始在荆州晋吴边境，采取怀柔政策，布施德政，招揽吴人。

从此以后，羊祜每次与吴国开战，都会事先派人通知对方，从不搞突然袭击。有时候羊祜的部队会进入吴国境内收割麦谷用来补充军粮，但是每次收割之后，都会按照收割数量用绢布等价偿还。羊祜还经常带领部队在长江、沔水一带打猎，但是范围仅限于晋国境内。如果有飞禽走兽是先被吴国人射伤，而后被晋国人捕捉到的，羊祜命令一律送还。陆抗知道羊祜喜欢喝酒，于是就命人给羊祜送酒喝。羊祜从不生疑，每次都是当着使者的面，尽情畅饮。后来，陆抗病了，羊祜听说后，派遣使者给陆抗送药。陆抗手下都怕药中有毒，劝陆抗不要服。陆抗说："岂有鸩人羊叔子乎？"当着使者面把药吃了，没过多久，病也好了。二人至此，虽为敌手，又互相敬重，讲究信义，彼此遣使往来不断，留下了一段"羊陆之交"的千古美谈。此事在《晋阳秋》及《汉晋春秋》中皆有生动记载，原文与战事关联不大，故不作引用，有兴趣者可自行查阅。

对于羊祜的这些做法，用现在的眼光来看，更像是政治作秀，但却实实在在地让两国军民心悦诚服。陆抗对于羊祜的做法心里非常清楚，知道这是怀柔之举，以德服人，于是他告诉守边将士们："彼专为德，我专为暴，是不战而自服也。各保分界而已，无求细利。"意思就是说他们专以德服众，而我们却常常倒行逆施，这种情况下不用战斗，我们就已经屈服了，现在我们双方各自保住疆界就可以了，别去贪图小利。于是两国边境，一片太平富足。陆抗的这些做法，让本就多疑的孙皓看不明白了，就派人斥责陆抗，说他通敌。陆抗回答说："夫一邑一乡，不可以无信义之人，而况大国乎？臣不如是，正足以彰其德耳，於祜无伤也。"意思就是说：一邑一乡都不可以不讲信义，何况是大国呢？我如果不这么做，那就等于让羊祜的恩德彰显得更突出了，对羊祜有什么损害呢？孙皓无言以对，心中不爽，又不敢把陆抗怎么样。正巧这时候有人劝孙皓出兵骚扰晋国边境，抢掠晋国财物，孙皓“欣然应之”。抢了不少东西，而且一次不够，又多次出兵骚扰抢掠。陆抗前脚刚刚劝谏完将士不要贪图小利，孙皓后脚就拆了陆抗的台。陆抗上疏劝孙皓停止这种行为，孙皓也不听。羊祜布施德政，得到天子的支持和肯定。陆抗这边呢，做什么好事，吴主孙皓都要和他唱反调，特别任性。陆抗苦心劝谏也没有什么用，算是为国操碎了心，健康也开始一天天恶化。

⊙ 羊祜雕塑

公元274年（晋泰始十年、吴凤凰三年），晋武帝司马炎的正室皇后杨艳死了，司马炎虽然好色，但是和杨皇后的夫妻感情一直很好，所以十分悲痛。悲痛之际，却收到了一封来自襄阳羊祜的奏疏，打开一看，里面的内容足以让他暂时忘记死掉老婆的悲痛，转悲为喜。奏疏上清清楚楚地强调一个信息——陆抗已死。至于是不是被孙皓气死的，这个无从得知。但是据《三国志》《资治通鉴》等每一部相关史料上都记载了陆抗临终前，曾上疏孙皓要求加强西陵的防御，认为西陵是国之屏障，一旦丢失，会直接危及社稷。结果孙皓一如往常地任性不听。曾子曰：“鸟之将死，其鸣也哀；人之将死，其言也善！”陆抗临终的谏言，饱含赤诚之心，人将逝去，犹顾社稷安危，不愧为一代明贤。但是孙皓似乎并不理解，他不知道陆逊、陆抗父子二人都曾在此浴血奋战到底是为了什么，夷陵之战和西陵之战，固然打出了陆氏父子的威名，但实际上两次战斗若有一次失败，吴国可能都会提前灭亡。事实证明，出来混总是要还的。西陵的防御可以不加强，没问题——前提是，只要你买得起这个单。用不了几年，孙皓就要为他这次的任性和愚蠢而付出巨大代价了。

孙皓哪里会明白，当初就是因为有陆抗镇守荆州，晋国才迟迟没有对吴发动全面战争。现在陆抗已死，消灭吴国最大的障碍已除，自己现在已经犹如刀俎上的鱼肉，只待晋军宰割。他什么都不懂，反倒是没有了陆抗劝谏，从此变得更加暴虐。正所谓不作死

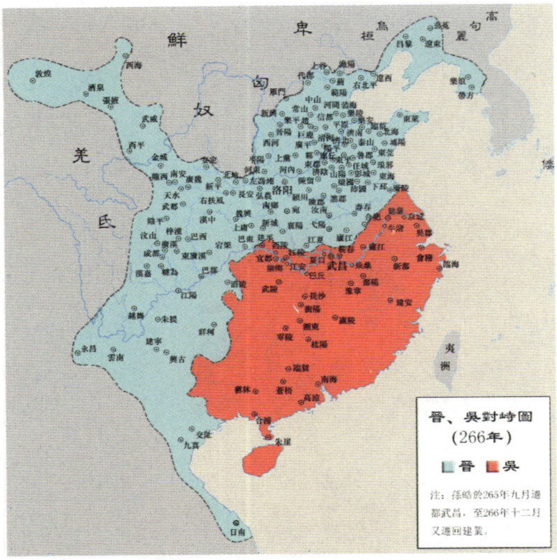

⊙ 晋灭吴之前的双方对峙形势图

就不会死，孙皓在此时将他的作死生涯推上了顶峰：吴国中书令贺邵中风，口不能言，孙皓认为他是装病，便抓住他拷打上千次，贺邵还是说不出话，于是孙皓就用烧红的锯，将贺邵“锯首”处死；湘东太守张咏不交税，孙皓把他杀了，在各郡县悬首示众；会稽太守车浚清廉公正，因为会稽大旱，粮食绝收，向孙皓请求借贷救济，孙皓认为他想用私人恩惠来收买民心，于是也杀了，悬首示众；尚书熊睦稍稍劝谏了孙皓几句，孙皓就用刀头上的刀环，把熊睦活活砸死，全身的皮肉，没有一处是完好的。诸如以上暴行，在史书中随处可见，孙皓也因此彻底失去了臣子和百姓的信任，大祸临头似乎只是时间的问题了。

孙皓的种种罪恶，身在襄阳的羊祜全都看在眼里。自陆抗亡故起，羊祜的备战工作便已进入到尾声阶段，随时等待开战。同时做准备的还有益州刺史王濬，王濬在长江上游的益州，已经造船六年，时刻准备将来一旦开战，自己便率领船队顺江而下。

公元 276 年（晋咸宁二年，吴天玺元年），羊祜上奏晋武帝请求伐吴。奏疏中首先分析了敌我形势，认为吴国军队虽然从数量上尚有二十余万，但是训练差，防御分散，我们多路进军，只要突破一处，便可直取建邺。吴主孙皓暴虐，国家内外离心，而我们国力富足，兵士精武善战。现在作战，正是时机。然后详细陈述了作战方案，因为吴国首都在建邺，就是今天的南京，所以羊祜建议将这次统一战争划分为三条战线：

（一）扬州战线：从青州、兖州、徐州、扬州（也就是今天的苏北、山东一带）出兵，直逼建邺。这样可直接威胁敌国首都，同时又能牵制住吴国的主力部队，使其不能增援长江中游和长江上游的防守。

（二）荆楚战线：从豫州及荆州本地出兵，攻略荆州（因为当时的荆州被晋、吴两国平分）。然后南下收取各州郡，再东进灭吴。

（三）长江战线：王濬自益州出兵，乘船沿江而下，直取建邺。

原文在《晋书·羊祜传》，段落以“祜缮甲训卒……”为始，以“帝深纳之……”为终。因原文冗长，故在此不做引用，有兴趣的朋友可自行查阅。

因为吴国从兵力上，并不比晋国逊色多少。所以羊祜建议多点打击，突破一点之后，便可聚点连线，线即长江及其支流，将吴国版图用水军肢解。同时各路晋军之间，相互支援顺畅，既可直取建邺，也可步步为营。用现代的眼光来看，这套方案具备了压迫性高、成功率高、容错率高、操作性高的“四高”特点。从地图上看，如果把长江的形状比喻成一条蛇的话，那么羊祜的这套“打蛇方案”就是以打七寸为主，同时蛇头、蛇尾也不放过的碾压式打法。

晋武帝看完之后，也确实是“深纳之”，很赞同。然后他就召集满朝大臣商量这个事情，结果一商量麻烦了。他以为大家肯定都得像他一样，支持出兵。结果出人意料，以大奸臣贾充为首的满朝文武，几乎全部反对。因为当时有个鲜卑族部落首领叫秃发树机能，正在晋的凉州作乱，已经好几年了还没有平定。所以这些大臣们就拿这个事情作为主要的反对理由，说：“胡且未定，何以平吴？”朝廷意见几乎一边倒，九成的人都反对用兵，赞成出兵的就俩人，一个杜预、一个张华，这俩也算是西晋时期少有的那么几个有真才实干、品行清明的人了。其实但凡这种大规模的战争，在历朝历代，大多数情况都是“群臣反对”的，实属正常。打或不打，最终裁定的毕竟只是天子一人。但是晋武帝司马炎为人耳根子一向偏软，最终决定尊重多数人的意见，将出兵的事放缓。

羊祜一看，不出兵？当时就是一声长叹，说出了那句千古名言“人生不如意事，十之八九”，原话叫作“天下不如意，恒十居七八”。公元 278 年（晋咸宁四年、吴天纪二年），身患重病的羊祜在临终之前，向晋武帝推荐杜预来接任自己的位置，抱着巨大的遗憾，含泪而逝，享年五十八岁。晋武帝悲伤不已，尊重羊祜的遗愿，命杜预去镇守襄阳。

⊙ 晋武帝司马炎像

三、六路伐吴

杜预到了襄阳之后，萧规曹随，继承羊祜的遗志，认真做好各项备战工作。到了公元279年（晋咸宁五年、吴天纪三年），认为时机成熟了，再次向晋武帝上表，原文内容在《晋书·杜预传》段落以“预表陈至计曰……”为始，以“则明年之计或无所及”为终。意思是说：现在的吴主孙皓，残暴不仁，吴国的忠臣名将，都被孙皓诛杀殆尽，他们朝野上下，人人自危，民心思变，毫无战力。晋国如果出兵伐吴，几乎必胜。即便是万一没有取胜，无非是没有功劳而已，并不会带来什么损失。但是一旦孙皓死了，吴国人另立了一位贤明的君主，那么吴国就又变成晋国的强敌了，到时候再想灭吴，可就难上加难。请求晋武帝出兵伐吴。杜预的表送到洛阳时，司马炎正和张华在下棋。张华一看杜预的表到了，棋也不下了，一手把棋盘推到一边，撩衣跪倒，说道：“陛下圣武，国富兵强，吴主淫虐，诛杀贤能，当今讨之，可不劳而定。愿勿以为疑！”司马炎一心想灭吴，听到这话，当然热血澎湃。当即决定出兵伐吴，谁也不许拦着。任命张华当度支尚书，负责粮草运输。贾充、荀勖、冯紞这几大佞臣，一听晋武帝这回又要出兵，赶紧来劝。晋武帝没等贾充他们说完，勃然大怒，心说怎么又是你？贾充一看天子发飙了，也不敢继续说了，赶紧摘下帽子，给天子谢罪。这回满朝文武，再也没人敢劝了。当年十一月，晋武帝下诏：兵分六路，出兵灭吴。

公元279年（晋咸宁五年、吴天纪三年），十一月，冬。晋国兵分六路，大举伐吴。军队从东到西，共计二十余万，水陆并进，声威震天。不过说来滑稽，六路兵马的大都督，晋武帝竟交给了一直反对开战的贾充。贾充的是晋朝一等一的奸佞之臣，一生当中像弑君、欺母、罢妻，这些恶行他都做全了，在朝中只靠阿谀谄媚，结党营私才攀得高位。贾充和荀勖等人，给他们的祖上（贾

⊙ 张华罢棋劝兵

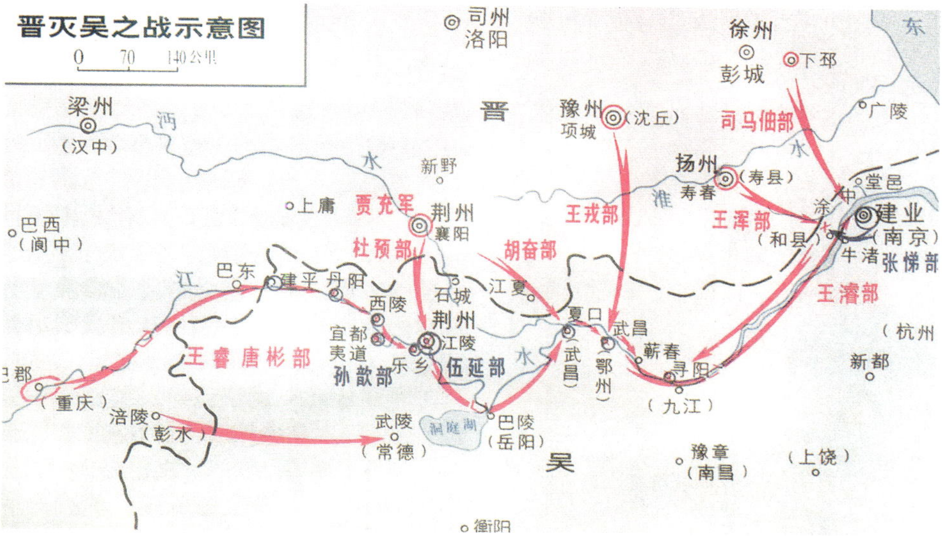

⊙ 晋灭吴之战示意图

充父亲贾逵，荀勖为荀彧孙辈族人）丢尽了脸。他这辈子最不愿意干的事儿就是上前线，就跟晋武帝上表说：老臣年事已高，担当不了这大都督的重任。晋武帝直接回了一道诏书说：“君若不行，吾便自出。”你不去是吧？好，你要是不去，我自己去。贾充一看诏书，没办法了，去吧。因为我不去，把天子逼到前线，战死打残那都不敢想，哪怕是受一点小伤，这算谁的。没办法，接受了天子赐的符节和斧钺，自己率领中军南出发了。驻扎在襄阳，负责各部队的部署、调度和节制。到了公元280年（晋咸宁六年、吴天纪四年），正月，大家在军中过个年，然后六路大军一起发动。

六路大军分别是：

第一路军：

主帅：镇军将军琅琊王司马伷

出阵地点：下邳（今江苏邳县）

攻略目标：涂中（今安徽滁州）

第二路军：

主帅：安东将军王浑

出阵地点：扬州（此时晋的扬州治所在寿春，今安徽寿县）

攻略目标：江西横江（此江西，并非今天江西省地区，指安徽和县一带，此处为长江渡口）

第三路军：

主帅：建威将军王戎

出阵地点：豫州

攻略目标：武昌（今河北鄂州，并不是武汉武昌）

第四路军：

主帅：平南将军胡奋

出阵地点：荆州

攻略目标：夏口（今武汉武昌，古武昌与今武昌虽然距离很近，但是所指不同）

第五路军：

主帅：镇南大将军杜预

出阵地点：襄阳

攻略目标：江陵（今湖北省荆州市，古楚国国都，荆州重镇）

第六路军：

主帅：龙骧将军王濬、广武将军唐彬

出阵地点：益州

攻略目标：建邺（全程水路，沿江而下）

六路军中除王浑部兵力有明确记载（约十万人），其余皆没有，不过史料中有这样几条线索：

1. 王濬到达建邺时，有水军八万人。
2. 杜预等人在王濬离开荆州时，曾支援王濬数万人助其攻取建邺。

3. 晋国总兵力二十余万，但是没说到底是多少。

由此可以判断，王濬和杜预所率人马，应该也有数万，不在少数，两军人数相加，应该超过十万。在六路军中，人数可能仅次于王浑。当然以上仅为推测，毕竟史料不载的内容，不可妄下结论，只是推测出一个大致的数字，方便理解战争过程。

六路军中的第一路、第二路，即是之前所说的扬州战线，负责牵着“蛇头”。作战目的是牵制吴军主力于长江下游，使其不得增援荆州，然后伺机破敌。

司马伷攻打的涂中（安徽滁州）与王浑攻打的横江（安徽和县），用今天的地图看一下就非常清楚，都在长江北岸，南京西侧，距南京非常近。两路大军和建邺只隔了一条长江。所以只要在江边一晃，建邺便无宁日，吴国的主力军队，就得被晋军牢牢钉死在建邺周围，很难向长江中上游去增援。

而第三、第四、第五路军队，即是之前所说的荆楚战线，负责打“蛇的七寸”。

江陵是荆州钱粮最富足的地方，同时从古至今一直是荆州重镇。武昌、夏口，这都是三江口一带的重镇。这三路大军的作战目的就是攻取荆州境内长江沿岸的经济、军事重镇，打通水路，为从益州远道而来的王濬水军做战术支持，之后，便可分兵平定荆南各地。如果前期战斗顺利，那么湘江以南便可传檄而定，如果不顺利，封锁住这几个江口，也可以让吴国的军队隔江难以支援。总体来说，目的比较实在，说白了就是抢地盘。

最后王濬和唐彬率领的水军，也就是第六路军队，负责打“蛇尾”以及给蛇做全身“按摩”。这一路军，堪称本次灭吴作战的核心。吴国敢和晋国叫板的最大资本就是长江，长江自古便为江南偏安政权阻止中原王朝进攻的天堑所在，封锁了长江，北方的军队纵有雄兵百万也无可奈何。王濬此行的目的，原本是打通从益州至建邺所有的长江封锁，使来自北方的军队及补给，通行无阻。结果，随着战事的深入，王濬超额完成任务，越战越顺，最终立下大功。

六路大军介绍完毕，从中不难看出，负责给吴国最后一击的，应该是在司马伷、王浑、王濬三人中产生。其中王浑的概率最高，他的军队实力最强，人数最多，并且出兵目的就是抢夺横江渡口，直赴牛渚，以震建邺。王濬概率最低，从益州到建邺，一路上敌国关卡重重，严兵以待，能否顺利和荆州战区配合好，突破长江中游封锁还是一个未知数，更别说去建邺与王浑争功了。

但是王濬就是这样一个不服输的老头。前文数次提过，当初在羊祜镇守襄阳的时候，王濬就开始在益州地区打造战舰了，中国古代的特色战舰，叫楼船，像楼一样，又

⊙ 楼船模型

高又大，每艘可以容纳两千人，船上面甚至能跑马。当时造船产生的那些碎木头，全都扔在长江里面，把整个长江表面都覆盖了。这些碎木头，顺流而下，流到吴国领地内，被吴国的建平太守吾彦给捡着了。建平就在今天的宜昌秭归附近。吾彦搞了一辈子船，行家中的行家，一看就明白了。立刻向孙皓报告要求增兵防御，孙皓没理他，吾彦就命人用铁锁，横拦在江面，用来防御晋国水军。

四、铁索沉江

现在，王濬坐着大楼船，顺江而下。羊祜在世之时，曾经抓到过吴国的奸细，并得知了吴国用铁锁封江的事情。不光有铁锁，还有铁锥，一丈来长的大铁锥，沉到江中，这东西一旦碰到船身，轻则划个口子，重则戳个窟窿，十分危险。还好，王濬是有备而来，命人造了几十个大木筏，每个长宽都有一百多步，木筏上面插了许多稻草人，全都顶盔掼甲，手持兵器，离远看还以为是真的士兵。王濬让水性好的人和木筏走在他的楼船前面，遇到铁锥，就直接扎在木筏上面，被木筏带走。解决了铁锥，还有铁锁。王濬命人造了好多大火把，特大号的火把，每个长几十丈，粗几十围。把这些火把放在楼船前面，浇上麻油，遇到铁锁就点燃，让火把去烧铁锁，因为那时候的铁锁主要还是用草绳麻绳捆编，不像现在，一环套一环，所以这铁锁被火一烧，一会儿就断了。再遇到铁锁，再这么烧，虽然铁锁铺了不少，然而并没有什么用，根本拦不住。吴国人辛苦搭建的长江钢铁防御系统，就被王濬这么轻松破解了。

突破封锁后的王濬，到达了水上远征的第一站：西陵。西陵这个地方，在前文讲述西陵之战的时候，已有介绍。地处今天重庆与湖北的交界处，为出川水上第一关。原本是扼守巴蜀的重要要塞，陆抗临终前曾经向孙皓请求增加防御，但是孙皓并没有照做。现在的西陵，兵微将寡，器械朽旧，早已不再是过去的那座坚城了。西陵都督留宪虽拼死抵抗，但最终还是落了个城破被杀的下场。王濬攻下西陵之后，又将西陵北边的荆门、南边的夷道全部攻克。当初为了西陵，陆氏父子皆在此浴血奋战，现在竟如此轻易丢失，全部是因为君主孙皓的无作为、不重视，他们若泉下有知，恐怕也很难甘心吧。王濬突破拦江铁锁是二月一日，攻克西陵是二月三日，攻克荆门、夷道是二月五日。整个巴蜀到荆州的入口，完全被王濬控制，仅仅用了五天不到的时间，速度十分惊人。王濬此时再往东行驶，便是江陵了。

江陵此时正被杜预率众围困。江陵城的守将叫伍延，看到杜预军势浩大，便向身处乐乡的吴国都督孙歆求援。乐乡城在江陵北面，由当年吴国大都督陆抗改建，前文讲西陵之战时，陆抗正是从此处出兵，算是荆州境内第一等的要塞。孙歆在此驻扎，和江陵成掎角之势。杜预为了防止腹背受敌，就派牙门将周旨率领八百名奇兵，连夜渡江去奇袭乐乡。周旨知道自己这八百人如果强攻乐乡的话，还不够人家守军塞牙缝的，于是就虚设旌旗，又在巴山点火。孙歆深夜中看到外面星星点点，旌旗摇动，以为有很多士兵，非常恐惧。就赶忙给伍延写信道："这些晋军都是飞过长江的，突然就出现在眼前了。伍延告诉他，杜预的大部队还在我城下，那肯定是一支偏师，用疑兵之计在乐乡牵制你。孙歆一想：有道理，我这么多兵马，就算他主力来，尚且可以一战，何况一支偏师呢？于是领着兵马，出城去救伍延。结果赶巧了，杜预没撞到，撞到的是泛江而来、气势正盛的王濬。王濬这时候正和吴国的水军都督陆景交战，陆景就是陆抗的儿子，奉命率水军在长江上截击王濬。两军本来激战正酣，孙歆的部队赶到了，本来想乘机从侧面进攻王濬。结果王濬布置得当，一心二用，这边同陆景交战，那边海扁孙歆。孙歆这下算是体会到了王濬部队的凶猛，于是连忙撤退，回到乐乡重整旗鼓。孙歆一走，把陆景坑了，陆景是水军，没地方跑，结果吴国水军主力被王濬全部消灭，陆景本人战死。周旨事先把他那八百伏兵埋伏在乐乡城边，看见孙歆带着败兵回来了。就让这些伏兵，尾随着孙歆的残兵败将一起进了城。孙歆的军队也可能是过于沮丧和恐慌，完全就没察觉他们身后跟着这么一群如狼似虎的人。结果伏兵竟然一直跟随孙歆到了他的大帐外面，直接把孙歆活捉了，送到杜预军中。

杜预一看帐外小卒把孙歆绑着就推进来了，知道乐乡已被周旨攻克，于是立刻命令全军对江陵展开攻城。江陵孤城一座，很快就支撑不住了。伍延这边赶快向杜预请求投降，实际是诈降，伍延自己弃城跑了。结果跑到半路，被伏兵捉住，被送到杜预那里。杜预看

⊙ 今天的江陵古城

了伍延一眼，淡淡地说了一句："留之无用。"接着把伍延斩首了。二月十五日，江陵被杜预攻克。从王濬兵发益州，到江陵陷落，前后只花了十几天的时间，晋军的速度和效率之高，令人咂舌。荆南各郡，甚至交州、广州听说江陵被攻陷、晋军不可阻挡，吓得全部望风归降，献上印绶。杜预手持符节按照晋武帝的诏令安抚了这些州郡。

王濬看到江陵已克，自己也没必要在此多留，补给一下，继续行军。一路上又帮助王戎、胡奋，连克武昌和夏口。至此，通往建邺的航线，算是彻底被打通了。王濬现在就算什么也不干，躺在船上数星星，也能轻松抵达建邺城下了。

平定了荆州的杜预，现在除了要安抚各州郡之外，还要分兵协助王濬，对吴国发动最后总攻。他就找众将商议军情。谁知道众将都跟他唱反调，说："百年的贼寇（指吴国），不是一下子就能消灭的。现在春天到了，雨水太多，我们在外面很难长久驻扎，不如等到冬天，再大举进攻。"杜预立刻驳斥众将说："我们现在连战连捷，士气大振，这就好比劈竹子，劈开几节之后，就都迎刃而解了。根本不会再有吃力的地方！"这一句话里，包含了两个典故的出处，成语"势如破竹"和成语"迎刃而解"都是从这来的。《晋书·杜预传》原文是："今兵威已振，譬如破竹，数节之后，皆迎刃而解。"这也算杜预无意中说的千古金句吧，一句话造就了两个常用成语。于是杜预分出一部分兵力给王濬，协助他向建邺进发。

五、牛渚之战

长江中游的战局，胜负已分。而在长江下游，东线战场，身处建邺周围的两位将军司马伷和王浑，在长江北岸的作战行动，也都非常顺利。两支大军，都向建邺方向开进。司马伷派兵攻打吴国沿江防守的部队，把这些戍守部队悉数消灭干净。王浑也率领大军攻克了横江，此处是当时重要的长江渡口，过江既是牛渚，再往北走就是建邺。晋朝伐吴的总兵力，史书没有详细记载，只说二十余万。但是王浑一个人率领的军队数量就有十万之多，换句话说，他一人领了将近一半的兵力。把军队就驻扎在横江渡口，一旦过江，就到了今天的马鞍山市所在的地区。我们看下现在的地图，马鞍山往北六十公里，就到了南京市区。那时候虽说是古代，没有汽车，但六十公里就算步行，也是克日即到。现在整个建邺城早就炸锅了，孙皓也怕了，赶紧让丞相张悌、督军沈莹、护军孙震、副军师诸葛靓，率领三万军队渡江迎击。这三万军队，可以说是吴国最后的精锐了。这要打输了，那吴国就大势已去了。

由丞相张悌挂帅，领着这三万多人，出了建邺南门，来到了牛渚。这牛渚，也是个长江渡口，跟王浑此时驻军的那个横江，正好是隔江而对。牛渚这个地方就是今天马鞍山的采石矶，此处为建邺咽喉，地形十分险恶。张悌到这，没想停留，打算立刻过江跟王浑决战。他身边的督军沈莹就劝他，说：“丞相，别过江了。就在此处就地把守吧。”张悌就问沈莹什么意思，沈莹说：“晋国

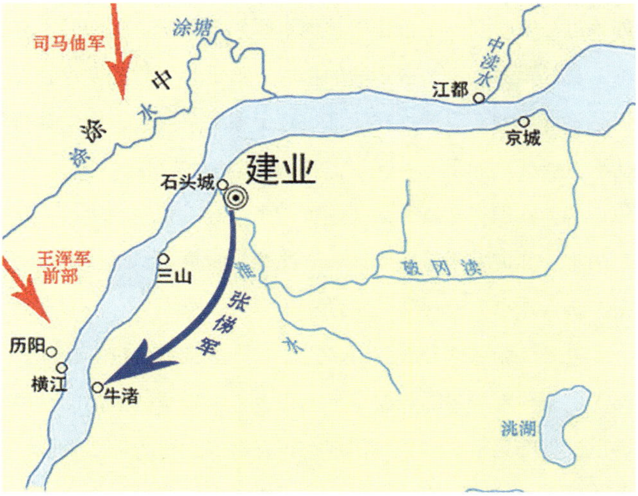

⊙ 长江下游形势图

⊙ 今天的牛渚，即采石矶

在蜀地整治水军已经很久了，我们在长江上流各部队，素来没有防备，名将又都死了，现在都是些年少之人来担当重任，肯定抵挡不住。回头不管是王浑、王濬还是杜预，总之想要进攻建邺，沿着水路走，他们就一定会到这里。到时候我们再集中所有力量，在这里以逸待劳，依托险要地形和他们打一仗。万一打赢了，战局可能还有转机。你现在过江去跟王浑拼命。就我们这三万多人，不够给王浑那十万大军做个准备活动呢，这要是输了，不就彻底完了吗？”张悌一听这话，长叹一声，说道：“吴国将要亡国，这是无论聪明人还是愚笨的人都非常清楚的事实，不是今天才有的事。我想现在渡江进攻王浑，尚可一战。如果过一段时间，王濬也率领他水军到了这里。我们的士兵看见对岸王浑领着十万虎狼之师，长江里面有王濬数不清的楼船。肯定会因为过度惊恐而慌乱，到时候再想整顿队伍，那是不可能的。趁着现在渡江，跟王浑决一死战，如果真打败了，我们一起为国而死，没什么遗憾的。如果万一赢了，我们肯定士气百倍，还可以乘胜追击，收复失地。如果按照你说的，我们肯定就是兵士逃散，坐等敌军到来，然后一起投降。到头来，没有一个人死于国难，你说这不是耻辱吗？”沈莹一听这话：得，拉倒吧，我也不劝了，反正就是送死呗，多大点事儿，过江就过江。

三月，张悌率领着三万多人，呼呼嚷嚷地就过了长江。一过长江，还打了个小胜仗，俘虏了王浑部将张乔和他手下七千多人。副军师诸葛靓就说，杀了吧，留着也是祸害。张悌说，杀降兵不吉利，我们现在正好缺人，留着吧。又让张乔统领这七千多人，跟在自己部队后面。要说张悌这人呢，是不错，但是这时候你即便讲仁义不杀降兵，你也不能就让张乔跟这七千多人，跟在你部队后面啊，这等于是身后架着一挺随时都有可能开火的机关枪，让自己身陷险境。反正身边人怎么劝张悌也没用，就都不说话了，大家都抱着必死的心，跟随张悌继续进军。

终于，张悌和王浑的主力遭遇了。王浑这边严阵以待，沈莹率领五千丹阳兵冲击晋军阵地。丹阳兵，是三国时期精兵中的精兵。勇猛善战，天下第一。不过就这么冲，也冲不破晋军的阵地，反而被晋军使用各种弓弩、长矛进行阵地反击，损失惨重。沈莹看到要败，就擅自先行撤退。战场上，最忌讳的就是不听号令，擅自撤兵。他这一撤兵不要紧，他身边的部队看见丹阳兵败了，以为是全军已经溃败了，于是开始乱了起来。这军中一处乱，处处乱，混乱这东西传染，最终酿成了全军大混乱，张悌根本无力控制。王浑这时候派部将薛胜、蒋班率兵出击，攻打混乱的吴国军队，就如同虎入羊群，想怎么吃，就怎么吃，吴军毫无还手之力，从混乱开始演变成大溃逃。逃到版桥，刚才带领七千人投降那个张乔，果然如诸葛靓所料，倒戈了。其实也不算倒戈，人家本来就是晋军，投降你只是权宜之计。这会看你溃败了，不倒戈难道还要陪你一起死吗。张乔带着这七千多人，肆意追杀吴军的溃兵。诸葛靓一看大势已去，自己带着几百个人也开始跑，临走前派人去接张悌，但是张悌不走。诸葛靓又调转马头，自己来接，说："丞相，存亡自有气数，并不是你一个人所能支撑的，为何一定要在此求死呢？现如今，大势已去，留得性命要紧，跟我走吧。"张悌放声大哭，说道："仲思（诸葛靓的字），今天就是我死的日子。况且我还是孩童的时候，就受到你家丞相（指诸葛恪）的赏识提拔。我常常担心自己不能死得其所，辜负了明贤对我的期望。今天，我张悌就在此，以身殉国，还有什么可说的？"诸葛靓听完这话，不由分说，想强行拉着张悌走，张悌就是不走，拉了几次都原地不动。后面追兵近在咫尺，最后诸葛靓没办法，流着眼泪松开了手，哭着上马离开了。跑出去一百多步，回头一看，张悌已经被晋兵杀了。沈莹、孙震，这些当初一起渡江的同僚，也全部战死了。只有他自己逃得性命，跑回建邺。

诸葛靓跟孙皓如实禀告战事经过。孙皓此时也没有心情杀人了，又听说王濬的水军泛舟东下，已经到了扬州。当务之急，御敌为上。此刻孙皓能调度的军队，只有最后一万水军了。孙皓让游击将军张象带领这最后的军队，在长江上迎战王濬，做最后一搏。结果张象的部下看见王濬的水军在江面上旌旗招展，连绵不绝，都十分害怕，还没等张象上船呢，这一万水军就投降了王濬。这时候，长江下游水域满是王濬的水军，士兵的铠甲被太阳映照得闪闪发光，睁不开眼睛。旌旗林立，遮天蔽日，将士吼动，江水奔流。老将军王濬，时年七十四岁，一人独站船头，战袍飞舞，腰扶宝剑，胸前花白胡须，随风飘洒，威风凛凛，霸气外露，吴人望见，莫不胆寒。纵观整个中国古代史，舟船盛大之势，还没有人能超越此时的王濬。

六、三分归晋

晋武帝当初曾有诏令，让王濬一旦出了益州，攻下建平，就归杜预调度；如果到达建邺，就归王浑调度。但是杜预这人做的明白，就说：王濬如果能打下建平，那他的威名也已经很显著了，再让我来节制他，恐怕就不合适了。如果他打不下建平，那我也没有缘分和他合作了。这意思说得很明白：不跟你王濬争这个功劳，灭吴是第一位。至于建平，王濬确实没有攻下，因为王濬已将西陵攻克，出川无阻，所以建平攻或不攻，已没有关系。杜预这人，不愧是羊祜推荐的，非常谦逊，非但没有管制王濬，最后还分兵协助王濬攻打建邺。

但是同样的情况，到了王浑那里就行不通了。其实王浑自从把张悌渡江那支吴国主力军队歼灭之后，本来可以一鼓作气横渡长江，包围和攻打建邺。如果他真这么做了，那么最后消灭吴国的第一功臣，就是王浑。结果王浑这人，关键时候掉链子，优柔寡断，说天子诏书里面，让我抗击吴军，没说让我随便进兵。正说之间，看见数不清的楼船水军，从他眼皮底下开过去，奔北而去，正是王濬的水军。王浑这下着急了，赶快给王濬送信，让王濬速来王浑军中，有要事相商，但信中又只字未提晋武帝诏令的事情。

各条战线进展都如此顺利，但此时却有一人如坐针毡，便是大都督贾充。当初最反对开战的就是他，结果现在身为三军大都督，战争进度一路飘红，最后建邺攻克，擒孙皓还洛，那就印证了一件事情——自己之前说的话，都是在放屁，非但是在放屁，而且是在阻碍国家大计。这次的灭吴战争，贾充虽然挂个最高总司令的头衔，实际上没有发挥任何作用。所以此时的贾充，为了一己私心，竟然又开始劝晋武帝退兵，并请求晋武帝诛杀张华。因为张华一直在晋武帝身边为其谋划平吴方略。晋武帝看到贾充的上奏，直接告诉贾充："这些都是朕的意思，张华仅仅是与朕见解相同而已。"贾充无奈，只能任凭战事进入最终尾声。

现在的孙皓，已经再也拿不出一兵一卒去抵御晋军了。可能是意识到祖辈开创的百年江山，即将葬送在自己手上，此时的他，似乎也有了相应的觉悟，开始跟臣民忏悔，然后给王濬、王浑、司马伷同时写信，请求投降。这时候王濬的舰队已经到了三山，就是南京西面的三山，收到了王浑的来信，信中说让自己去王浑军中商量事情。于是直接给王浑回信一封说：我现在扬帆顺风，船停不下来。信送出去的当天，王濬的楼船舰队，相连百余里，终于登陆了。水军士兵八万余人，擂鼓震天，地动山摇地，呼喊着进入了石头城。孙皓现在能做的，就只有口含玉璧，袒露上身，反绑双手，牵着羊，抬着棺材到王濬军营门口投降。这是古代君主投降的一套标准流程，叫作亡国之礼，意思就代表真心归降，并已做好死的准备了。一般这种，都不会杀。尤其王濬，他一将军而已，更没这个权力。王濬给孙皓松了绑，把棺材烧了，请他进了大帐，给他压惊。此时的场面，让人想起了刘禹锡的那首《西塞山怀古》的前半部分：

王濬楼船下益州，金陵王气黯然收。
千寻铁锁沉江底，一片降幡出石头。

公元 280 年 5 月 1 日（晋咸宁六年、吴天纪四年），自东汉末年，英姿勃发的孙策扫平江东群雄，割据于此开始，经历了孙策、孙权、孙亮、孙休四代努力，曾经盛极一时的吴国，最终葬送在了孙皓手中。自公元 222 年，孙权受封吴王起，至公元 280 年，孙皓降晋止，共享国祚五十九年。三国乱世，至此宣告结束，天下又重回一统。文中多次提及的晋国，也因此而上升为一个大一统王朝，“晋朝”或“西晋”成了日后人们对它的标准称呼。

消息传到洛阳的当天，正好赶上晋武帝司马炎四十六岁生日，百官一边祝寿，一边庆贺国家统一。司马炎举杯之时，思念羊祜，不禁落泪说：“如今天下能够统一，这全是羊太傅的功劳啊。”百官也跟着流泪。孙皓被押解回洛阳之后，被晋武帝封为归命侯，取“顺应天命而归于圣朝”之意。这个昔日杀虐成性的暴君，最后竟然逃脱了死亡的制裁，和另一位投降的三国

⊙ 南京古城

⊙ 杜预画像

君主——蜀汉后主刘禅一样，落得个善终。而在孙皓投降的第二天，王浑也率军渡过长江到达了建邺，王浑因为王濬没有等他到来而擅自接受了孙皓的投降，感到又羞耻又愤怒，当场就要率军攻打王濬，最后被众人劝住。战争虽然结束，但两大功臣“二王”至此反目。回到洛阳之后，二王因争功，争吵不休，直至王濬去世才算结束。而相比二王，同样立下大功的杜预则要务实得多，杜预战后开垦农田，兴修水利，做的都是一些于民有益的实在事。杜预自幼体弱，不能骑马，不能拉弓，但是确以儒将之姿，立下不世功勋。功成之后，又懂得收敛平静，所以若论此时晋朝最一流的将领，非杜预莫属。

在三国之中，吴国的生命力最为顽强，三国三大战役中的两个（赤壁之战、夷陵之战）都是以吴国为防守方，以弱胜强，击败了强大的敌人。而在本次战争中，却显得不堪一击，坐拥二十余万士卒的吴国，自王濬攻克西陵，到孙皓肉袒出降，仅仅过了三个月的时间。感叹晋军神速善战的同时，又反映出西陵的重要性，孙皓不听臣下数次劝谏加强西陵的防御，导致吴国最该倚仗的要塞，被晋军轻易攻克，任由王濬的水军泛游长江，从战争的一开始，就陷入全面被动。本该是一场旷日持久的战争，最终却演变成了一场一边倒的晋军收割战。实在不能不令人感到唏嘘惋惜。

晋灭吴之战，是中国古代史上第一次大规模渡江作战。长江天堑不再不可跨越，晋军的水陆并进、多路发兵、分段打击、水军穿插等作战方略，都成了后世渡江作战乃至统一战争的优秀范本。

火中取栗

——捷克军团的发展历史和装备概况

作者：刘萌

第一次世界大战和俄国内战中，一支由捷克和斯洛伐克战俘为主体组成的部队——捷克军团，不幸成为当时国际权力棋局上的一颗棋子。怀揣着创建国家的梦想，捷克军团成员们或是在法国小镇的废墟中艰苦战斗，或是在意大利的崇山峻岭上侦察敌情，或是艰难的跋涉在无边无际的西伯利亚大铁路上。他们得到过堆山积海的财富，又意外地促成了沙皇一家的死亡。历经残酷的战火、漫长的行军、荣耀和背叛，他们的故事是一战中一个引人入胜的注脚，却渐渐被遗忘在历史的角落……本文将要揭开罩在捷克军团上的神秘面纱，从编制、战史和装备角度详细解读这支近现代历史上的奇异部队。

引子

自从公元5世纪出现在欧洲中心地带开始，到第一次世界大战爆发，捷克人和斯洛伐克人一直挣扎着在强邻的夹缝中生存，偶尔能创建一个属于自己的民族国家。譬如公元9世纪的大摩拉维亚帝国，但十分短暂，907年就随着马扎尔人入侵而没落。此后，捷克人和斯洛伐克人分道扬镳，各自寻求自己的道路。捷克人建立了自己的波西米亚王国，而斯洛伐克人则在马扎尔人的统治之下，并入新成立的匈牙利王国。公元950年，波西米亚王国向奥托大帝称臣纳贡，成为神圣罗马帝国的属地。捷克历史上的“黄金时代”集中在波西米亚的查理四世统治下，从1342年持续到1378年。令这个国王（1355年加冕神圣罗马帝国皇帝）流芳后世的是他对布拉格的营建。从小他就决心把布拉格建成能与帝国首都的地位匹配的国际都会，后来周游列国的经历更丰富了他的蓝图。他亲自参与布拉格的城市规划，修建塔楼、城墙等，还在布拉格附近兴建了卡尔斯腾堡。他建立了布拉格查理大学，这是中欧第一所大学，并以重金聘请著名学者到查理大学任教，到查理四世去世时，这座新兴的大学已有11万学生。他还通过他的老师——罗马教皇克莱芒六世，使布拉格被提升为大主教区，使他的波希米亚王国取得了教会自治权。然而，随着他的过世，混乱接踵而至。从1400年开始，“胡斯派”和“塔波尔派”掀起的两场宗教改革运动席卷了捷克，动摇了教皇和神圣罗马帝国皇帝的权力。扬·胡斯于1415年以异端的罪名受火刑而死。但追随者们继承了他的思想，加了一个新教原教旨主义团体“塔波尔派”当中。这个团体和其他捷克盟友，包括大部分波西米亚贵族（他们试图减小德意志势力在王国的影响力）联手，于1420年起兵反抗神圣罗马帝国。起义者建立了以塔波尔派为核心的胡斯军，在著名的统帅独眼扬·杰式卡和大普罗科普统率下，于1420—1431年先后粉碎罗马教皇组织的五次十字军进攻。起义军还转战德国、匈牙利、奥地利等地，多次击败内部和外部的敌人。但1434年，由于胡斯军内的圣杯派联合天主教势力，在利帕尼会战中打败塔波尔派，史诗般的起义还是失败了。战争中幸存下来的胡斯派信徒，成为波西米亚归正教会。

托马斯·马萨里克（Tomas Masaryk），全名托马斯·加里格·马萨里克，是捷克斯洛伐克共和国首任总统（任期1918年—1935年）。因他在争取独立中所起的作用，同爱德华·贝奈斯和米兰·什特凡尼克一起，被称作捷克斯洛伐克开国三元勋。马萨里克生于奥匈帝国摩拉维亚的霍多宁，毕业于维也纳大学，获博士学位。后来一直致力于捷克斯洛伐克独立运动，他是捷克军团名义上的领导者，并且多次参加捷克军团的相关交涉

1526年，奥斯曼土耳其在莫哈奇战役中击溃匈牙利国王拉约什二世的大军，拉约什二世在逃跑中溺死，土耳其人进入布达，匈牙利王国正式灭亡。因此，维也纳的哈布斯堡皇室得以将原属匈牙利的斯洛伐克夺过来，波希米亚也于该年彻底并入神圣罗马帝国，自那时起，波希米亚国王由神圣罗马帝国皇帝兼任。此后近400年，捷克和斯洛伐克都在哈布斯堡王朝的统治之下。1517—1648年的宗教改革运动，再次让捷克的新教徒以宗教改革的名义，凭着民族独立的信念发动大起义，反对教皇和皇帝。三十年战争的导火索和第一阶段就在波西米亚爆发，但是1620年11月8日的白山战役中，波西米亚军一败涂地，捷克重新落入哈布斯堡王朝手中。此后的几个世纪，捷克人和斯洛伐克人最大的成就或许仅仅是维护了他们语言和民族传统的生存和延续。

有两个因素促成了19世纪上半叶捷克和斯洛伐克民族的觉醒：一是席卷当时欧洲各大帝国的民族主义浪潮；二是浪漫主义文化运动。民族主义以共同的语言和文化特征区分

出一个民族，浪漫主义则滋养梦想，激励行动。1848年，这个全欧洲的“革命之年”，捷克人和斯洛伐克人一起发动起义，又一起被当局镇压。新的哈布斯堡皇帝弗兰茨·约瑟夫一世决心作为一个专制君主来管理整个国家。但奥地利接连在1859年败于意大利、1866年败于普鲁士，迫使他与匈牙利人联合，并签订协议。1867年，二元帝国或奥匈帝国成立，实际上是由同一个皇帝统治的两个不同王国。然而，这个二元帝国的每半个组成部分，都尽全力镇压各自境内的民族主义运动——奥地利对付捷克，匈牙利对付斯洛伐克。但尽管在政治上是保守的，奥匈帝国却并不是一个广义上的极权国家，各民族仍然走在觉醒、进步的道路上。

19世纪90年代，捷克和斯洛伐克之间的联系陡然增强，尤其是在知识界。布拉格查理大学的学生创立斯洛伐克联盟，并且从1898年开始出版《声音》杂志来宣传民族主义思想。在捷克这些如雨后春笋般出现的政治团体中，最重要的是由托马斯·马萨里克教授于1900年创立的捷克进步党。马萨里克——后来成为捷克的“华盛顿”，捷克斯洛伐克共和国的首任总统——非常胜任这个角色。他于1850年出生在摩拉维亚一个工人家庭，母亲是捷克人，父亲是斯洛伐克人。1882年，他获得布拉格查理大学教授的职务，并在此逐渐提高了自己在知识界的影响力。此后，他的捷克进步党在奥地利议会赢得了两个席位。捷克进步党坚持在议会程序下寻求在帝国内的民族自治，反对激进的解决方案，积极倡导普选制。

另外有两个人在一战爆发前夕的捷克政治领域也非常重要。一位是后来成为捷克斯洛伐克共和国第二任总统的爱德华·贝奈斯，他1884年出生在波西米亚，1912年成为布拉格查理大学的教授，他是捷克人和斯洛伐克人最初来自同一个种族理论的忠实信奉者。他的理想也为其学生米兰·什特凡尼克所接受。什特凡尼克是另一位重要的人，他是斯洛伐克路德教牧师的儿子，出生于1880年，1904年获得博士学位，作为一名天文学家，他享有国际声誉，并且到世界各地旅行过。1912年，他成为法国公民，这在以后对捷克斯洛伐克国家来讲，是一个英明的选择。

另一个有力的基层元素是“索科尔”（Sokol，意为“猎鹰”）运动，在当时流行的论战中发挥了巨大作用。索科尔于1862年在布拉格创建，部分是一个斯拉夫青年组织，部分是一个体育俱乐部，部分还是一个知识分子的演讲中心。索科尔运动的成员最后包含了捷克所有社会阶层的青年男女。除了游行、举重、击剑外，索科尔运动还提供一所图书馆，用来讲授捷克历史和民族神话，并出版自己的期刊。索科尔运动的成员穿着独特的制服，融合了斯拉夫传统和浪漫主义想象——一顶白色的黑山帽、红色的加里波第式衬衫、一件波兰革命者式夹克、棕色的俄罗斯裤子——擎着绣有一只白色猎鹰的红旗。很多索科尔运动成员原本属于捷克青年党，他们尝试与妥协的旧习惯决裂，鼓励更直接的革命。私下，索科尔运动成员开始称自己为“捷克斯洛伐克国民军”。

了解到这个越来越受欢迎的运动将会产生严重政治后果，奥匈当局在一战爆发后的1915年解散了索科尔俱乐部。然而，前索科尔成员继续致力于宣传民族主义，鼓励捷克和斯洛伐克人从奥匈军队中逃走。在后来的协约国阵营作战的捷克斯洛伐克军团当中，也有不少前索科尔成员。

1914年8月，世界大战的炮火骤然轰鸣，奥匈帝国和德国、奥斯曼帝国一起组成中欧强国同盟，对抗沙皇俄国、法国和英国组成的协约国。第一次世界大战为捷克斯洛伐克提供了梦寐以求的、能够改变世界格局的契机，一个成为独立国家的机会。要实现这一目标，奥匈帝国必须瓦解，同盟国必须被击败。为了实现建国的梦想，捷克斯洛伐克人必须为击败同盟国做出军事贡献，以此获得国际上的认可。

一、俄国前线（1914—1917年）

当1914年第一次世界大战爆发的时候，交战双方的主要成员总体上都对将发生在他们各自集团的领域内的战争还没做好充分准备，尤其对于庞大的奥匈帝国来说——种族仇恨是贯穿其社会生活始终的，并最终导致了帝国的毁灭。作为双元帝国的组成部分——匈牙利人曾经压迫过许多斯拉夫少数民族，强迫他们迁移到各地，所以在帝国的斯拉夫平民中间，充满了种族仇恨。帝国的所谓“西部斯拉夫”地区包括捷克、斯洛伐克和波兰，“南部斯拉夫”包括波斯尼亚、克罗地亚和黑塞哥维那，这些地区的人们都不信任帝国的奥地利人、匈牙利马扎尔人、犹太人、乌克

⊙ 开战时的奥匈军队步兵

兰人和意大利人的政治共同体，他们渴望摆脱维也纳的控制，实现独立。

同时，沙俄帝国也发生了种族骚动，沙皇统治下的波兰人、德意志人、犹太人、穆斯林、白俄罗斯人和乌克兰人等都向往着从莫斯科的专制下得到解放，他们受着沙俄帝国的社会和经济的双重压迫。沙俄的土地状况比 19 世纪严峻得多，尽管在 1861 年已经废除了农奴制，但还是有数以百万计的农民在为富裕的地主们辛勤劳作。在新的工业中心城市，工人完全在原始的条件下进行劳动，生活毫无保障。不论是奥匈帝国还是沙俄，其军队的武器装备都落后于当时世界先进水平，尤其在武器的射速和可靠性方面。

大部分捷克和斯洛伐克应征士兵都怀着浓浓的忧虑在奥匈帝国的旗下作战，不仅是因为他们不想为哈布斯堡王朝卖命，更因为要被送去攻打俄罗斯——另一个斯拉夫人国家，而且是或多或少和自己有亲缘关系的国家。尽管准确地说，这种亲缘关系太遥远了，但是在当时，许多受压迫的民族都在国际上寻找自己身份认同，而且捷克斯洛伐克人清楚地知道，他们既不是日耳曼人，也不是马扎尔人。

奥匈军队的军官最早是由奥地利人和匈牙利的马扎尔贵族组成，在构成上表现出那个时代很普遍的阶级意识，还带有一种强烈的种族歧视情绪。这些军官当中有 80% 讲德语或者匈牙利语，但是在士兵当中只有 30% 会讲这两种语言，这个严重的问题通过一种被称为“军队斯拉夫语”的土话而得到解决，这种土话有 70 到 80 个词，可以用于各种军事任务。

奥匈军队的团长通常都是从自愿入伍者中选定，他们要会好几种语言，并且要有在远离家乡的非奥地利人军团中服役过的经历。这样可以防止军队形成对当地人民的忠诚，也可以使他们远离民族主义鼓动的影响。

⊙ 一战东线的奥匈军队，多民族的构成一直是这支军队最大的问题

对一名奥匈军队的士兵来说，在战斗中效忠皇帝个人是第一位的，还有少部分是受爱国主义情怀的驱动，但是一名少数民族士兵会接受更加严格的各类审查和监督。当战争爆发、奥匈帝国平民踊跃参军的时候，这些审查

和监督变得松懈，军队内的问题很快就变得凸显了。

由于不高明的战略、不称职的军官、不充足的补给和医疗设备，以及缺乏运输工具和士气低落，在战争的第一年，奥匈帝国军队最初的编制中就有几乎 42% 的成员阵亡、受伤或被俘。从 1914 年开始，惊人数量的斯拉夫族裔士兵开始向俄罗斯人投降，俄罗斯人则把这些斯拉夫人俘虏同奥地利、匈牙利和德国人区分对待，这样就在奥匈军队内部引起了混乱，鼓励了部队中的民族主义者。谈到加入军团的动机时，有捷克老兵回忆道："……想把自己的故乡从哈布斯堡王朝的束缚中挣脱出来，并且让高高在上的匈牙利地主老爷滚蛋……"

亲卫队

1914 年，大约有 7 万名捷克斯洛伐克人生活在俄国境内，他们大部分生活在西乌克兰的沃里尼亚地区，或在基辅城附近。当第一次世界大战于 1914 年 8 月爆发的时候，一个捷克人委员会请求沙皇尼古拉二世允许他们组建一支亲卫队（即沙皇的扈从）并提供武器和给养，以对抗德国和奥匈。

得到沙皇的应允，这支部队于 8 月 14 日正式组建，成员是 720 名志愿者，其中一些人后来成为大名鼎鼎的军官——如斯韦克、克莱灿达和切切克等。这些最初的成员组成了第 1 营，后来他们被称为"老伙计"。1914 年 9 月 28 日，是波西米亚守护神圣温塞斯拉斯的官方节日。捷克亲卫队在基辅的索菲亚广场进行宣誓和授旗仪式。他们的新军旗是由莫斯科的捷克人设计的，一面是俄罗斯三色，另一面背景是白红两色各占一半，白色在上，红色在下，圣温塞斯拉斯的皇冠叠加在背景中心。后来旧波西米亚王国的纹章也被添加到军旗的四角：波西米亚（左上角），斯洛伐克（右上角），西里西亚（右下角），还

⊙ 捷克斯洛伐克亲卫队军旗，后来成为整个俄罗斯境内捷克军团的旗帜

⊙ 在俄国进行编练的第 1 捷克斯洛伐克步兵旅成员，注意他们的军服还是奥匈式的

有摩拉维亚（左下角）。

亲卫队的捷克志愿者们作为拉德科·德米特里耶夫将军麾下第 3 集团军的一部分开往前线，分成几个半排，执行侦察和宣传任务。他们首要目标是奥匈军队中的捷克斯洛伐克团，尽可能说服这些同胞穿越战线，逃到俄军这一边来。为促进这项工作，1914 年 10 月，马萨里克教授呼吁俄军总参谋部（STAVKA）命令俄军不要向投诚的捷克斯洛伐克人开火——他们的特征是一边挥舞着白布，一边唱着古老的斯拉夫赞美诗“嗨，斯拉夫人”（Hej Slovane）。通常每次只有少量官兵投诚，因为捷克斯洛伐克团都处在奥地利和马扎尔人军官的严密监视之下，士兵中也有不少告密者。但是，也有大规模倒戈事件发生：奥匈陆军第 28（布拉格）步兵团在 1915 年 4 月 3 日几乎全部逃到俄军一方；5 月，第 8 步兵团也全部叛逃。作为对此的回应，奥匈最高统帅部将抓获的捷克亲卫队成员处以绞刑。

捷克亲卫队的人数缓慢但稳定地增长。实际上，志愿者的人数总是超过被允许加入的人数。沙俄政府尽管对额外的兵力感到高兴，却也对一个民族起身反抗皇帝权威的想法感到忧虑——担心这可能会成为沙俄境内少数民族的潜在先例。虽然有这种政治方面的保留，1915 年 1 月，第二个捷克亲卫队营也组建起来，兵员来自第 3 集团军防区对面的奥匈军队中被俘或投诚的捷克斯洛伐克志愿者。

1915 年 4 月，奥匈的几个捷克和斯洛伐克军团已经在向东线行军的途中杀死了他们奥地利人和匈牙利马扎尔人军官，投奔了俄军。捷克血统的低级军官们带着士兵离去的情况也越来越多。鉴于这种情况，奥匈当局用奥地利人和匈牙利人去替换部队中大部分捷克军官，但是这进一步加剧了斯拉夫部队中军官与少数民族士兵的紧张关系，其结果是开小差的士兵数量不断增加。

1916 年 2 月 2 日，这些亲卫队营合并成捷克斯洛伐克步兵团，接下来的几周，面向整个俄国境内捷克斯洛伐克战俘的自愿报名工作开始了。征兵工作卓有成效，1916 年 5 月，第 1 捷克斯洛伐克步兵旅组建成功——一支 7500 名官兵的生力军，下辖第 1“扬・胡斯”步兵团和第 2“波杰布拉迪的乔治王”步兵团。不久后，这个旅得到另外一批同胞的加强，这些捷克斯洛伐克人自 1915 年春季之后，就在塞尔维亚军队中服役，在战斗中表现十分突出。他们以敖德萨为基地，最初有 1000 名精锐，其中半数是军官（包括拉多拉・盖达，或“鲁道夫・盖达”，他注定要在捷克军团扬名立万），当时他们加入一个塞尔维亚师，隶属于俄罗斯第 47 军。从 1916 年 8 月开始，他们参加了罗马尼亚前线的血腥战斗，幸存者于当年秋天转入捷克斯洛伐克步兵旅。有赖于这些人的加入，1917 年 3 月，步兵旅得以组建第 3“托罗茨诺夫的扬・杰式卡”步兵团。

虽然招募捷克斯洛伐克新兵的政治条件逐渐改善，俄国的总体状况却在 1916—1917 年的冬天令人担忧地恶化下去。对捷克斯洛伐克旅来说，1917 年的二月革命和十月革命之间的时期是个至关重要的过渡。1917 年 5 月，马萨里克从英国来到圣彼得堡。在那里，他受到协约国代表团的热烈欢迎，而且还被俄国境内各种捷克斯洛伐克政治和军事组织公认为领导人。随后，他前往基辅参加了由各组织代表举行的第一次捷克“国会”会议。在会上，他提出捷克斯洛伐克共和国建国的蓝图，并告诉在场的代表们，这份蓝图已经得到美国总统威尔逊的肯定。6 月，捷克斯洛伐克旅在俄国人特罗雅诺夫上校（其后，俄国人马蒙托夫上校指挥了数周）的率领下，转移到西南前线，成为俄罗斯第 11 集团军的一部分，负责防守长 4 英里的战线。新任的俄罗斯临时政府战争部长亚历山大・克伦斯基下令整个战区于 1917 年 7 月初发动进攻。在西南

⊙ 拉多拉・盖达将军（1892—1948），布拉格人，是捷克军团的主要指挥官之一，1918—1919 年指挥在高尔察克麾下的西伯利亚军，是捷克名著《好兵帅克》作者哈谢克的上司，后来升至将军

⊙ 杨·西罗维将军（1888—1970），后来担任捷克军团前线总指挥，回到捷克斯洛伐克共和国后，在军政两届都很有建树，曾担任过共和国的第 11 任总理

方面军总司令布鲁西洛夫将军的指挥下，俄罗斯第 7、第 8 和第 11 集团军的攻击目标瞄准了利沃夫。

布鲁西洛夫攻势（1917 年）

7 月 2 日，兹博罗夫战役开始，7000 多名捷克斯洛伐克士兵进攻由 12000 名敌军防守的战线。战役发起的最初 6 个小时内，捷克斯洛伐克旅就接连突破奥匈军队 3 道阵地防线，还占领了城市西南方的高地。尽管由于两翼的俄国—芬兰军队最终崩溃，导致捷克斯洛伐克旅不得不撤退，但他们还是俘获了 4200 名俘虏和 20 门大炮。这些战俘中有许多人来自奥匈第 35 团和第 75 团，这两个团大部分由捷克斯洛伐克人组成。胜利来之不易，此战捷克斯洛伐克旅共计伤亡超过 900 人。就是在这场战役中，未来的将军和传奇的军团前线总指挥扬·西罗维付出了一只眼睛的代价，但他的士兵们由此回想起了胡斯战争时期的独眼英雄扬·杰式卡，他也受了同样的伤。

捷克斯洛伐克旅在兹博罗夫战役中的杰出表现，促使克伦斯基政府进一步招募捷克斯洛伐克志愿者，由此，组建了一个新的步兵团——第 4“大普罗科普”步兵团。1917 年 8 月 23 日，俄国临时政府允许捷克斯洛伐克的四个团编成第 1“胡斯”师。该年的 8 月底，鉴于志愿者大量涌入，又编成了第 2 师。9 月下旬，两个师整编为捷克斯洛伐克军。第 2 师下辖：第 5“布拉格的 T.G. 马萨里克”步兵团、第 6“哈娜茨基”步兵团、第 7“塔特拉安斯基”步兵团和第 8“西西里人”步兵团。捷克斯洛伐克军的兵力达到 40000 人，此外还包括骑兵侦察部队（两个骑兵团的前身）、一个“暴风”突击营、两个后备团、两个炮兵旅和一支迫击炮部队。捷克斯洛伐克军团（简称捷克军团，捷克语：eskoslovenské legie，斯洛伐克语：eskoslovenské légie）诞生了。

1917年夏季和秋季，捷克军团驻扎在基辅周边地区，包括一些偏远村庄，主要营地位于鲍里斯波尔。围绕着鲍里斯波尔的练兵场，是十几个捷克斯洛伐克传统“zemlanky”式的营房，每个尺寸大约是50米x 25米，直接嵌在地面，只露出茅草屋顶。在这些简易营房里，墙壁上装饰着各支部队的旗帜。就像在革命时期典型的那样，军团士兵称他们的军官和士官“上尉兄弟”或“军士兄弟”。

“十月革命”——根据西方公历实际发生在11月7日——爆发后，他们熟悉的俄国不复存在了，未来是完全不确定的。马萨里克领导下的捷克斯洛伐克国民议会位于巴黎，这个议会在俄国的分部决定对当地的政治事务保持中立。捷克军团接受了协约国的建议，决心继续和中欧同盟作战。但1918年，捷克军团将会被卷入恐怖的内战旋涡之中。

⊙ 1914—1917年，东部战线
1，1916—1917年，捷克斯洛伐克亲卫队步兵
2，1916—1917年，捷克斯洛伐克步兵旅第3步兵团一等兵
3，捷克斯洛伐克亲卫队军士
4，1917年秋—1918年1月，捷克斯洛伐克步兵旅第2步兵团下士志愿者
5，1917年，第2捷克斯洛伐克步兵师第5步兵团军官

二、西线（1914—1919年）

早在1914年8月14日，西线的捷克斯洛伐克志愿者们就挺身而出。当时有大约10000名捷克斯洛伐克人居住在法国，自1891年开始，他们中有很多人加入了民族主义的索科尔体育协会；法国的捷克斯洛伐克人中还有一个更具政治头脑的社会民主主义组织——Rovnost，从1907年开始就取得跟索科尔并列的地位。

8月，300名捷克斯洛伐克志愿者，包括一部分从英国来的人，加入法国外籍军团第1外籍团/第2行军团C营1连。在巴约讷进行了两个月的训练之后，10月12日该连获得绣着波西米亚雄狮和誓言的官方军旗，誓言是“以自由、平等和友爱的名义，以及对（未来的）共和国的绝对信任，我们发誓：为共和国和民族的权利战斗到最后一个人，流尽最后一滴血”。此后，这支部队以“纳兹达”（Nazdar）连闻名于世，“纳兹达”来自短语

“ na zdar”，含义是“为了胜利”，采用这个名称是为了向老索科尔组织致敬，至于军旗，后来成为捷克抵抗运动的象征——“纳兹达旗”——而广为人知。

1914 年 10 月 23 日，捷克斯洛伐克志愿者所在的这个拥有 4 个营的团转移到兰斯，加入第 1 摩洛哥师。1915 年 5 月，第 1 摩洛哥师被调到阿图瓦地区，分配给贝当将军的第 33 军——隶属于法国第 10 集团军。紧接着就是第二次阿图瓦战役，一场法军和英军针对欧贝山脊的联合进攻。这次英法联军的攻势旨在沿维米岭的主阵地赶走德国人——他们在“向海跑”战役期间，于 1914 年 10 月占领了这些地方。5 月 9 日，摩洛哥师作为先头部队，对德军“白色书卷”（Ouvrages Blanches）阵地发起猛攻，这处阵地位于阿拉斯和维米之间平坦的土地上。由于迫切想要证明自己，纳兹达连的捷克斯洛伐克志愿者们拼命攻下德军三道战壕，还前进 3000 码爬上位于德军阵地西部的山坡仰攻，拿下了 140 高地（维米岭的主峰）。然而，纳兹达连所在的那个团已经伤亡过半，24 小时之内，德军发动的反攻就收复了所有阵地。此战，纳兹达连 42 人阵亡、90 人受伤，纳兹达旗也被德军夺走。战役过后，纳兹达连被就地解散，幸存者被分散补充到外籍军团其他部队中。

此后，这些捷克斯洛伐克志愿者经历了一系列战役，包括：1915 年的香槟战役；1916 年的索姆河战役、1917 年的凡尔登战役和第三次埃纳攻势、1918 年春的第二次马恩河战役。幸存的老兵只剩下 50 人，他们从当时所在的部队——统一的外籍军团行军团（RMLE），被调至新组建的捷克斯洛伐克旅。

捷克斯洛伐克旅在法国

1916 年 3 月，法国政府向马萨里克承诺，扩充西线战场的捷克斯洛伐克人部队。作为对此的回应，志愿者们从世界各地纷至沓来：1917 年 7 月，400 名志愿者从罗马尼亚赶来；11 月，1240 名志愿者在奥塔卡・胡萨克的率领下从俄国赶来；同一个月，首批来自美国的捷克斯洛伐克志愿者也赶到法国，他们最终达到 2309 人。1918 年 4 月，第二批来自俄国的志愿者在海涅克中校的率领下抵达法国，和他们一起来的还有另外 400 名来自战俘营的捷克斯洛伐克人。5 月也有大批志愿者来到法国，包括：250 名前塞尔维亚第 1 步兵师成员、850 人来自意大利前线、50 人来自法国本土，甚至还有 14 人来自遥远的澳大利亚。1917 年 12 月 29 日，法国总统雷蒙德・普恩加来正式任命捷克斯洛伐克军队在法国的官方机构。

捷克斯洛伐克旅的第一支部队是第 21 步兵团，1918 年 1 月正式成立。5 月，第 22 步兵团也成功组建。6 月 22 日，这两个步兵团在达尔内整编为一个旅。6 月 30 日，普恩加来总统和贝奈斯在达尔内主持仪式，授予捷克斯洛伐克旅军旗。捷克旅官兵以新誓言“与我们的盟友并肩击败所有敌人”进行宣誓。除此之外，誓言还谈到未来捷克斯洛伐克国家的创建，对胡斯战争历史的追忆，还蕴含着对为国捐躯烈士的缅怀和庄严的承诺：“从不躲避斗争或逃离危险，服从命令，以军旗和军徽为荣，决不投降，友爱并保护战友，不畏惧死亡，倾其所有——包括生命——为祖国的自由而战！”

⊙ 驻法国的捷克斯洛伐克旅第21步兵团军旗

1918年7月，捷克斯洛伐克旅在法国上校A.C.菲利普的率领下，归入第53步兵师建制，跟着该师转移到阿尔萨斯。接下来的数周内只发生了轻微交火。10月，第53步兵师集结于阿尔贡山脉中的武济耶，这里正位于协约国防线的中心，因此，从10月18日到30日，捷克斯洛伐克旅将要面对武济耶、切斯特斯和泰龙战场上激烈的战斗。

10月20日，捷克旅第21步兵团替换法国部队驻守泰龙，第二天德军就发起了进攻。在重炮和飞机的支援下，德军把第21步兵团赶出了已经成为一片瓦砾的镇子。与此同时，德军还进攻了位于埃纳省的武济耶，该地由法国第134步兵师驻守，捷克旅第22步兵团作为增援也赶到这里阻击德军。菲利普上校内心被泰龙的撤退深深刺痛，他下令第21步兵团1营营长奥塔卡·胡萨克率部下夺回这个镇子。胡萨克照做了，他的1营与德军进行了近乎野蛮的白刃战，用刺刀、工兵铲和短剑互相劈砍、刺杀，在此期间，双方都不留俘虏。付出惨重的代价之后，1营终于夺回了泰龙。接下来的几天，德军发动反攻，重炮和毒气轮番轰击着1营的阵地，飞机不断投下炸弹并进行扫射，在这样猛烈攻击的掩护下，一些德军又渗透进了镇内。但这一次，捷克斯洛伐克人的阵地不会再动摇了。来自美国的志愿者卡拉塞克的双腿被一枚手榴弹炸碎，但当德国人靠近的时候，他拉响了身上手榴弹的引信，与德国人同归于尽。尽管1营伤亡了三分之二，泰龙最终还是守住了。

与此同时，从10月22日到27日，第22步兵团在重炮火力支援下，强渡埃纳河，对德军据守的153高地发动进攻。这个高地位于切斯特斯附近，上面布满了德军的战壕

⊙ 1918年西线，捷克斯洛伐克军团
1，第21步兵团，军士长
2，第22步兵团，中尉
3，第21步兵团，下士

和加固掩体。而且，第22步兵团不得不在令人窒息的毒气烟云覆盖下行动。捷克斯洛伐克人拼死攻取了战壕，但对深层掩体无能为力。局面陷入了僵持，双方都在原地挖壕据守，都没有能力将对方赶下高地。就在这个时候，也就是1918年10月29日凌晨，153高地上的捷克斯洛伐克人得知他们的新国家已经于一天前诞生了。

捷克旅在10月这些天的厮杀中，总共有252人阵亡或失踪，876人受伤。战役过后，捷克旅转移到后方的穆尔默隆进行修整。他们在此收到法国最高统帅部的通电嘉奖。11月8日，他们骄傲地接受了新任捷克斯洛伐克共和国外交部长爱德华·贝奈斯的检阅。三天后，停战了，西线连天炮火的轰鸣终于沉寂下来。

1918年12月，捷克第23步兵团成立，其人员大部分来自美国志愿者，由此捷克斯洛伐克旅升级为第5捷克斯洛伐克师。在达尔内，总统候选人托马斯·马萨里克在庆功会上公开表彰了第5捷克师，此后不久他就回到国内，成功当选第一任总统。实际上，这时候所有捷克斯洛伐克部队的思想都空前的统一，那就是希望赶快回去看看他们的新国家。1919年1月，更多志愿者抵达法国，组建了第24步兵团；当月，第21步兵团返回捷克斯洛伐克共和国，他们的任务是对抗波兰对西里西亚的领土要求。第5捷克师的其余部分也在几周内陆续回国，他们及时赶到斯洛伐克，以加强对匈牙利的军事防御。

除了上述这些在国家军队中服役的人以外，据估计还有4万名捷克斯洛伐克人于1917—1918年间在美军中服役，还有另外一些人组建了第223加拿大（捷克）营，从1917年夏天开始来到西线作战。在未来许多年以后，阿拉斯、泰龙、武济耶和切斯特斯这几个地名都成了曾经在法国浴血奋战过的捷克军团老兵的精神图腾。一战期间，在西线共有 9367 名官兵在各支捷克斯洛伐克部队中服役，其中 650 人阵亡，受伤者不计其数。连同他们在意大利前线服役以及仍然在俄国战斗着的同胞，一起用自己的鲜血为捷克斯洛伐克共和国在巴黎和会争得一席之地，确保了这个新国家的诞生。

三、意大利前线（1917—1919 年）

意大利于 1915 年 5 月投入协约国阵营参战，其抓获的奥匈战俘当中也有不少捷克斯洛伐克人，但在近两年的时间里，并没有依照国籍区分对待他们。最后，直到 1917 年 1 月 17 日，意大利政府才同意在那不勒斯附近的圣玛丽亚加普亚—韦泰雷军营组建一支捷克斯洛伐克志愿军。最初，这个营地的指挥官是扬·恰佩克，以前曾经是索科尔组织的一名领导，他针对志愿者的状况，制定了严格的体能和军事训练方案。但因为这些捷克斯洛伐克人是敌军战俘，他们不得不度过一段令人沮丧的时光，直到赢得意大利军队的信任。在此期间，志愿军被用作劳力和工厂工人。

1917 年夏，捷克斯洛伐克志愿军的人数达到 4000 人，随后他们迁往位于帕杜拉（萨勒诺附近）的营地。不久，在意大利第 1 军的指挥下，捷克斯洛伐克志愿军开始以排级兵力为单位执行危险的敌前侦察任务，他们被指派获取一线情报，并标志出奥匈军阵地的位置——这项工作超乎寻常的危险，因为一旦被奥匈军队抓住，他们就会被当作逃兵绞死。但捷克斯洛伐克志愿军的工作卓有成效，尤其在针对卡尔扎诺的奥地利军阵地制订攻击方案的时候，捷克志愿军的情报帮了大忙。

1917 年 10 月，意大利军队在卡波雷托战役遭遇灾难性的溃败，再加上什特凡尼克将军施加的强大外交压力，终于说服意大利政府同意组建一个捷克斯洛伐克军团。1918 年 4 月 21 日，意大利前线的捷克斯洛伐克军团正式成立，并且纳入一位经验丰富的意大利殖民地军官——格拉齐亚尼将军的指挥之下。到 1918 年夏天，大约有 1600 名捷克斯洛伐克人驻守在皮亚韦河前线，在圣多纳迪和皮亚韦河发生的战事中，第 33（捷克）团 1 营遭受严重伤亡。8 月，五支捷克部队——第 31、32、33、34 和 35 步兵团——被部署在加尔达湖和阿迪杰河之间的战线上。其中，前四个步兵团连同第 6 炮兵团一起整编成为第 6 捷克斯洛伐克师（由捷克斯洛伐克人组建的第 1—4 师在俄国，第 5 师在法国）。第 35 步兵团和第 7 炮兵团（都在 9 月份正式成立）构成了第 7 捷克师的基础。

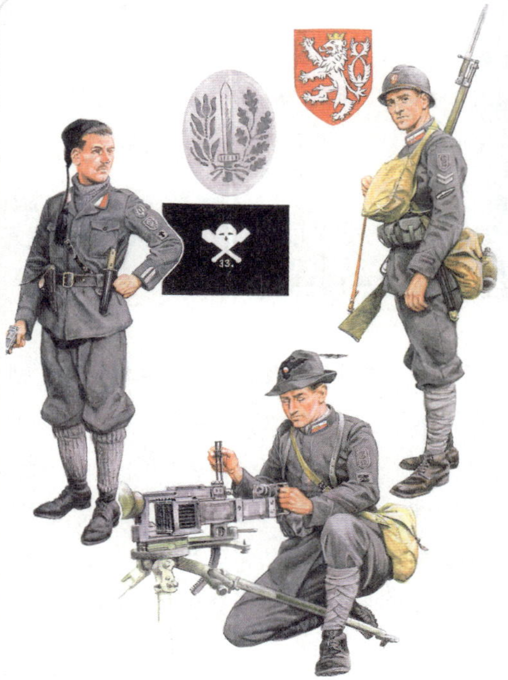

⊙ 1918 年意大利前线，捷克斯洛伐克军团
1，第 32 步兵团机枪连，下士
2，第 33 步兵团阿尔迪蒂突击连，少尉
3，第 34 步兵团，中士

此外，所有捷克斯洛伐克侦察部队整合成了第 39“Vyzvedny”（侦察）团，但更类似意大利的特别突击部队“阿尔迪蒂”和“死亡骑士”——均仿效德国的“暴风”突击队组建。“暴风”突击队的诞生是由于第一次世界大战在初期的血腥战役后就陷入了漫长的堑壕消耗战，双方都想尽办法快速突破对方的阵地。但在机关枪和火炮的打击下，每次大规模的人海进攻都是在敌人阵地前留下大片大片尸体下失败。英军研制出坦克这种革命性的武器来突破敌军战壕。但当时德国人还没有坦克，他们的攻击前锋是经过特别训练的精锐步兵——Stosstruppen / Stormtrooper，即“突击队”（也翻译成暴风突击队和暴风骑兵，虽然他们不骑马，只是形容他们的速度快）。突击队以小战斗群为主，装备轻机枪、迫击炮、火焰喷射器、榴弹发射器和大量手榴弹，以惊人的速度推进。突击队是德军研究如何突破堑壕阵地的产物，作为进攻力量的前锋和矛头使用。小股的突击队配备轻型火炮，机枪和冲锋枪，寻找敌人的薄弱地带并进行突破。突破后突击队继续向前推进，目标包括敌军的火炮阵地和指挥设施，进攻路线上的敌军残余部队则可以交由后续部队清理。这些突击队通常由装备精良、年轻而且富有作战经验的团级部队组成。也正是这种战术理论后来演进成了二战时期的闪击战。捷克斯洛伐克人特意从每个步兵团抽出一个连进行这种特别训练。意大利人以“红白阿尔迪蒂”来称呼他们，因为这些捷克斯洛伐克的突击队员都在衣领上缝着代表自己国家的红白补丁。1918 年秋，捷克第 39 侦察团在蒙特迪瓦尔贝拉前线作战。

1918 年 9 月，五个捷克斯洛伐克步兵团（第 31—第 35）在海拔 6000 英尺的多斯·阿尔托山脊经历了残酷的战斗。这个山脊是加尔达湖和阿迪杰河之间的战略要地，双方已经多次易手。9 月 21 日在这里发生的一次战斗，可以作为整个意大利前线捷克军团奋战历史的缩影——后来被老兵和历史学家称作“多斯·阿尔托之战”。战斗发生在 703 高地，捷克斯洛伐克人依托围绕着高地的半弓形坑道工事据守。就在此地，奥匈军集中了他们的突击队和重炮，力求打开一个缺口。为了打击捷克斯洛伐克人的士气，奥匈军指挥官在战前就散布悬赏消息：每杀死一名捷克军团成员，可获奖励 1000 克朗。

9 月 21 日凌晨 4 点，奥匈军以“徐进弹幕射击”拉开了战斗的序幕。重炮从三个方向猛烈轰击 703 高地，捷克军团的电话线和其他所有与后方的联系都很快被炮火切断。坑道阵地的前沿被奥匈军攻占，但在前沿阵地失陷的最后时刻，绝望的捷克斯洛伐克人只凭着刺刀和匕首与冲上来的奥匈军进行了殊死搏斗。阵地只有 5 人生还，但他们随即就被奥匈军当场吊死。接下来的几个小时，奥匈突击队的毒气手榴弹和火焰喷射器把捷克军团残存的坑道工事化为了地狱，到处都是浓烟和火焰，皮肉起泡溃烂或烧成焦炭的尸体随处可见，散发出极为可怕的气味。地表阵地都被奥匈军占领，他们继续把毒气灌入捷克军团的残存坑道，而且不留一个俘虏。即便在这种令人绝望的战况下，捷克军团官兵仍然没有放弃，他们牢牢守住一小段残存坑道，一直坚持到最后——奥匈军攻势成为强弩之末的时候，第 33 和第 34 捷克步兵团拼死发起反击，在付出巨大的伤亡后，夺回了所有阵地。9 月 22 日，意大利主要报纸以头版头条报道了这次战斗，意大利最高统帅部称赞第 6 捷克师在此战中表现出“最高的英勇”。

捷克军团官兵们的新祖国——捷克斯洛伐克共和国，在 10 月 28 日正式成立。随后在 11 月 11 日，战争结束了。此时，各团——共计 2 万人——已经合编为捷克斯洛伐克军，由意大利的西奥尼将军指挥。战争中，至少有 350 名捷克军团官兵阵亡（也有 725 人的说法），55 名官兵被奥匈军队冠以“叛国”的罪名绞死。12 月 8 日，捷克斯洛伐克军各团转移到帕多瓦，在那里举行了军旗展示仪式。在仪式上，捷克军官兵集体宣誓效忠他们的新共和国。12 月底，捷克军从意大利返回祖国，随即于 1919 年前往斯洛伐克南部，参加反对匈牙利的军事行动。

四、俄国，暴动和内战（1917—1918 年）

尽管当局一再警告俄国境内的捷克军队在革命的混乱中要保持中立，但事实证明，这是一件非常困难的事情。当时第 1 捷克斯洛伐克师仍在前线，第 2 师部署在乌克兰的基辅以东地区。乌克兰已经于 1917 年 11 月 20 日公开宣布独立，成立了乌克兰人民共和国（UNR），在基辅，第 2 捷克团已经被卷入与新成立的中央拉达政府代表的小规模冲突。对冲突可能带来的严重后果感到恐惧，捷克斯洛伐克国民议会赶紧命令第 2 团撤退。但实际上，所有当地的政治组织都在尽可能拉拢捷克军团这支训练有素、纪律严明的队伍，都想让他们卷入俄国的政治旋涡。

1917 年 8 月至 9 月，拉夫尔·科尔尼洛夫将军发动反对克伦斯基临时政府的军事政变，政变流产之后，曾经隶属于科尔尼洛夫突击团的捷克斯洛伐克“暴风”突击营在迈斯特里克上尉指挥下，担任这位著名将军的看守。科尔尼洛夫将军先是被软禁在他位于莫吉廖夫的家中，直到年末，他被关押到了贝霍夫修道院。1917 年 11 月，斯韦克中校率领部下前往斯塔拉·康斯坦丁诺夫，保护留在该地的俄罗斯第 11 集团军参谋人员免受政府军的攻击。斯韦克，和很多其他捷克斯洛伐克军官一样，不愿意和普通俄罗斯士兵为敌，尽管他还有他的同胞们都认为俄国政府的所作所为与德国雇佣兵无异。1917 年，捷克军团已经在前线感受到煽动宣传带来的影响，俄国军队的士气在那时候完全崩溃了。此外，俄国新政府显然打算把俄罗斯从对中欧同盟的战争泥淖中解脱出来，而任何阻碍协约国获得战争胜利的做法，都会对捷克斯洛伐克创建新国家产生不利影响。

1917 年 12 月，一份行动呼吁从南俄传来，在那里，米哈伊尔·阿列克谢耶夫将军已经组建了一支白军部队，并且对政府军展开了进攻。有几百名捷克军团成员响应了他的号召，动身前往南方，但绝大多数军团官兵并没有选择加入他们的行列，仍然留在科尔尼洛夫突击团。事实上，凭借 4 万名训练有素的士兵，捷克军团完全可以扮演一个更加强势的角色。但捷克军团只想和中欧同盟打仗，正在寻求协约国的帮助，把他们运到西线继续与同盟国的战争。

1918 年 2 月初，基辅的乌克兰中央拉达被民兵队推翻，新政府随即与德国和奥匈结

⊙ 1917 年的海参崴（即现在符拉迪沃斯托克）港口

为联盟。不久后，在1918年3月3日，《布列斯特—立托夫斯克条约》缔结生效，一战的东线战场终结，同盟国的势力和领土都得到极大拓展，乌克兰即将成为敌对国家土地的残酷现实摆在了捷克军团面前。除此之外，缺乏最基本的后勤支持，与协约国盟友的通道也被切断，捷克军团就像一座海中孤岛被俄国新政权、德国和奥匈重重包围，迫切想要找到离开俄国的出路。

当时要想离开俄国，有两个港口可以考虑：俄国北部，白海沿岸的港口阿尔汉格尔；还有遥远的太平洋沿岸港口海参崴（即现在的符拉迪沃斯托克，本文以历史名称叙述），需要穿越乌拉尔和西伯利亚才能到达。在那个混乱的年代，能否成功抵达这两个港口中的任何一个，都取决于沿途的政治和军事条件，而且即使捷克军团成功抵达了某个港口，协约国运输船能否顺利转运他们也是个难题。预见到这个困境，马萨里克已经于1917年12月和协约国达成了一项协议，规定俄国境内的捷克军团划归法国境内捷克斯洛伐克军队指挥。这项精明的举措使得俄国境内的捷克军团一跃成为一支合法的协约国部队，迫使协约国和俄国新政府认真对待捷克军团的疏散问题——即使中欧同盟肯定会想方设法阻拦此类行动。同盟国强迫俄国新政府解除捷克军团的武装；当时俄国正处于残酷内战的初期，当局充分意识到德国人可以随时攻占圣彼得堡或莫斯科，俄国新政府没有能力阻止他们。法国人建议捷克军团从东部战线和西伯利亚的战俘营集中撤出，由铁路运送至阿尔汉格尔斯克，随后由白海的协约国舰队海运至欧洲，继续和德奥作战。不过法国随后就宣称，自己没有能力提供海运的船只（英国代办洛克哈特抱怨说，如果不是法国人太蠢，捷克军团本来是可以平安地从俄国撤出来的），德国人则威胁说，要切断捷克人向阿尔汉格尔斯克转移的交通线。

马萨里克的谈判

许多事实表明，利用捷克军团干涉俄国是以英法为首的协约国的既定方针，早在1917年，协约国就在雅西召开了一次会议，讨论了用捷克军团反对俄国新政权的问题。在《布列斯特—立托夫斯克条约》签订之前，英法代表就和捷克斯洛伐克国民议会领导人马萨里克等人进行了多次接触，双方就捷克军团前往何处的问题进行了协商。在这样的情况下，1918年1月，毫无诚意的马萨里克来到了圣彼得堡同俄国政府谈判遣运捷克军团的方式，他还没有等到谈判结束就匆忙去了海参崴，然后借道日本去了美国。他是化名穿越西伯利亚的，在海参崴会见了法国领事，但直到他在日本出现后，美日驻海参崴领事才知道他来过。要知道运送士兵的船只应该是由这些国家提供的，他没有理由不去见这些领事，答案只有一个，当时捷克斯洛伐克国民议会已经放弃了将捷克军团运送到西线的计划。

与民兵队的对抗

捷克军团最早离开俄罗斯的部队有 1100 人，他们在胡萨克上校的率领下，通过阿尔汉格尔港离开了俄罗斯，但这个北方路线很快就被同盟国切断了。无计可施的捷克军团只好把目光投向东方，决定把部队集中到奔萨——这座亚历山大罗夫斯克大桥（该桥坐落在塞兹兰，横跨伏尔加河两岸）以西最大的城市，然后再由此向东行进到海参崴。但走这条路线也是困难重重的。当时的西伯利亚处于相当混乱的状况中，既有旧俄国的各种反抗势力，又有通过西伯利亚大铁路转运至远东的捷克军团，而被关押的德奥战俘正依据条约从西伯利亚的战俘营往西运输，遣返回欧洲。各种原来互相敌对的势力，交错运行在大铁路上，乱成一锅粥。还有政府军为了夺取地方政权与反政府的白军激战。在西伯利亚，白军、社会革命党人、政府军、哥萨克、死硬保皇派、地方农民、工人、无政府主义者和强盗都在为取得控制权而互相争斗，这个控制权的含义主要就是对横跨西伯利亚铁路[①]的控制。因为在西伯利亚，离开了铁路，就只有河流可以做大量运输。除此之外，西伯利亚的陆上道路仅仅是煤渣路，在暖和的天气下会扬尘或一片泥泞，在寒冬又会冻结和结冰，所以捷克军团的移动和物资供应也只能通过河流和铁路，或者是与河流和铁路平行的狭窄“堤路”。

⊙ 俄军管理下的德奥战俘，对他们的遣返加剧了西伯利亚大铁路上的混乱

尽管协约国已经把大量的军用物资运到了海参崴，但是驻守在那里的只有很少一点俄罗斯军队。西伯利亚大铁路沿线原来已经建立的

① 西伯利亚大铁路（Trans—Siberian Railway），是横贯俄罗斯东西的铁路干线。该铁路起自莫斯科雅罗斯拉夫火车站，经梁赞、萨马拉、车里雅宾斯克、鄂木斯克、新西伯利亚、伊尔库茨克、赤塔、哈巴罗夫斯克（伯力），到海参崴（符拉迪沃斯托克）。总长 9298.2 公里，是目前世界上最长的铁路。目前奔跑在这一钢铁大动脉上的共有大约 1000 列货运和客运列车。车里雅宾斯克以西，于 19 世纪中建成；以东长 7416 公里，于 1891 年始建，1916 年全线通车。

各仓库都存放着许多武器、弹药和其他物资，本来打算运往乌拉尔西部，供给前线部队使用，但随着沙俄政权的崩溃，这些军需仓库都属于无人管理状态，遭到了搜寻食物和武器的各路人马的洗劫。

⊙ 跟莫斯科签订协议之后，奔萨一个火车站的捷克军团士兵开始缴械，但他们此时还没料到，事情很快就会有变数，回家也还遥遥无期……

第1捷克师仍然在乌克兰前线，要想撤走，就必须经过基辅和巴克马克的铁路枢纽向东行进，之后才能到达库尔斯克，直至奔萨。开始撤退的时候，第2师主力不得不守住巴克马克火车站，直到第1师安全撤离，三支德国和奥匈纵队已经分别从明斯克、基辅和皮里亚冷向巴克马克推进，他们的意图很明显，就是决心要阻止捷克军团的撤退行动。

当地民兵队和乌克兰民族主义者之间持续的缠斗使形势更加恶化。捷克军团的第6步兵团担负防守巴克马克的任务，直到第1师能够安全通过为止，第6步兵团先是想方设法与附近的民兵队建立起不稳定的合作关系，双方的共识是都想要阻止同盟国及其乌克兰盟友占领巴克马克的企图。军团士兵回忆到这样的奇景："我们看到民兵队和乌克兰军队的军用火车有时候竟然走在相邻的铁轨上，每当这个时候，他们就会用轻武器和机枪互相开火。"围绕巴克马克进行的战斗主要发生在1918年3月10日至14日，起初，德国人试图偷偷潜入车站，他们胁迫一些乌克兰平民在他们军列车厢外四处走动，以掩盖车厢内真正的威胁。一直到与捷克斯洛伐克人仓促挖成的战壕非常近的距离，德军才发起突袭，打了第6步兵团个措手不及，但随后双方以刺刀和工兵铲展开了惨烈的白刃格斗。付出巨大伤亡代价，捷克斯洛伐克人守住了阵地，在德军主力于15日到来之前，第1捷克师已经全部安全通过了车站。

导致捷克军团发生暴动的事件开始于3月7日的奔萨。根据捷克与民兵队领导人经过协商确定的方案，军团将被疏散到海参崴，每辆疏散列车搭载600名官兵，但只允许保留168支步枪和1挺机关枪。捷克军团其余的武器，包括大炮，都将被留在奔萨。直到1918年5月14日之前，这个方案都执行得挺顺利，但是军团官兵在向东行进的过程中，越来越多地遇到了德国和奥匈战俘，沿途的大小城市都充斥着这些前战俘，他们也乘着军用列车，只不过在向西行进。情报显示这些德奥战俘共有45万人，其中有数千人已经加入了民兵队。俄国人对捷克斯洛伐克人和其他族裔德奥战俘的区别对待，给捷克军团带来了很大的麻烦，德奥战俘对这些“叛国者”相当鄙视，热衷传播“俄国人已经重新决定把捷克军团交给德国人”这样的谣言。出于这种担心，捷克军团上下紧绷着神经，一旦有导火索，就会引起暴动。而且由于至少在表面上，俄国新政府和同盟国是合作关系，这立刻就产生了一个问题：这些人当中有多少是对捷克军团怀有敌意的？这个问题慢慢变得更加迫切，因为捷克官兵们发现他们的军列每停一个火车站——包括那些在萨马拉、乌法、车里雅宾斯克、鄂木斯克、伊尔库茨克和赤塔的火车站——当地民兵队就要求他们从拙荆见肘的武器库中交出更多武器。

⊙ 捷克军团官兵群像

5月14日，一辆载满奥匈战俘的列车停在车里雅宾斯克火车站，正好停在了一辆捷克军团列车旁边，双方开始用语言互相攻击、侮辱、谩骂。颇具讽刺意味的是，奥匈战俘中的一名捷克族士兵（名叫马利克，绰号“小手指”）用一块金属碎片击中了一名捷克军团士兵，造成后者严重受伤。捷克军团中的一伙暴徒愤怒地冲出来，迅速揪出肇事者，用私刑将他处死，随后当地民兵队赶到，逮捕了这次事件中的几名捷克军团领导人。军团随即暴动，占领了车里雅宾斯克，用武力救出了那几名被逮捕的战友，并将当地民兵队解除了武装，还夺取了市内的武器库。当地民兵队马上电告莫斯科，夸大其词地将这个事件描述成一次彻底的暴动。

局势在5月下旬变得更加严峻。捷克斯洛伐克国民议会的弗拉基米尔·诺塞克截获了一封来自革命军事委员会的电报，电报显示列夫·达维多维奇·托洛茨基已经决定将捷克军团全体缴械，还补充说“那些不愿意缴械的，将被当场击毙”。这种出格的语言，再加上民兵队已经开始对马里阿诺夫卡、伊尔库茨克和克拉斯诺雅茨克的捷克军团营地展开了进攻，所以毫不奇怪，在车里雅宾斯克举行的一次会议上，捷克军团各部队代表们投票决定以武力打通西伯利亚的路线。这并不容易做到，因为捷克军团的军列梯队分散在从奔萨到海参崴之间长达数千英里的铁路线上，有个别部队已经被民兵队守军包围，断绝了和其他部队的联系。然而，捷克军团的反应相当果断。确定目标后立即就开始到处征用铁路车辆，派出先头部队确定路线上各车站的安全，保证沿铁路线的煤炭供应、桥梁和战略节点城镇的安全。

⊙ 暴动与内战
1，1918年春末，科尔尼洛夫突击团捷克志愿者
2，1918年初春，科尔尼洛夫突击团下士
3，1919—1920年，第1捷克斯洛伐克师第1轻型炮兵团中校
4，1919年秋，第1捷克斯洛伐克师第4步兵团军事警察步兵

捷克军团叛乱后，协约国政府向俄国新政府提出了抗议，虽然他们早有预谋。6月4日，英法等国驻莫斯科代表照会契切林："我们政府视捷克军队为协约国军队的一部分，解除他们的武装或者粗野地对待他们的做法是不友好的，是受德国操纵的结果。"美国和法国驻伊尔库茨克领事也向当地政府提出抗议，抗议其在铁路隧道和桥梁上布设地雷来阻碍捷克军团向海参崴进发。

1918年夏，西伯利亚大铁路上的战斗

⊙ 先期抵达海参崴的捷克军团官兵正在打牌以打发时间

早在4月底，捷克军团的总参谋长迪特里希将军已经率领他的"东方集群"抵达了海参崴郊区，随后"东方集群"继续前进，于1918年6月29日占领了这个至关重要的港口。截至7月中旬，在当地哥萨克军队领导人谢苗诺夫将军和卡尔梅科夫将军的协助下，第5和第8捷克步兵团已经在太平洋沿岸地区布防。

⊙ 进军城市的捷克军团

与此同时，在长达6000多英里的西伯利亚大铁路的西端，是捷克军团的“奔萨集群”，由切切克将军指挥（在当时，捷克军团的绝大多数指挥官只能晋升到上尉，但他们使用的临时军衔经常随着部队规模变化）。从切切克的部队向东是捷克军团实力最强的一部——西罗维将军的“车里雅宾斯克集群”。切切克和西罗维指挥着第1捷克师的4个团，负责巩固军团在伏尔加河流域和乌拉尔山脉掌握的根据地。直到5月29日，切切克将军已经在受人爱戴的斯韦克上校支援下，击溃了奔萨的1000名民兵队员，他们在交出自己绝大部分武器后投降。6月初，捷克军团又拿下了塞兹兰、萨马拉、奥伦堡和乌法。在这过程中，很多官兵的英雄事迹在多年后成了传奇：例如在叶卡捷琳堡，扎克少校跳上一辆民兵队的装甲车，他先是用刺刀阻塞住机枪的枪机，然后用一把匕首撬开了炮塔舱门，往里面扔了一枚手榴弹。

在西伯利亚大铁路的中部，也就是车里雅宾斯克集群的东侧，捷克军团的各支部队自西向东分别是：哈努斯上校的“无名集群”、盖达将军的“诺沃—尼古拉耶夫斯克集群”，还有第2捷克师参谋长、俄国人鲍里斯·乌萨科夫上校的“下诺夫哥罗德—乌兰乌德集群”。这些集群共同组成了军团的第6和第7团，他们的任务是确保西伯利亚大铁路中部地区的安全。在西伯利亚大铁路上，捷克军团的大多数行动有几个共同的特征。捷克斯洛伐克人在兵力上总是少于民兵队，人数通常是民兵队的二分之一

⊙ 西伯利亚大铁路沿线车站上的捷克军团士兵

或者三分之一（在卡什图尔火车站，捷克军团要用500人对付2400人的民兵队）。民兵队总是在火车站依托简单的战壕和防御工事作战，而且经常部署在小镇的郊区，在那里他们能充分掌握捷克军团的行动。民兵队通常拥有一辆轻型装甲列车（被称为“布罗聂维克”——实际上，这类装甲列车只是在平板车上搭载一门大炮，四周用沙袋保护），如果没有，他们也会在普通列车上挂载一至三段装甲车厢。

⊙ 捷克军团的运兵车厢上经常绘有精美的图画，主要描述的是家乡风景和宗教方面的内容，以表思乡之情

捷克军团的战术包括切断铁轨，烧毁桥梁，或者在敌军火车头前方布置一或两辆装满炸药的货车车厢。利用这些方法，捷克军团才能避免被敌人装甲列车的迅猛火力击垮，得以在铁路线两边广大的侧翼机动，切断民兵队后方的铁路线，并逐渐开始包抄敌军或者削弱敌军的防御。即便这样，最后的攻击往往也要靠刺刀解决，只有很少的捷克军团部队弄到少量炮兵或拥有自己的装甲列车。

纯军事方面的问题——与民兵队的战斗和敌对势力的破坏活动，反而是捷克军团所有问题中最不重要的。每天他们面对着看上去似乎是无边无际的西伯利亚泰古森林（沼泽森林）和树木稀松的大草原，供应不足，缺乏交通工具，恶劣的道路条件，能使一个人在几分钟内冻死的严寒冬天，夏天则像蒸笼一样，大群嗜血的蚊子铺天盖地。有捷克军团士兵在家书中写道：“列车时断时续，外面滴水成冰，寒风刺骨。我已经有几周没脱过袜子了，但吃的和热水还算充足，大家精神都很好……”他们中的绝大部分没有逃跑，或者说如此狂热地坚持往东行军，完全是由于他们的忠诚、信念和责任感。

贝加尔铁路隧道

民兵队堡垒城市的抵抗被捷克军团一个接一个粉碎：马林斯克和诺沃—尼古拉耶夫斯克于5月25日至26日被第7捷克步兵团占领；卡什图尔火车站，最后乃至整个鄂木斯克在6月7日落入第2和第6步兵团手中；克拉斯诺雅茨克在经历两次战斗后投降，进攻这座城市的部队包括盖达的第6步兵团和第1“暴风”突击营（名义上的指挥官是乌萨科夫上校），还有两支俄国白军部队——巴尔瑙尔军官骑兵团和特罗菲莫夫上校的哥萨克。到7月6日，捷克军团的阵地已经从伏尔加河直到伊尔库茨克连成了一线。看起来，只有东部贝加尔隧道仍然是个棘手的问题。

⊙ 1918—1920年，第1独立“暴风”突击营
1，1918年夏天，突击队员
2，1919年西伯利亚，机枪连上尉
3，1919—20年，中士和突击营军旗

捷克军团攻来的时候，成千上万的民兵队逃离了伊尔库茨克，他们依靠两艘轮船从贝加尔湖逃走，躲进了长达130英里的铁路隧道之内，这些隧道是沿着贝加尔湖湖岸向东南方修建的。破坏这些隧道中的任何一个，都将会阻碍东西方向的交通线，而且视破坏的程度，有可能无限期切断铁路。贝加尔火车站本身已经被炸毁，而且在整段铁路，民兵队已经有选择地拆除了重要设施。

贝加尔作战行动从7月14日一直持续到8月16日，这一次捷克军团和民兵队双方都投入了装甲列车。盖达率领部下直接沿着湖岸攻入隧道，巴尔瑙尔军官骑兵团和哥萨克则向南突进了很远，意图包抄民兵队的侧翼；在这个侧翼的“铁钩”上还有第1“暴风”突击营，该部也向南包抄民兵队，但距离更近，目标是占领隧道上方的山岭地带。另外还有一支部队作为预备队，一艘伊尔库茨克的轮船搭载着他们，准备在适当的时机投入战斗。与此同

⊙ 在一望无际的西伯利亚荒原上前进的捷克军团列车，注意照片中远处被积雪覆盖的山峰

时，白俄军阀、哥萨克阿塔曼（意为“首领”）谢苗诺夫，从他的地盘——向东500英里外的赤塔，出动外贝加尔哥萨克大军直逼民兵队的后方上乌金斯克。

⊙ 捷克军团士兵的合影，注意其装备已经改为了俄式，使用M1891莫辛—纳甘步枪

民兵队的指挥官处于进退两难的境地。炸毁隧道带来的后果显而易见，那样他们自己回西部的路径也被切断了。受形势逼迫，他们只有两种选择：要么向东打出一条通路，与友军汇合，在乌苏里江一线继续战斗；要么化整为零进入森林打游击。最后，由于对捷克军团的稳步推进感到绝望，民兵队炸毁了斯但卡镇附近的一段隧道；但事实证明，这次爆破带来的损伤是可以修复的，捷克军团的工程师们用几周时间就让铁路再次通行。随后，捷克军团开始了肃清残敌的行动，8月20日，乌萨科夫上校率领骑兵对残敌的后方展开了大胆的突袭。但老兵们普遍认为，以战功卓著而闻名的乌萨科夫上校在罗萨尔斯卡娅与一名民兵队政委及手下枪战的时候阵亡，死后他的尸体惨遭民兵队的肢解（在接下来的几个月中，许多军团官兵将会遭受同样的命运）。

⊙ 西伯利亚大铁路上的捷克军团官兵在停车休息中

1918年9月1日，捷克军团热烈庆祝在东部与海参崴集群颇具象征意义的贯通，这意味着从伏尔加河到太平洋之间近6000英里的沿铁路线地区已经全部被捷克军团掌握。由531节客运车厢和10287节货运车厢组成的259列火车，已经集结在海参崴港口附近，准备把捷克军团疏散到他们一直期望的西线。

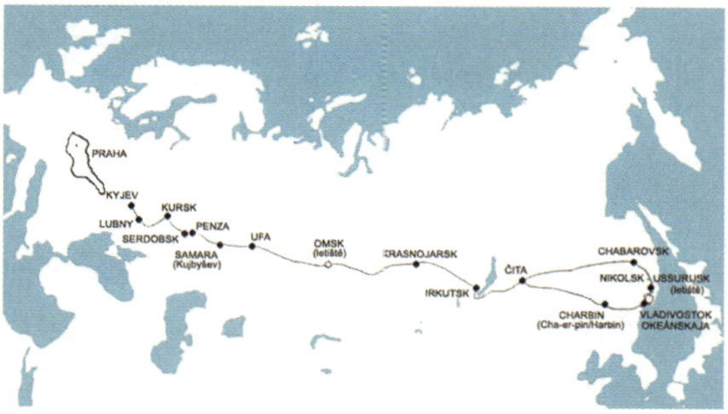

⊙ 捷克军团传奇远征的路线图

捷克军团的军事成就在当时是史无前例的，5万人的军队行进了9654公里，对当时的条件来说，这简直是一场战术上的噩梦。事实上，当第一批捷克人到达海参崴时，在奔萨仍然有4000

⊙ 捷克军团士兵创作的风景画，描绘西伯利亚大铁路上的风景

人在等候。捷克军团成了近现代以来最令人惊异的军事组织之一，他们在早期忍受着令人难以忍受的生活条件，用娴熟的战技和严格的纪律克服了所有障碍，甚至在后面成了俄国内战中举足轻重的一股力量。他们难以置信地保持了交通的畅通，保持了对铁路路基和桥梁的良好维护，建立了医院，设置了可靠的加煤仓库，还出版了一份报纸，建立了邮政服务和金融系统。金融系统的建立大大改善了捷克军团的后勤补给，他们可以用可流通的货币支付给当地农民和商人，以购买亟须的物资，这个举措也提高了军团在当地人眼中的地位——把他们和当时其他到处盗窃、抢劫和掠夺的白军和散兵游勇分别开。

五、驻军西伯利亚（1919—1920 年）

伏尔加河／乌拉尔战线

捷克军团乘船前往西线的期望落空了，相反，协约国要求他们留在俄国，重建反对同盟国的东部战线。因为只有这样做，才能阻止成千上万德国和奥匈战俘返回国内继续参加西线的战斗，才能防止俄罗斯至关重要的战略资源落到敌人手上。协约国自己也纷纷派兵在西伯利亚登陆——英军在1918年7月登陆、日军在8月3日、美军在8月10日、法军在夏末、加拿大军队在10月26日。其他还留在俄国境内的协约国军队——包括塞尔维亚、罗马尼亚和波兰——都将留在原地，和捷克斯洛伐克军团一样，接受法国指挥。

值得一提的是，在捷克军团暴动事件发生之前，美国总统威尔逊是不主张在俄国投入重兵的。在当年1月8日，他宣布了著名的“十四点原则”，以美国的观点阐述了战后秩序的基础。在“十四点原则”中，他还倡导“外国军队撤出俄国，并保证俄国独立决定其政治发展和国家政策”。但十四点原则中又宣称“允许奥匈帝国境内的各民族自治”，而这一条刚好和捷克军团要求返回欧洲、继续对德奥作战以便争取独立的诉求相一致。这样一来，是否支援捷克军团就成了检验十四点原则和美国国际公信力的试金石。另外在十月革命之后，西方对俄国的看法也发生了根本的转变，开始视俄国新政府为“瘟疫”，唯恐革命蔓延到其他西方国家。总之，捷克军团叛乱给了英、法、美、日出兵西伯利亚以“合理”的理由，各国在保护捷克人免遭所谓“德国——俄国新政府迫害”的口号下相继派兵在海参崴登陆。1918年7月4日，美国鉴于捷克军团占领了海参崴以及西伯利亚地区，并希望“力量强大的捷克军团不仅能成功反对俄国新政府，而且能有效地对抗日本”，美国以帮助在海参崴的捷克军团同“其在西西伯利亚的同胞团聚”为目的，开始对远东进行武装干涉。

与此同时，根据部署，捷克军团的第5和第8步兵团开赴远东，对付当地1.2万人的政府军正规部队，战斗主要发生在哈巴罗夫斯克和乌苏里江一带——从1918年7月初持续到8月初。在战斗中，捷克军团得到包括英国和日本干涉军，还有卡尔梅科夫阿塔曼的乌苏里江哥萨克的大力支援。

1918年7月至8月，志愿者源源不断地涌入捷克军团，据此组建了第3捷克师，师长由列夫·普尔哈拉上校担任，下辖第9“卡雷尔·利切克—博洛

⊙ 捷克军团骑兵
1，第2骑兵团下士
2，第1骑兵团上尉
3，1919—1920年冬，第1骑兵团中士
4，第1骑兵团军旗

⊙ 捷克军团领导层：军团前线总指挥西罗维将军（中），第1师师长切切克（右）和沃伊切霍夫斯基上校（左）。沃伊切霍夫斯基是一名俄国人，但长期在捷克军团担任主要领导，后来成为高尔察克白军的一名将军

夫斯基”、第10“扬·斯拉德基—科济纳”、第11“弗兰蒂泽克·帕拉茨基”和第12“米兰·拉斯蒂斯拉夫·什特凡尼克”步兵团（第12步兵团完全由斯洛伐克人组成）。除此之外，还组建了两个骑兵团，加强了捷克军团的战力，分别是：于8月组建的第1“布朗迪萨的扬·杰式卡”骑兵团；于10月组建的第2“西伯利亚人”骑兵团。接下来的几个月，捷克军团的总兵力膨胀至7万人左右。1918年11月10日，第2捷克师在叶卡捷琳堡正式获得了军旗，1919年2月1日，第3捷克师也在克拉斯诺雅茨克得到了自己的军旗。为了获得更大的作战灵活性，捷克军团的炮兵部队从1919年2月到5月进行了重组，改编为3个野战炮兵团（每个炮兵团对应一个步兵师），还有3个重炮营。

同时，在遥远的西部，捷克军团也建立起一条新的战线。立宪民主党人和社会革命党人为主的立宪会议委员会成员（KOMUCH）以萨马拉为首都，试图沿着伏尔加河流域建立一个温和的俄罗斯新政权，致力于继续进行反对同盟国和俄国政府的战争。从1918年7月到9月，捷克军团帮助立宪会议委员会训练了一支3万人的强大军事力量，被称为“人民军”。此外，捷克军团还和奥伦堡以及乌拉尔南部的哥萨克取得了联系。西罗维将军负责指挥整个俄罗斯西部战线的捷克军团部队，迪特里希将军作为他的参谋长。切切克将军指挥第1捷克师，以俄国人沃伊切霍夫斯基上校（以前曾指挥过第3捷克步兵团）为参谋长。盖达将军这时候担任第2捷克师的指挥官，他于9月初率部抵达叶卡捷琳堡。社会革命党人列别杰夫后来写道：“（我们）在伏尔加河地区起义，占领喀山、萨马拉、辛比尔斯克、萨拉托夫，控制上述地区，等待协约国军队的到来。”

7月的进展令人鼓舞，从陆地和河流两个方向上同时发动进攻；7月14日，捷克军团和白军部队一起拿下了伏尔加河港口城市斯塔夫罗波尔；22日，辛比尔斯克也被攻陷；7月末，当捷克军团协同邓尼金的“北高加索志愿军”占领叶卡捷琳堡（Ekaterinburg）

时，发现了末代沙皇尼古拉二世一家被杀害的可怕现场——沙皇一家主仆11人是于7月16日被行刑队杀死的，随即被掩埋，当局这么做的目的是为了防止沙皇被捷克军团和白军解救，成为他们的政治领袖。8月7日，斯捷潘诺夫大尉指挥的第1捷克步兵团将政府军东方方面军的总部所在地喀山占领，发现一列火车上竟然装载着俄罗斯帝国的黄金储备，折合1918年的美元达3.33亿，后来将其交给了“立宪会议委员会”。然而，由于没有一支协约国干涉军前往这个战线进行支援，9月，捷克军团和立宪会议委员会人民军不得不独自面对一支在实力上远超他们的政府军部队的反击。9月10日，喀山被政府军收复，紧接着辛比尔斯克于12日被政府军攻陷，不久以后，塞兹兰和亚历山德罗夫斯克大桥也相继回到了政府军手中。在萨马拉，9000人的捷克军团和人民军部队被25000名政府军的优势兵力击溃，这座立宪会议委员会的首都于10月陷落。但一个新的“白色”政权于当月正式成立（全俄临时政府），捷克军团撤退到乌拉尔山脉的山麓地带。

⊙ 安东·伊万诺维奇·邓尼金（1872—1947），出生在华沙郊区。1892年和1899年先后毕业于基辅步兵士官学校和总参学院。参加过日俄战争。第一次世界大战期间，历任旅长、师长。1916年秋任罗马尼亚方面军步兵第8军军长。俄国内战和外国武装干涉时期的白军主要将领之一，俄国步兵中将，在内战中一直和捷克军团并肩作战。白军战败后下野出逃，1947年病逝于美国。2005年10月，邓尼金以爱国将领的身份被重新安葬在莫斯科，俄政府还为此举行了隆重的仪式。此举被认为是俄罗斯全国和解的一部分

1918年底，国际上发生了很多重大事件，政治情态急剧变化。10月28日，捷克斯洛伐克共和国诞生。两周之后，同盟国签署了停战协议，第一次世界大战正式结束。在这种情况下，捷克军团的军心开始动摇，有些部队脱离战线，私自搭上了往东走的列车，当时的第1捷克师师长约瑟夫·什维茨上校引咎自裁。迫于形势，新任捷克斯洛伐克共和国战争部长什特凡尼克来到俄国前线鼓舞军团官兵的士气（名义上被委任为俄国境内协约国部队最高指挥官的法国将军莫里斯·热南于1918年12月抵达俄国，但热南手中真正受他指挥的部队只有在海参崴的一个法军连）。

早在十月革命之后，在俄国东部、北部和远东地区，成立了很多五花八门的政权组织，但大都缺少地盘、财力、兵力和影响力。到了1918年9月23日，被当局解散的立

⊙ 邓尼金的“北高加索志愿军”步兵，围绕着一位修女

宪会议的旧代表和其他主要的政治团体在乌法（Ufa）达成协议，选举出5名执政和5名候补执政，组成了一个各派联合的“全俄临时政府”（Vermennoe Vserossiyskoe pravitelstov）。10月9日，临时政府从乌法迁往临时首都鄂木斯克，但政府里面的旧军官对政党政治非常反感，很快就发动政变，赶走了临时政府中的社会革命党人，随后推举刚从美国考察回来的临时政府海军部长、原黑海舰队司令高尔察克中将为最高执政，并擢升其军衔为海军上将。高尔察克是个深受爱戴的年轻将领，他担任最高执政后，很快拼凑起自己的部队，还获得了邓尼金等白军将领形式上的效忠。最重要的是，高尔察克得到了捷克军团在占领喀山时所获得的黄金——足有505吨，达到前沙俄政府一半的黄金储备。这些黄金最初保存在喀山的金库内，在捷克军团与政府军在伏尔加河下游激战时，被运到了萨马拉，交给了“立宪会议委员会”。全俄临时政府成立之后，这批黄金也经过乌法运抵鄂木斯克，由高尔察克掌管。这批俄罗斯帝国的黄金储备在当时总价值高达6.5亿金卢布，高尔察克除了可以用其向国外购买武器弹药和物资，还可以之为筹码，在协约国之间进行经济和政治投机。

1918年11月18日，海军上将高尔察克就任“全俄最高执政”，他是靠政变推翻了鄂木斯克的全俄临时政府之后上台的。鄂木斯克的全俄临时政府本来是由社会革命党人主导的，但随后他们被军人发动的政变赶了出去，而社会革命党人恰恰是大多数捷克军团官兵所亲近和拥护的，这就意味着全俄临时政府从捷克军团那里得到的支持是大打折扣的，也为高尔察克后来被捷克军团

⊙ 莫里斯·热南（1862—1946），法国军事家和外交家，以协约国军总司令的身份参与俄国内战，是捷克军团的实际支配者

叛卖埋下了伏笔。但根据捷克军团老兵中流传的说法，盖达将军是支持高尔察克发动政变的，他曾经威胁过，如果政变遇到任何反抗，就要带领他亲手挑选的精锐部队对临时政府发动攻击；所以政变成功后，盖达随即就进入高尔察克白军的领导层，成为西伯利亚军的指挥官。

亚历山大·瓦西里耶维奇·高尔察克（1874—1920），俄国海军上将。生于圣彼得堡的一个名门贵族家庭。1894年毕业于圣彼得堡海军学校，日俄战争期间在旅顺口战斗。第一次世界大战中任波罗的海舰队水雷总队队长，1916年任黑海舰队司令，战绩辉煌。1918年任“全俄临时政府”海军部部长，随即被政变军人准举为“最高执政”和俄国陆海军武装力量最高统帅，并擢升其军衔为海军上将，建立军事独裁政权，继而成为协约国第一次武装干涉俄国时的白军总头目。在捷克军团的帮助下，一度占领西伯利亚、乌拉尔和伏尔加河等地区

从1918年圣诞节开始，捷克军团官兵的士气就陡然下降，到了1919年6月，这种情况甚至变得更加严重，士气几乎下降到最低点。绝大多数军团官兵渴望回到他们新建立的祖国，更何况当时祖国正处于危险当中，中欧和东欧出现的一连串新兴国家质疑捷克斯洛伐克共和国的边界划分。最关键是，西方协约国并没有对政府军宣战，更没有派一兵一卒前往伏尔加河和乌拉尔战线。越来越多的军团官兵觉得自己是这场不确定游戏中的一枚棋子，而且他们不知道自己究竟能在这场战争中得到什么。至于白色政权，很多捷克军团老兵都声称对高尔察克的正直和虔诚表示信任，但对他反动的顾问们没有一丝好感；高尔察克因为识人差而声名狼藉，任何一个广泛争取民众对白色政权支持的机会都被他们浪费掉了。在战线后方，高尔察克手下的几个指挥官，如残忍的哥萨克格里戈里·谢苗诺夫（Grigori Semenov）和伊凡·卡尔梅科夫（Ivan Kalmykov）是最坏的例子，他们对内战后的西伯利亚都有自己的谋划，企图通过日本人去谋求自己的领地、武装和资金。他们只是在表面服从全俄最高执政，但其实在暗地里觊觎高尔察克的黄金。谢苗诺夫和卡尔梅科夫都是杀人不眨眼的暴徒，他们的军队是由逃兵、叛徒、土匪和罪犯所组成，他们更喜欢的是掠夺、拷打和洗劫不幸的农民，当然敌不过英勇战斗的政府军和游击队。

鉴于战况恶化，捷克军团、白色政权、协约国三方共同签订了一份协议，规定自

1918年—1919年冬天，铁路沿线附近森林中的捷克军团士兵

1919年1月起，军团部队开始从乌拉尔战线撤退。直到2月，他们才沿着大铁路撤到位于西伯利亚的新阵地。在那个冬天，很多军团官兵都因为冻伤失去了自己的手指、手掌、脚趾、脚掌、耳朵或鼻子，撤退到西伯利亚之后，他们立即就与政府军游击队发生了多达400次战斗，这些游击队总兵力估计达到10万人。

随着西部战线的停战，各国在俄国的关系变得进一步复杂化了。在波罗的海，英国海军支持立陶宛、拉脱维亚和爱沙尼亚的民族主义军队，支持他们从俄国独立出去，还支持白军去占领圣彼得堡。在黑海地区，法国、希腊的军队占领敖德萨港，以便集结军队去支持在克里米亚和乌克兰的白军。但白军始终没能协调好他们自己的作战组织，而是各自为战，这是因为白军的组成成分是军人、政客、贵族、哥萨克，乃至捷克军团这类外国人，他们的目标本来就是不一致的，只是因为反对革命这个共同的目标才勉强聚合在一起。而且热南将军于1919年1月27日将新尼古拉耶夫斯克到伊尔库茨克一带的西伯利亚铁路沿线交给捷克军团来守卫——从而又将归心似箭的捷克军团滞留在俄国一年多。虽然1918—1919年的冬天是刺骨的寒冷，捷克军团仍然很好地控制了铁路沿线，当年6月捷克军团内部发生了一起小规模的叛乱，但很快就被镇压下去了。

1918—1920年，伏尔加河和西伯利亚前线冬季装备

1，捷克军团火车守卫

2，第2捷克斯洛伐克师第6步兵团中士

3，擎着第6步兵团军旗的军团士兵

捷克军团在中东铁路

⊙ 邵恒浚（1870—1951）

在西伯利亚大铁路的支线——穿过中国东北的中东铁路线上，政府军和捷克军团也爆发了一系列战斗。当时协约国各国正在积极出兵干涉俄国内战，日、美、英、法等国都派出了干涉军，而中国北洋政府也不甘落后，与协约国列强展开外交交涉，表示中国将随同出兵西伯利亚。1918年7月15日，中国驻海参崴总领事，兼铁路监管会运输部会议代表邵恒浚称，“各国协助赤赫队（即捷克军团）既争先恐后，我国势不必独异，业已电请政府，尚未得覆。”7月25日交通部电吉林省督军、省长称，“俄乱日亟，各国既共同出兵，我国自不容独异，现政府拟出师二余，前赴海参崴，相机办理。”与此同时，北洋政府也行动起来，筹划利用这一良机收回被沙俄强占的一些主权，包括中东铁路的控制权。民国七年九月二十日（1918年），中东铁路督办所的傅疆访询西伯利亚政府总理后，给吉林省督办郭宗熙的信函里面记载：“1918年9月17日，鄂穆斯克的西伯利亚政府国务总理窝罗郭特斯

⊙ 日本画报的插图，占领海参崴

基为联络海参崴的西伯利亚自治临时政府，并寻求协约国的支持，来远东察看情况，赴海参崴路过哈尔滨。”傅疆还写道：“窃闻窝氏本系社会党人，其政府辖地既广势力较优，赤赫军已受其指挥，协商国（协约国）亦特别看待，日美要人之来迎，大有联络之意。”高尔察克是鄂木斯克西伯利亚临时政府军事部长，11 月份就职全俄最高执政官，捷克军团也接受了其指挥。

此时西伯利亚大铁路已经被捷克军团主力控制，它的支线中东铁路也活跃着捷克军团的小股部队。捷克军团在中东铁路的活动，可以通过中国方面的一系列报告看出来：

1919 年 6 月 21 日，何泽霖奉五二三号钧宪密令，沿西伯利亚大铁路考察各国军队情形报告称：“查西比利亚（西伯利亚）铁路共分三段，由满洲里至伊尔库茨克，名曰后贝加尔铁路。此路由日本军队保护……由伊尔库茨克至诺沃尼古拉也夫斯克，名曰脱姆斯克铁路。又诺沃尼古拉也夫斯克至鄂姆斯克，名曰鄂姆斯克铁路。此两路由赤赫军队保护。沿路驻守之军队约四万人，统归法军司令加宁（热南）节制，即西比利亚联军总司令。”

1918 年 8 月—9 月，英法为了救援捷克军团，多次请求日本进军西西伯利亚和伏尔加河流域，都被日本拒绝。日本军事力量主要集中在东西伯利亚和远东，要建立对该区的独占和对西伯利亚铁路的控制。而此时政府军东方方面军，包括著名英雄夏伯阳的第 25 师正在东线围困捷克军团。高旅长报告上说：“赤赫队约四万左右，在西伯利亚被广义派围困。现海参崴的赤赫队拟派兵往援，须取道中东路线。”

民国七年七月二十五日，中东铁路督办所傅疆呈送高燕如调查俄军事情形函：“纵观大势，我国对于赤军（捷克军团）宜与英法美取同一状态，即如赤军拟假道中东铁路运兵赴西伯利亚，解该省赤军之围，满站危急或亦可籍此挽救。联合西进及要求在哈（哈尔滨）暂留一日购买粮食，此等请求未知中央如何答复。”中东铁路的各方势力相互角逐，错综复杂，中国无力决定它的命运，地方官员清醒地意识到这一点，据在海参崴的中国邵领事称，捷克军团借道中东铁路的事情势在必行，“与其强而后可，不如应其所求，占此先着。北洋政府是和协约国一起出兵俄国的”。对于捷克军团借道的要求还是同意的，“由驻京俄使商经外交部，开全体阁议表决，准其通过”，捷克军团 4000 人于民国七年（1918 年）八月十二日下午 4 点钟，过哈停留“以便购买军需物用”。

由于中国北洋政府极力维护主权利益，捷克军团在中东铁路仅仅是运送军队、物资和伤兵，并没有成建制的驻军。民国七年十二月十二日（1918 年），滨江县知事张曾榘给中东铁路督办公所的报告说：“本月一日早九点由满开到专车四十两，赤赫官两员，兵十名，押解德奥俘虏五百九十二名，现停军用站台。又午后三点有崴（海参崴）开到专车一列，法国司令一员，随员三十五员，赤赫兵二十员．现停车站。”民国七年十二月十六日，穆棱县知事徐鼎勋更王调查外事报告表称：“十三日十一点三十分钟由哈尔滨开来火车五十辆，内载俄国乱党约二百名，曾由赤军押解，往赴海参崴去讫。”1918年6月4日，安达铁路交涉分局专员于驷报称：“遵查赤哈军（捷克军团）由崴运送军械赴沃，于五月三十一日早六点钟到站，计瓦罐车三十六辆，赤哈军七十名，炮九尊，马四十余匹，军用小车数十辆，是日十一钟开往北行。”

⊙ 停在哈尔滨的捷克军团列车及士兵

捷克军团假道中东铁路，是因为铁路工人罢工阻碍了其向俄国的欧洲部分进军。俄报载捷克军团司令盖达布告一件，上面说“俄国及赤赫军司令名义告谕铁路电报工匠及执事人等，讯即取消罢工情事”、“凡提倡罢工及有意损坏铁路妨碍军事行动者，归战时军法法庭裁判，处于枪毙之罪”，并设立中东铁路司令及临时军事法庭审判罢工人员。但因为北京政府抗议，很快撤销以上措施。1918年10月1日，吉林省中东铁路警备司令陶祥贵出示布告，抗议捷克军团司令盖达非法指定其部下喀特列次上校为中东铁路护路军司令。而借道中东铁路的捷克军团，在中俄边境遇到重重困难，据记载：“此次赤军由满站冒险进攻，倘不能与伊城赤军联络一气，转瞬天寒，势将坐毙。”中东铁路督办所傅疆在会晤哈尔滨捷克军团司令时，其表示非常期盼协约国军队调兵前往满洲里站，共同援助他们，否则孤军深入，情况悲观。傅疆主张此时是中国尽参战义务最好时机，他给省督军的事函非常急迫地说：“倘能由我政府提议引起联军誓师东指，则赤军既无后顾之忧，而于我防关系亦非浅显。可否转商督军会电中央商议进止，东亚危机千钧一发，刍尧之献无任主臣。”

美国和日本都想控制西伯利亚铁路，但是在俄国远东的美、日军队同俄政府军作战均遭到挫折，协约国不想太多顾及伏尔加河沿岸和乌拉尔地区的军事行动。此时一战还没有结束，英法的军队还在欧洲同德奥死拼，何况英国推行利益均沾。在西伯利亚的外国干涉军主要是美日军队，仅仅起到协助作用，没有同政府军大打。协约国鼓动捷克军团和白军同俄国血战、火中取栗的做法，使得滞留在伏尔加河沿岸的捷克军团受到重大损失。

⊙ 邓尼金的“南俄联军”和哥萨克

在当时俄国混乱的形势下，捷克军团的志愿兵是勇敢和可靠的，当白军乱糟糟地涌入西伯利亚时，他们是唯一一支能保持礼仪和文明的军队。恰如在麦克格劳·希尔（McGraw Hill）于1978年出版的《午夜战争》一书中所描述的那样："那里只有捷克人控制的战线是有同情、帮助和秩序的，捷克军团的指挥官都能认真地去裁定当地的争端……该军团接受避难者、修女、牧师、给婴孩喂奶的母亲，这些人都可以在该军团的先头部队中找到避难所。"

1919年的激战

政府军游击队的活动从1919年春末就开始了，到了年底已经十分活跃。最激烈的遭遇战发生在从马林斯克到下乌金斯克之间的区域，在这些地方茂密的针叶林最深处，捷克军团要面对从数百人到7000人不等的游击队。1919年5月，整个第3捷克师不得不从下乌金斯克紧急出动，向南追击几股规模较大的游击队，一直追到了蒙古边境。在这几个月里，捷克军团除了作战以外，还要搜集情报，对前线瞬息万变的状况进行监视，而且在这样广阔的战区，维持交通线路和电报通信的畅通也是十分重要的工作。克莱灿达上尉隶属于捷克军团情报机关的地图绘制部门，他绘制了西伯利亚战线详细的地图。安东宁·诺沃提尼上尉负责战地邮局，为捷克军团及盟友在各地驻军之间，甚至与祖国之间传递信件和包裹。捷克军团还出版了报纸，譬如《捷克日报》和《斯洛伐克之声》，散发到每名官兵手中。

1919年，决定俄罗斯命运走向的决战开始了。开春之后，白军全线发起"春季攻势"。邓尼金整合的"南俄联军"在顿河哥萨克克拉斯诺夫的支持下攻下沃罗涅日和库尔斯克，托洛茨基被迫将最精锐的东方方面军调往南方；高尔察克借着这个机会派出汉任将军指挥的西方集团军5万人向着乌法、萨马拉方向突击，意图是突破政府军第5集团军的1.2万名守军，随后直捣莫斯科；作为这个主要突击的策应，以捷克军团为主

⊙ 1919年的红军官兵

⊙ 捷克军团士兵合影，拍摄于1919年，可见一些典型装备：M1891莫辛—纳甘步枪及三棱刺刀，斜挎的皮质子弹带、望远镜、德制长柄手榴弹等

力的西伯利亚军约5万人在盖达将军的指挥下，向伊热夫斯克、喀山方向反击，进攻政府军的第2、第3集团军（总兵力4.2万人）。在协约国干涉军的物资支持下（高尔察克对手下说弹药随便用），决战的一开始，各路白军势如破竹。

3月14日，高尔察克的西方集团军占领乌法，随后攻占了比尔斯克、布古利马和布古鲁斯兰，在一个月内，已经推进到谢尔吉耶夫斯克，威胁到萨马拉。西伯利亚军也相继攻占了奥汉斯克、奥萨、萨拉普尔和伊热夫斯克。在西伯利亚军的南面，高尔察克的南方集群和以哥萨克为主的奥伦堡集团军、乌拉尔斯克集团军已经迫使政府军的第1集团军和土耳其斯坦集团军放弃了战略据点奥尔斯克和阿尔久宾斯克，后撤至伏尔加河流域。同时，英美干涉军还在阿尔汉格尔斯克附近发起了一场象征性的进攻，但他们在付出了伤亡600多人的代价之后，就停滞不前。

虽然在第一个月内节节败退，政府军却在积蓄力量，4月，政府军东方方面军重新集结了14万人的兵力，拥有机枪2455挺、火炮511门，已经在兵员数量和武器火力方面都超过了来袭的白军，能在短时间内集结这么大规模的兵力，有赖于红军指挥官托洛茨基卓越的组织调度。从4月28日到6月20日，红军分别发动了布古鲁斯兰、别列别伊和乌法三场反攻战役，目的是从南线侧翼包抄白军，虽然最终红军的战略目的没有实现，但也通过反攻重创了高尔察克的主力部队，红军一路前进了350—450公里，逼近了乌拉尔山麓，重新夺回了战略主动权。

但也是在4月，邓尼金的“南俄联军”由第聂伯河流域向着政府军在伏尔加河下游的防线全线进攻，其中克拉斯诺夫的顿河哥萨克占据着伏尔加河和顿河之间的政府军东部防区，处于守势。邓尼金则率主力沿着政府军的中部和西部防区猛烈进攻，先后占领了哈尔科夫和诺夫哥罗德。邓尼金发掘的杰出骑兵指挥官弗兰格尔也指挥高加索集团军大力推进，为了早日同高尔察克会师，他率部在6月17日攻下了察里津这座曾经在上一年三次挡住克拉斯诺夫骑兵的政府军名城。6月20日，邓尼金下达了著名的“挺近莫斯科”的命令。趁着政府军往南线集中部队的机会，邓尼金率主力扑向虚弱的中西部防线。8月30

日，他占领了基辅和乌克兰大部，随后攻击政府军最薄弱的中部防区，朝着沃罗涅日和库尔斯克迅速推进，直逼莫斯科。10月13日，邓尼金的部将马耶夫斯基的部队占领了奥廖尔，距离莫斯科只剩下400公里。这时候，托洛茨基开始在中央防区集结预备队，将已经攻到了图拉，几乎就要打入莫斯科的邓尼金部挡住。与此同时，另一位由协约国武装的白军将领尤登尼奇率领一支2万人的部队，从爱沙尼亚起兵，也进攻到了圣彼得堡郊区。白军达到了军事全盛期。

然而，各路白军的攻势也都到了强弩之末，无论是高尔察克还是邓尼金、弗兰格尔和尤登尼奇，都没有真正意义上的后方，所以即便有列强支持，战线过长的时候，后勤供应也难以及时，只能靠一路抢劫来获得粮秣，这败坏了白军的名誉，涣散了军纪。邓尼金后来回忆说："南方的军队避免不了普遍的社会弊病，他们对犹太人的集体迫害玷污了志愿军的声誉。在仇恨的气氛中，内心的仇恨也越来越严重。集体迫害使犹太人蒙受了痛苦，但也影响了军队的士气，扭曲了他们的心灵，破坏了军纪。"弗兰格尔也认为："志愿军因为抢劫和暴行丧失了名誉，我们最终因此失去了一切，甚至不能试图沿着同样的道路、打着同样的旗帜再进一次军。"在莫斯科前进缓慢的时候，本来就是毫不相干的各路白军又开始各自为战。所以当托洛茨基又一次以惊人的效率组织的东方方面军预备队于10月下旬逐步就位，开始发动全线反击时，邓尼金的部队很快就抵挡不住了，土崩瓦解了。11月，政府军开始朝哈尔科夫、基辅和波尔塔瓦前进，于12月17日收复了基辅，将4万名"南俄联军"驱赶到了他们的老巢——克里米亚半岛。邓尼金也在惨败之中下野，将南俄联军交给弗兰格尔指挥，后者继续负隅顽抗了一年。

乌拉尔方向，早在8月20日，红军东方方面军以第3和第5两个集团军向撤退中的高尔察克部队发起追击。9月2日，高尔察克的预备队也到达了战场，他计划通过围歼已经渡过托博尔河的红军第5集团军来重新取得战略主动权。此时高

⊙ 托博尔河战役中的捷克军团骑兵和步兵，在这个关键战役中，捷克军团采取明哲保身的态度

⊙ 米哈伊尔·尼古拉耶维奇·图哈切夫斯基（1893—1937），著名军事家，最早的五个元帅之一

尔察克麾下的第1和第2集团军分别在捷克军团的盖达将军和沃伊切霍夫斯基将军（Sergei Nikolacvich Voichekhovskiy）指挥下自北而下，与从南方挺近的萨罗夫将军（K.V.Sakharov）指挥的第3集团军形成夹击之势，意图围歼红军第5集团军。但此时指挥红军第5集团军的是一颗冉冉升起的将星，出身军事贵族家庭的图哈切夫斯基将军（Mikhail Nikolacvich Tuhachevskiy）。这位英勇善战的“政府军拿破仑”在敌方优势兵力面前显示了高超的指挥能力，他依托河流、湖间堤路等有利地形设置防线，并适时进行反突击，成功消耗了白军的兵力，脱离了包围圈，并撤回托博尔河。进入10月之后，红军在补充兵力和物资之后，利用强大的预备队，集中优势兵力，在游击队的协助下进行反击，于托博尔斯克击溃了高尔察克军。在战斗中，白军损失了将近一半的兵力，而且由于全俄临时政府在西伯利亚的横征暴敛，这些损失几乎是不可能补充的。有捷克军团士兵对这次惨败回忆说“红军从四面八方攻击，‘乌拉’喊声震天，高尔察克的士兵很快就溃散了，任凭军官挥舞着马鞭和手枪驱赶他们重新回到战壕……到处都是刺眼的颜色，哥萨克的黑色军服、红军骑兵明晃晃的马刀，还有四处流淌的鲜血……惨叫声、机枪的哒哒声和马刀砍到人身上清脆的开裂声此起彼伏，让人窒息……我们且战且退，感谢全能的上帝保佑，才离开了那个屠宰场。”

在托博尔河战役中，捷克军团采取明哲保身的态度，大部分官兵拒绝替高尔察克卖命，所以在战斗中，只能派遣他们去守卫铁路。因为在捷克斯洛伐克在布拉格建国（1918年10月28日）之后，他们又被强留在俄国接近一年，大多数官兵的战斗热忱已经急剧下降，厌战和渴望回到家乡的情绪弥漫。同时，对给他们诸多承诺却拒绝跟他们一起上前线的协约国干涉军感到极端失望。最关键是高尔察克在夺取属于社会革命党人的政权、成立独裁政府之后，明确拒绝过捷克军团回国的请求，这对捷克军团的士气是重大打击。对于军团的军官来说，还担心政府军的政治思想攻势，担心如果再不回国，他们的士兵就要被敌方拉过去了。协约国内部在对捷克军团问题上也意见不一，法国想促成东西两部分捷克

⊙ 1919 年 11 月，各国宪兵在海参崴的合照

军团汇合，而英国逐渐对捷克军团失去信心，认为其他们不会在俄国长久作战，转向加大力度扶植高尔察克。美国和日本则将主要精力放在争夺西伯利亚铁路控制权上。

在白军春季攻势失败后，停留在西伯利亚地区的捷克军团，也陆续向西伯利亚大铁路的终点——太平洋东岸的海参崴撤退。早在 1919 年 4 月 13 日，(协约国) 联军第六十一次军事运输会议记载：“日代表谓，据目下情形之扰乱及捷克撤兵问题之重要，余决计于明日派一参谋官至双城子直接向宋支队长交涉之。”俄国远东双城子至五站间的铁路归中国军队保护，撤退中的捷克军团对保护此段铁路的中国军队高度赞扬：“只知自既拉里索至双城子间之行车极为妥稳，他则未有所闻。”1919 年 4 月 28 日，联军第六十三次军事运输会议记载：“捷克代表谓，捷克军在西方除人员外，尚有军械、器具、服装等项颇多，尽数须用车四百辆，而近时中东路空车缺乏，拟将在海参崴空车每月开一列至哈尔滨，专为捷克军之运输。捷克代表之要求，经全体通过。”此时的捷克军团已经全力后撤，再也没有 1918 年春天的气势了。

⊙ 1919 年，沿西伯利亚大铁路撤军中的捷克军团士兵

撤退途中，高尔察克终于撤换了他的大部分指挥官，盖达也被解职，然而为时已晚。秋天，白色政权首都鄂木斯克已经在政府军大踏步进军之下

⊙ 1919 年，捷克军团的运兵列车

摇摇欲坠，形势十分危急，陷落只是时间问题。最后，1919 年 10 月，经过与其他协约国协商一致，马萨里克总统下令捷克军团全部撤回祖国（英军于当年 11 月撤走；美军于 1920 年 4 月撤离；除了日本，其余协约国军队都在这个期间全部撤出，日本直到 1922 年 10 月才全部撤军）。

盖达将军由于遭到免职而愤愤不平，再加上或许他还有想成为俄国新拿破仑的野心，1919 年 11 月 17 日，他在海参崴发动了一次政变，想夺取白军最高指挥权。但高尔察克委任的军事长官罗扎诺夫将军轻松地平息了这次叛乱，并且把盖达遣送回了捷克军团的归国队伍（他回国后在 20 世纪 20 年代担任陆军的一名军长，30 年代在布拉格担任政府高级官员）。

1920 年，归国

白色政权撤退到西伯利亚已成定局：1919 年 11 月 14 日，高尔察克放弃了他的首都鄂木斯克，白军开始了悲惨的、最终演变成灾难的冬季大撤退。高尔察克带着数十万军民和剩下的沙俄黄金储备，乘坐列车，冒着零下 40~50 摄氏度的严寒，沿着西伯利亚铁路向东撤退。撤退的队伍中除了 35 万军队之外，还有数以万计的贵族家眷、教士修女、学者、商人以及惧怕政府的普通市民，这些人开始时主要利用横贯西伯利亚的大铁路移动。但是在铁路时断时续的情况下，也利用马车、雪橇等一切交通手段，乃至于步行，在大雪的围困中艰难跋涉。在撤退的时候，高尔察克的黄金在严密的保护下，被装到长达 40 节的列车车厢中，由另外 12 节的武装人员押送。无论是热南将军还是捷克军团的盖达将军都对这笔巨大的财富垂涎欲滴，热南将军曾经对高尔察克连哄带骗，试图逼迫高尔察克将黄金交给他来掌握。但高尔察克的回答是，宁肯把黄金交给政府也不会交给协约国，因为至少那样黄金还在俄国人手里。从鄂木斯克到伊尔库茨克的撤退途中，疾病、疲惫和饥饿不断地袭击着高尔察克的白军，再加上政府军游击队的袭击，他们的伤亡极为惨重。

由于已经失去对局面的掌控，高尔察克于1920年1月4日在他的火车上辞去了“全俄最高执政”，当第6捷克步兵团护送着高尔察克及他的政府班子，还有黄金列车准备撤退到伊尔库茨克时，发现他们的退路已经被切断了。因为目的地伊尔库茨克发生了暴动，社会革命党和孟什维克的组织“政治中心”（Politicheskim Chentrom）掌握了当地政权，而且捷克军团和高尔察克继续东行的铁路线也因为工人罢工被阻断了。当时，列车已经到了下乌金斯克（Nizhneudinsk）车站，在名义上的协约国最高统帅法国人莫里斯·热南将军和前线总指挥西罗维将军的授意下，第6捷克步兵团将黄金列车夺了下来，高尔察克等人也被软禁起来。

捷克军团银行门口的主题浮雕，反映的是历经千辛万苦的捷克军团官兵

驻海参崴的捷克国民议会分部为了确保军团的所有成员安全地撤离，指示第6捷克步兵团去和“政治中心”协商，因为协约国方面和“政治中心”已经经过商议，政治中心声称代表3万名武装工人拒绝海军上将通过，而且提出要求——捷克军团必须将高尔察克本人和随员连同黄金一起交给他们，作为交换，可以允许捷克军团顺利通过伊尔库茨克地区以及至关重要的贝加尔铁路隧道。关于当时有多少黄金，众说纷纭，常见的一种说法是高尔察克的列车中有8节装着黄金，捷克军团只把其中的7节交给了政治中心，自己留下一车皮黄金作为租船回欧洲的费用。捷克军团归国后，用剩余的黄金开办了“军团银行”（Legionarska banka），以抚恤老兵。1945年5月，俄军接管并关闭了这家银行，将其所有的资产运回俄国，军团银行大楼也改作了捷克斯洛伐克对外出口银行。

高尔察克之死

1920年1月15日，捷克军团答应了协约国和“政治中心”的要求，同一天，高尔察克的列车正从下乌金斯克走到伊尔库茨克的郊外，他和部长会议主席佩佩利亚耶夫连同黄金一起被捷克人移交给了“政治中心”的代表，高

⊙ 身穿西伯利亚式皮大衣的捷克军团士兵，照片拍摄于1920年的海参崴，捷克军团准备归国时期

尔察克等人随即被投入当地监狱。有第6步兵团老兵回忆说（在移交给“政治中心”的时候）：“高尔察克好像一下子老了很多，犀利的光从他的眼睛中消失了，现在他是个沉默、消瘦而又衰老的人，已经筋疲力尽了……”

1920年1月21日，随着政府军的逼近，“政治中心”把伊尔库茨克的权力连同高尔察克和黄金一起交给了当地的政府委员会。这时候，弗拉基米尔·卡普佩尔将军也率领白军残部接近了伊尔库茨克，在他于1月26日因为严重冻伤病故之前，指示继任的是曾经指挥过捷克军团的沃伊切霍夫斯基将军，希望他率领队伍进攻伊尔库茨克，解救高尔察克。但1920年2月7日凌晨4点，海军上将高尔察克连同佩佩利亚耶夫一起被带到乌沙科夫河冰冻的河面上，在那里被行刑队枪杀，他们的遗体被扔入河上凿出的十字架形状的冰窟窿中。

实际上，当时除了第6捷克步兵团，还有哈谢克少校指挥的第1“暴风”突击营1300名精锐，装甲列车“小鹰”号（Orlik）和8门野战炮也都在附近。如果选择战斗的话，这些兵力攻入伊尔库茨克，解决掉政治中心的民兵救出高尔察克没有任何问题。捷克军团官兵已经对俄国政治感到由衷地厌恶，但盟友之间的信任，使得热南和西罗维有道德上的义务去保护高尔察克，这个污点还会继续留在捷克军团光辉的荣誉簿上。

截至1920年3月1日，所有运送捷克军团的火车都已经离开了伊尔库茨克地区向东驶去，但直到9月2日，最后一艘运输船才从俄国起航，踏上回家的漫漫旅程。总共有67730人被疏散，包括56459名军人和11271名平民（有1600名捷克军团官兵同当地女子结婚），一共用了42艘运输船，除此之外，也有不

⊙ 1920年，捷克军团分批乘船归国

⊙ 借道日本归国的捷克军团官兵和当地人合影

少人通过中国、朝鲜、日本等地辗转回国。就这样，捷克军团走了，后面留下 4112 座坟墓。古斯塔夫·贝奇瓦尔中尉，一位第 6“哈娜茨基”步兵团的团部副官，总结了军团在西伯利亚的经历：“捷克军团成员之间的兄弟情谊是一个真正的奇迹。没有什么可以动摇军团官兵对自己和对他兄弟们的信心。因此，我们才能在俄国的心脏中坚定不移，在为所有实际目标奋斗的过程中，保持不变的原则。”①

六、捷克军团的轻武器

手枪

第一次世界大战期间，俄罗斯的轻武器状况是极端混乱的，这是因为工业落后，再加上沙俄帝国总参谋部的计划不当，对于武装力量的快速扩充没有准备足够的武器。沙

① 《好兵帅克》的作者、著名捷克作家雅洛斯拉夫·哈谢克是一个反例，他作为奥匈军人于 1915 年 9 月被俄军俘虏。在俄国战俘营中，他度过了一段相对较为轻松的时光，因为他被指派给战俘营的长官做秘书。在 1916 年，他被允许离开战俘营，以宣传者的身份加入新成立的捷克军团。但 1917 年俄国革命以后，他作为政府军的一员留在俄国。哈谢克加入了俄国政府军并且成为一个团政委。

⊙ 奥匈 M98 8 毫米左轮手枪

俄的兵工厂满足于生产大量落后的老旧武器，而新锐武器则全靠从外国购买，另外还有很多从德国、奥匈和土耳其缴获的轻武器，口径混杂，对后勤是很大考验。但在沙俄庞大军队中服役的士兵们，更偏爱这些外国武器。

手枪在第一次世界大战这种大规模战争中没有扮演一种重要的战术角色，传统上只是作为军官地位和权力的象征而携带，捷克军团的军官们对手枪只是表现了一种自然的喜爱。他们使用的手枪主要有：

M98 8 毫米左轮手枪。这是一种具有 8 发弹巢的双动结构的左轮手枪，也是奥匈帝国军队在 1898 年采用的一种老式左轮手枪。使用的 8 毫米手枪弹是弹头重 7.78 克的全金属被甲弹（FMJ），枪口初速为每秒 228.6 米，这种左轮手枪和著名的 8 毫米史密斯・韦森（点 32 S&W）手枪属于同一个级别。M98 左轮手枪在奥匈军中非常流行，从基层到高级军官都有装备。

M07 8 毫米半自动手枪。这是一种于 1907 年奥匈帝国军队（当时是第一个大量装备半自动手枪的列强）大规模装备的半自动手枪，由捷克工程师卡雷尔・卡恩卡（Karel Krnka）设计。它具有许多独特之处：首先是套筒和套筒座与众不同，套筒的前部呈中空的套管，包住了枪管，在靠近枪管弹

⊙ 奥匈军中的少数民族部队，注意中间的军官手持的正是 M98 左轮手枪

膛部位的套管内还有开槽；枪管上有 4 个凸笋，其中 2 个靠近枪口部位，2 个靠近弹膛部位，前部的凸笋沿套管座内的螺旋槽运动，从而控制枪管后部的凸笋与套筒之间的开锁和闭锁。发射后，套管和枪管一起后退，在后退约 12.7 毫米时，枪口部的凸笋进入螺旋槽，迫使枪管旋转，枪管的旋转又使其后部的 2 个凸笋脱开与套筒的啮合（即开锁），并使套筒可以继续向后运动，从而抽出并抛出空弹壳。当套筒在复进簧的作用下向前复进时，从弹匣中推出一发新枪弹，并送入弹膛，接着又使枪管前进和旋转，从而使枪管与套筒相闭锁。该枪还采用一种独一无二的“半双动式”扳机机构，专门为奥匈帝国军中的精锐——山地部队而设计，握把内有一个 10 发容量的弹匣，但这个弹匣是固定的，往这个弹匣里面装弹的时候，可以用装弹器（就是专用弹夹）。M07 采用的子弹是弹头重 7.39 克的 FMJ 手枪弹，枪口初速达到每秒 318.52 米。

⊙ 奥匈 M07 8 毫米半自动手枪

M12 9 毫米半自动手枪。可以说是当时奥匈帝国最好的军用手枪，该枪往复运动的套筒通过枪管上的 2 个凸笋完成枪管和枪机（套筒）的开锁和闭锁；枪管被套筒座控制，通过枪管下面的一个凸笋啮合在套筒座上的一个螺旋槽中，枪管向后或者向前运动的短距离中会迫使枪管产生旋转运动。当发射后，枪管和套筒一起后座，枪管下面的凸笋在套筒座螺旋槽的作用下被迫产生旋转，从而使枪开锁；套筒继续向后运动至后方位置，并抽出和抛出空弹壳。弹头在枪管内膛线缠绕的作用下也产生旋转运动，并且一边旋转一边向前运动，此时枪管和套筒保持闭锁状态，直到弹头离开枪管为止。M12 手枪和 M07 手枪一样，弹匣也是固定在握把中，也是要通过装弹器往弹匣里面装弹。M12 9 毫米手枪采用无突缘弹壳、弹头重 7.52 克的 FMJ 手枪弹，枪口初速为每秒 339.85 米。

⊙ 奥匈 M07 半自动手枪及装弹器

在重新武装之后，捷克军团装备了一批俄罗斯制造的手枪，如由比利时工业家莱昂·纳甘研发的 7.62 毫米 M1895 纳甘左轮手枪，因为能容纳 7 颗子弹，在中国俗称“七音子”手枪。这是沙俄帝国的制式随身武器，采用双动结构。这种手枪以左轮手枪中独一

⊙ 奥匈 M12 9 毫米半自动手枪及子弹

⊙ 奥匈 M12 半自动手枪上子弹的方式

⊙ 手持 M12 半自动手枪的奥匈军人（照片最左侧）

无二的气体密封式转轮系统而出名：当击锤处于待发位置时，转轮移动向前，使得特殊枪弹的弹头插入枪管的受力锥面（枪管后部具有一个短小的圆锥形部分，这是用来对应弹药顶部的缺口，以完成气密式的作用），发射时枪弹弹壳膨胀，形成了一种气体的密封状态，这种气体密封系统可以增加约 10% 的枪口初速，是一种很有用的改进措施。但在重新装填时枪手需要手动把弹壳逐一退出，并将新的子弹透过装填口逐一加载在弹巢的各个膛室里，这种装填方式会显得比较费力和费时。这种 M1895 “纳甘” 左轮手枪在俄罗斯军队中的使用非常广泛，一直服役到 1945 年，使用的是一种弹头重 7 克的 FMJ 特殊手枪弹（弹头是位于弹壳里面的，而弹壳顶部的缺口的直径亦略有减少），枪口初速达到每秒 289.56 米。

M1871、M1872、M1880 左轮手枪是 19 世纪 70 年代俄罗斯采用的制式手枪，这三种手枪在第一次世界大战的时候仍然在大量使用，捷克军团在创建的时候也装备了若干这三种左轮手枪。这三种手枪都是 6 发弹巢的转轮以及单动式结构的，口径都为 11.18 毫米，

⊙ 俄罗斯 7.62 毫米 M1895 纳甘左轮手枪

⊙ M1895 纳甘左轮手枪弹巢部位特写

⊙ “气体密封式转轮系统” 示意图

使用弹头重 11.82 克，发射药为 1.49 克的黑火药，枪口初速每秒 213.36 米。这些重量大、发射时还会冒出浓烟的手枪在捷克军团并不受欢迎，军官们尽可能地把它们替换成更轻和更现代化的手枪。

捷克军团还得到了一些德国手枪，如著名的鲁格 P08 9 毫米手枪，这是在当时所有德国手枪中最出名的，是当时德意志第二帝国军队的制式随身武器。这种外观漂亮、制作精密的手枪采用了一种肘节式闭锁系统，发射在历史上最为成功、产量最大的手枪弹——9 毫米 FMJ 弹，弹头重 7.97 克，枪口初速接近每秒 350 米。捷克军团的少量鲁格 P08 常常是被有幸拥有它的人珍藏起来。

毛瑟 C96 7.63 毫米半自动手枪，即在中国为人熟知的“驳壳枪”“盒子炮”或“匣子枪”（因为枪套是木制的盒子），从 1905 年开始，有相当数量的毛瑟 C96 手枪被卖给了俄罗斯人，而且俄军还在与德军的战斗中缴获了一些这种手枪。C96 是一种在商业上取得成功的半自动手枪，在沙俄军官中使用非常普遍，随后也被捷克军团大量装备。毛瑟 C96 采用闭锁式的枪机设计，值得注意的是有 10 发枪弹的容量、弹匣装入扳机护圈的前方和极富特色的握把。某些在德国流行的 C96 手枪采用 9 毫米口

M1895 纳甘左轮手枪及子弹。注意其特殊的子弹，有别于一般的子弹，其 7.62 毫米 ×38 毫米的弹头是位于弹壳里面的

纳甘左轮手枪的气体密封式设计表明了它与其他左轮手枪不同，并能够有效地加装抑制器以作消声射击。二战期间，少量加装了抑制器的纳甘左轮手枪被苏联的侦察部队所采用。就像许多带消声器的外国武器一样（如英国斯登冲锋枪），少量从苏军缴获的纳甘左轮手枪亦被纳粹德军所使用。而在越南战争期间，一些在秘密作坊内改装的消声呐甘左轮手枪装备了越南南方民族解放阵线（越共），并被他们用来暗杀美军

M1871 左轮手枪

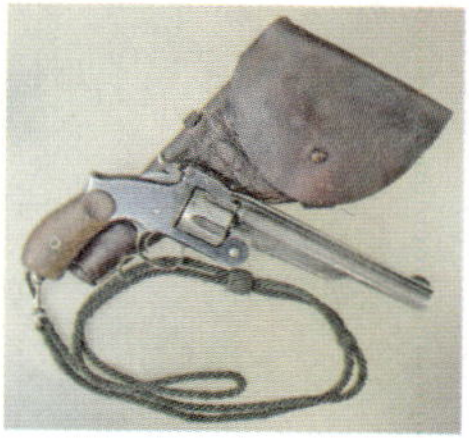

M1872 左轮手枪

M1880 左轮手枪

⊙ 精致的德国鲁格 P08 9 毫米手枪

径，而俄罗斯人用的 C96 手枪则采用了 7.63 毫米口径枪弹，这是一种底缘无突缘的瓶颈式、弹头重 5.57 克的 FMJ 枪弹，初速为每秒 434.34 米。

步枪

出人意料的是，沙俄军队步枪的装备状况比手枪要差得多。随着战争的爆发，俄国当时有约 460 万支可用的步枪，但是在战争的第一年就要去武装大约 500 万军队，战场上的平均损耗是每个月 20 万支步枪，而且生产也远不能满足需要。手无寸铁的士兵被送往战场，军官们命令他们从死去的战友身上捡起武器，或者从敌人那里缴获武器来使用，这种捉襟见肘的形势迫使俄国从前所未有的广泛渠道去购买武器。直到 1917 年，俄国已经从英国、法国、意大利、日本和美国得到了超过 250 万支新式和老式步枪，另外还从德国、奥匈和土耳其军队那里缴获了 75 万支步枪。弹药、备用零件的生产和武器的维修是以令人难以想象的速度，昼夜不停地进行的。

与手枪的情况一样，捷克军团最初装备的是老式和缴获的步枪，主要来自奥匈军队，还有一些步枪是捷克军团在乌克兰前线的早期战斗中从德奥军队缴获的。

斯太尔—曼利彻尔 M95 8 毫米步枪。这是第一次世界大战期间奥匈军队的制式步枪，也经过了 20 年的发展，在设计上已经达到了该型步枪的顶点。采用了旋转后拉式枪机，枪机分为机头和机体两部分，机体上连着拉机柄，机头内有击针机构，并与保险杆相连，机头前部具有 2 个闭锁突笋，还装有一个拉壳钩；机头杆上的螺旋槽与机体内部的凸起相配合，在拉动枪机向后时，先使机头旋转 90 度并开锁，再退回后方。带有 5 发枪

⊙ 一战德军士兵使用鲁格 P08 手枪的照片。注意其为长管炮兵型

弹的弹夹可以插入并保留在弹仓内，直到最后一发枪弹送入弹膛后，弹夹会从弹仓底部的孔洞中掉出。

捷克军团还使用了大量的M95系列的短步枪（卡宾枪）。M95系列步枪/卡宾枪发射M93 8毫米全金属被甲弹（FMJ），瓶颈式具有弹底突缘的弹壳前端装有重1.58克的尖头FMJ弹头，弹头的初速适中，达到每秒610.67米。

⊙ 分解状态的鲁格P08。注意其小零件比较多，这也是该枪在恶劣环境中可靠性不佳的原因

⊙ 鲁格P08手枪及子弹，这种9毫米FMJ弹是历史上使用最广泛的手枪弹

曼利彻尔M88/90 8毫米步枪。这是一种早期的曼利彻尔（Mannlicher）设计，枪机也由机头和机体两部分组成，当推动枪机向前时，枪机上两侧带有斜面的突条铰接在机体上的一个楔子后部，在机匣上凸肩的作用下，突条迫使楔子向下，从而使枪机闭锁到位。当拉动拉机柄向后时，突条又迫使闭锁楔向上，从而使枪机开锁，并允许枪机向后运动，抽出和抛出空弹壳。当进行快速的操作时，该步枪的枪机就不如后来的M95那样坚实了。该步枪具有一个5发容量的可以用弹夹进行装填的弹仓，与M95系列步枪的相似，通常采用M93 8毫米枪弹，但M88/90步枪还可以使用一种弹体稍长一点的枪弹。

毛瑟M98 7.92毫米步枪。捷克军团还获得了少量的德国毛瑟M98步枪，这种步枪发射7.92毫米枪弹，由57毫米长的无弹底缘瓶颈式弹壳以及重9.98克的FMJ弹头组成，枪口初速达到每秒635.51米。虽然捷克军团只有少量这种步枪，但是没想到这种枪后来竟然成了新捷克斯洛伐克共和国军队的制式步枪。

瑟C96 7.63毫米手枪

⊙ 毛瑟C96 7.63毫米手枪机匣部分特写

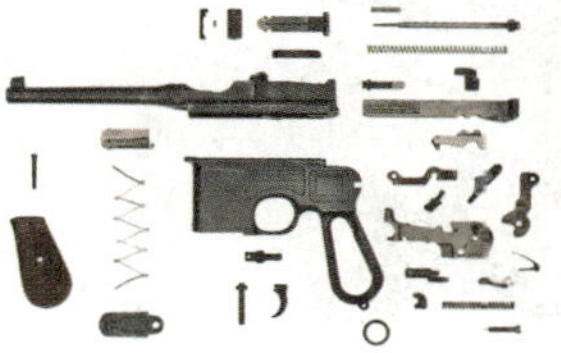

⊙ 分解状态的毛瑟C96 7.63毫米手枪，可见其零件非常多

⊙ 全套毛瑟C96 7.63毫米手枪，有标志性的木盒

⊙ 一战期间，德意志帝国陆军向毛瑟购买了150，000把9毫米 × 19毫米口径C96衍生型，但至一战结束前只完成了约137，000把。与作为制式手枪的鲁格P08作搭配，为了避免士兵误用7.63毫米弹药，这种9毫米口径的C96在木制握把刻印了一个红色的“9”字作记号，因此名为“Red 9”，图中即为这种型号，注意上子弹的方式

当捷克军团向东移动并且缴获武器的弹药供应变得不足时，他们的曼利彻尔和毛瑟步枪就被俄国步枪所替代。

M1891 7.62毫米步枪。这是第一次世界大战中俄国主要使用的步枪，通常称为“M1891莫辛—纳甘步枪”，口径为7.62毫米（点30英寸）；具有直线握把型枪托，椭圆形枪托底版，长前护木和长达812.8毫米的枪管，以及枪弹单排排列的弹仓。M1891的外形奇特，枪身很重，如果加上任何时候都插在枪上的长457.2毫米的刺刀，全枪看上去比较长。M1891步枪的枪机上具有一个比较短的直线形拉机柄，进入“保险”状态是通过扳起和旋转位于机匣后部的手动保险来达到的。M1891的操作比较烦琐，尽管制造和维修相对比较简单，主要是在设计时考虑到俄国有限的工业能力以及一支由未受过教育的、被迫入伍的农民为主体的军队。该枪采用M1908带弹底突缘的枪弹，弹头重9.35克，初速达到每秒807.72米。

俄国还发展了3种莫辛的专用型号：M1891哥萨克步枪，M1891龙骑兵步枪和M1907卡宾枪。前两种通过其稍短的枪管和保持弹性的枪管箍就可以识别。而卡宾枪的枪管只有

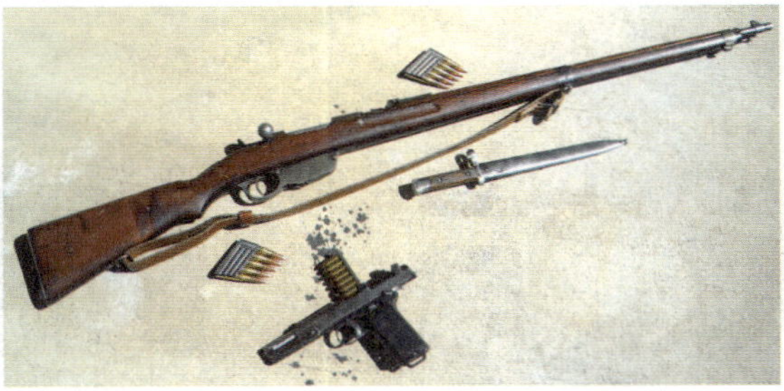

⊙ 斯太尔—曼利彻尔M95 8毫米步枪及刺刀。图中下方是M12 9毫米半自动手枪，这是一战奥匈军队的两种主要枪械

⊙ 斯太尔—曼利彻尔M95 8毫米步枪的尖头子弹。注意5发的弹夹

508毫米长，是供正规的骑兵使用的，制造数量十分有限。

哥萨克步枪和卡宾枪不安装刺刀，由三家俄罗斯国家兵工厂进行制造，分别是图拉（Tula）、伊热夫斯克（Lzhevsk）和谢斯特洛列茨克(Sestroretsk)。位于夏特罗（Chatellerault）的法国兵工厂在1900年以前也生产此种枪支，而在第一次世界大战期间该兵工厂与美国雷明顿军械公司和新英格兰的“西屋（Westinghouse，又译为威斯汀豪斯）”签订了合同，继续生产这类步枪。

当战争进行时，俄国本国的M1891步枪生产量极大地增长，虽然还是没有满足全部需要。但是在捷克军团艰苦地跋涉和横跨西伯利亚期间，莫辛—纳甘步枪已经成了军团使用最广泛的步枪，而且这些步枪的表现非常不错，赢得了在严寒的北极条件下极耐用和可靠的名声。

⊙ 捷克军团士兵使用斯太尔—曼利彻尔M95步枪的战场照片。注意左侧的士兵使用的是M95步枪，右侧士兵使用的是M95卡宾枪，二人的毛皮大衣是在寒冷的西伯利亚必不可少的装备

伯尔丹M1870 10.67毫米步枪。捷克军团采用M1870步枪去武装其后备支援部队，这种老式的栓动步枪是由美国人希兰姆·伯尔丹（Hiram Berdan）设计研发的，俄国军队在1870年采用。该枪使用M1868 10.67毫米枪弹，是带弹底突缘的瓶颈式弹壳，装有4.99克黑火药、重23.98的铅弹头，弹头初速为每秒442米。在第一次世界大战和俄国内战时，还可以看到有些伯尔丹步枪已经转变为采用另外口径（7.62毫米）的枪弹。

⊙ 曼利彻尔M88/90 8毫米步枪

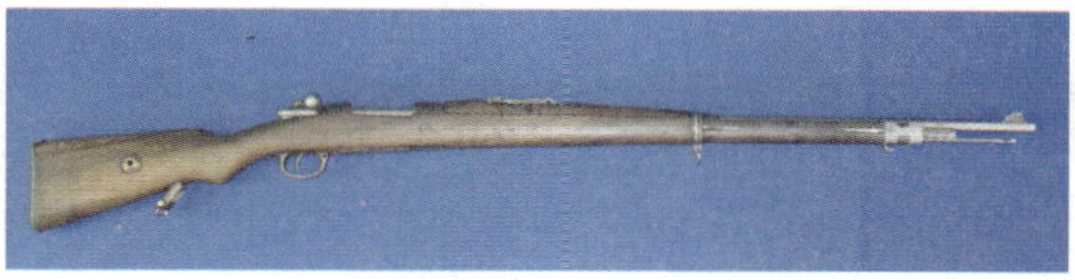

⊙ 日后新捷克斯洛伐克共和国军队的制式步枪M98/22步枪。由毛瑟M98发展而来

温彻斯特M1915 7.62毫米步枪。1915年俄国从美国温彻斯特公司购买了30万支M1895“旧式军用步枪”，为了能使这种老杠杆

⊙ 芬兰军队使用的 M1891 莫辛—纳甘步枪及刺刀和弹药

⊙（明治）30 年式 6.5 毫米步枪

⊙ M1891 莫辛—纳甘步枪

⊙ 法国福锡尔 M1907/15 8 毫米步枪

⊙ 温彻斯特 M1915 7.62 毫米步枪

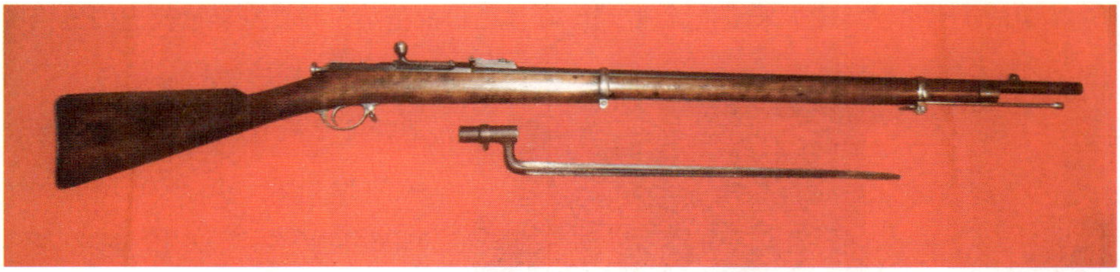

⊙ 伯尔丹 M1870 10.67 毫米步枪及刺刀

⊙（明治）38 年式步枪，因栓机上的防尘盖，得名“三八大盖”

⊙ 列队行军中的捷克军团纵队，从刺刀来看，其使用的步枪是M1891莫辛—纳甘步枪

式步枪使用莫辛—纳甘的装弹器，特别在此种步枪的机匣上焊接了导引槽，并且安装了一把较长的刺刀，被称为M1915步枪。但是没有见到过捷克军团装备这种步枪的照片，很可能只有非常少量的军团成员获得和使用了该枪。

俄国还在1915年从日本购买了大量的步枪和卡宾枪，1917年还从英国购买了额外的日本步枪，这些步枪是英国在1914年从日本购买来供后方部队训练用的。

（明治）30年式6.5毫米步枪。是日本在1895—1897年间研发的，采用由两部分组成的枪机，类似于德国的M88步枪，尤其弹仓结构特别类似毛瑟步枪的设计，但拉壳钩和退壳机构显得比较脆弱，枪机也易于沉积污垢。30年式卡宾枪只是具有较短的枪管，表尺部位稍有不同，其余都和30年式步枪一样。该型步枪使用30年式6.5毫米枪弹，为弹底半突缘的瓶颈式弹壳，重10.11克的全金属被甲（FMJ）的圆头弹头，初速为每秒627.89米。

（明治）35年式6.5毫米步枪。该型比30年式步枪稍小，并具有经过改进的枪机、表尺和枪托的步枪，最易于识别的特征是具有一个可滑动的薄金属的枪机盖。这种枪在1903—1906年仅生产了约35000支，并在1915年大部分都卖给了俄国。

⊙ 捷克军团士兵。注意其使用的步枪都是M1891莫辛—纳甘步枪

（明治）38年式6.5毫米步枪。这种步枪于1905年被日军采用，结构非常简单，但是却很耐用，枪机和拉壳钩都是仿照的毛瑟M1895步枪。这种枪的产量远

⊙（明治）35 年式步枪

⊙ M91 莫辛—纳甘家族。从上至下依次为：M1891 步枪、M1891 龙骑兵 / 哥萨克步枪（哥萨克步枪，在 1891 年研制，其长度和外形特征与龙骑兵步枪完全一样，只是不配刺刀，因为哥萨克传统上使用马刀）、M1907 卡宾枪、M1891/30 步枪、M1891/30 狙击步枪、M1938 卡宾枪、M1938 卡宾枪、M1944 卡宾枪、M1959 卡宾枪

远超过 30 年式和 35 年式步枪，并且一直生产到 1945 年。但只有数量很少的 38 年式步枪和卡宾枪为捷克军团所使用。俄国得到了近 75 万支日本的步枪和卡宾枪，其中 30 年式和 35 年式的数量超过了 60 万支。日本还为捷克军团在西伯利亚东部的许多其他小股部队提供了 38 年式和其他型号的步枪，这些重量轻、后坐力小和射击精度非常好的日本步枪（主要是 35 年式）成了捷克军团中使用第二广泛的

⊙ 第一次世界大战战场，战壕中的俄军手持温彻斯特 M1915 步枪的照片（左二），注意超长的刺刀

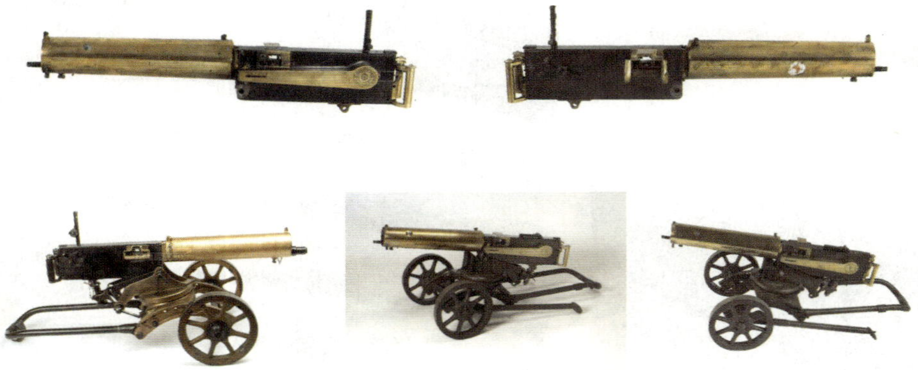

⊙ 马克西姆 M1905 式 7.62 毫米重机枪。注意其铜制的冷却水筒

步枪。

法国 M1907/15 8 毫米步枪。这种“福锡尔（Fusil）”步枪是法国军队在 1915 年采用的，是 1886—1893 年的“列贝尔（Lebel）”步枪和“伯捷尔”步枪结合而成型的，采用 M1886 步枪的枪机，具有一个 3 发容量的弹仓。在第一次世界大战期间法国将这种步枪大量提供给俄国、希腊、罗马尼亚和塞尔维亚。使用 M1898 8 毫米“D”型枪弹，是弹头重 12.83 克的 FMJ 弹，具有船尾形后端的弹头所包覆的是铜被甲，初速达每秒 725.42 米。该步枪是捷克军队在西部战线和法国军队并肩战斗时的制式步枪，也有少量该型步枪提供给在海参崴（即现在的符拉迪沃斯托克，为了便于行文，以下皆以历史名称叙述）地区的捷克军团。

意大利卡尔卡诺 M91 6.5 毫米长步枪。卡尔卡诺是过去意大利常用的手动枪机操作式一系列军用步枪和卡宾枪，最初于 1891 年推出时，发射的是 6.5 毫米 ×52 毫米曼利彻—卡尔卡诺口径无缘式步枪子弹（Cartuccia Modello 1895）。这种步枪是由首席技师萨尔瓦多·卡尔卡诺在都灵军兵工厂于 1890 年研发，并且称为 M91。该枪弹匣容量 6 发，瞄准具为表尺照门和刀片型准星，口径 6.5 毫米，枪长 78 厘米，重 3.8 千克，子弹初速 700 米 / 秒，射速 6 发 / 分钟，有效射程 300 米。采用 6.5 毫米的卡尔卡诺步枪弹。该枪的一大特色是才用了渐增加来复线，在枪膛部是 1:19，到枪口为 1:8. 渐增加来复线的好处是膛压低，延长了枪管寿命。M91 先后取代了以往的 10.35 毫米 ×47 毫米 RVetterli—维塔利步枪和卡宾枪，在 1892 年到 1945 年之间大量生产。该型步枪主要提供给意大利阿尔卑斯山战线的捷克军团使用。

⊙ 马克西姆 M1905/10 式 7.62 毫米重机枪，将昂贵的全铜冷却水筒换成了钢板冲压件，带有枪口消焰器

机枪

令人惊奇的是，在沙皇的军队中，重机枪不像其他轻武器那样混乱。在战争开始的时候，最大的问题是，相比于庞大的步兵编制，机枪数量严重不足，跟步枪一样，这也是生产没有跟上战争步伐的缘故。但是在 1916 年后俄国军队已经有了充足数量的自动武器，这要部分归功于战场上的缴获。无论是在俄国南部开阔的无树大草原还是在西伯利亚茂密的森林中，可以在远距离精确击中敌人和短时间发挥最大火力的机枪都是极为重要的。另外，机枪又是轻装备人员和相距较远的前哨阵地完美的武器。在俄国内战中，衡量一支部队战斗力的重要标志就是该部队的机枪数量。捷克人完全懂得机枪的这些优点，因而在实际行动中尽可能弄到更多机枪，来武装他们的装甲列车，以及为步兵提供支援。作为一个军级部队，捷克军团的机枪数量在当时非常可观。

⊙ 马克西姆 M1905/10 式 7.62 毫米重机枪，将昂贵的全铜冷却水筒换成了钢板冲压件，带有枪口消焰器

捷克军团装备的机枪主要型号是：

马克西姆 M1905 式 7.62 毫米重

⊙ 马克西姆 M1910 式 7.62 毫米重机枪

机枪。这是俄罗斯制造的第一种机枪，仿照了希拉姆·马克沁（Hiram Maxim）的曲肘式枪机闭锁系统和枪管短后座式自动原理，口径为 7.62 毫米，帆布式弹带供弹，水冷式枪管。该枪发射瞬间，枪机和枪管扣合，共同后坐 19 毫米，枪管停止后坐，通过肘节机构进行开锁，枪机继续后坐，将枪管的部分能量传递给枪机，使其可靠地抽壳、抛壳、带动供弹机构，并使击发机构待击，压缩复进簧，撞击缓冲器，然后在复进簧力作用下复进，推次发弹入膛、闭锁，再次击发。如此往复，每秒钟 10 余次。该型机枪全重 49 千克（包括三脚架），其中机枪枪体干重约 31 千克，全铜制的冷却水筒注满水后枪体重约 35.4 千克。最有特色的是该枪后来改为了“索科洛夫（Sokolor）”轮式枪架，这种枪架通过 3 人机枪小组可以很容易地拖动机枪进行转移，考虑到枪的总重量达到 65.8 千克（包括轮式枪架和冷却水）的情况，这种枪架是很有用的。马克西姆 M1905 水

⊙ 马克西姆 M1910 式 7.62 毫米重机枪的扳机部位特写

⊙ 俄国内战中政府军使用的马克西姆 M1910 式 7.62 毫米重机枪

冷式重机枪由图拉兵工厂生产，使用 M1908 机枪弹，采用 250 发容量的布制弹带供弹，射速为每分钟 450 发。机枪上还配备有防盾钢板，以保护射手，但是这种附加物的重量太大了，并不受欢迎，时常被射手丢弃。

马克西姆 M1905/10 式 7.62 毫米重机枪。因为真正的俄制马克西姆 M1905 式重机枪只生产了一年时间，就在 1905 年下半年，俄国对该枪进行了第一次改进，将昂贵的全铜冷却水筒换成了钢板冲压件，前部的端板仍然使用铜材。这种机枪后来被称作 1905/10 式重机枪，一直生产到 1909 年。

马克西姆 M1910 式 7.62 毫米重机枪。这是最广泛使用的俄国机枪，机枪结构与 M1905 机枪相似，自动方式为枪管短后坐，冷却方式是水冷式，枪口取消了消焰器。该枪发射由比利时国营兵工厂设计师纳甘兄弟为俄国军队研制的 7.62 毫米 ×54 毫米 M1908 R 带底缘枪弹，初速为每秒 860 米，表尺射程为 2200 米，由 250 发弹链供弹，理论射速为 500 ~ 600 发每分钟，枪身长为 1110 毫米，枪管长为 721 毫米，枪身重为 23.8 公斤，枪全重为 45.2 公斤。 和马克西姆 M1905/10 式重机枪相比，M1910 式马克西姆重机枪进一步扩大了钢材的用量，降低了铜材的使用，早期 M1910 马克西姆冷却水筒的外表是光滑的，但是后来其最为醒目的外部特征是冷却水筒表面有冲压的纵向凸凹，以改善冷却水筒在温度变化时的形变特性——否则在寒冷的冬季，结冰的冷却水完全可能胀破水筒，而马克西姆 M1905/10 式的水筒表面则没有这种设计，因而 M1910 比 M1905/10 机枪效率更高。M1910 重机枪在一战、二战中使用十分广泛，一直服役到 1945 年。

⊙ 捷克军团官兵与 M1905/10 重机枪的合影

柯尔特 M1914 式 7.62 毫米重机枪。这是以早期的勃朗宁 M1895 重机枪为基础而改进的机枪，M1895 重机枪是世界上第一种采用导气式自动方式

⊙ 柯尔特 M1914 重机枪

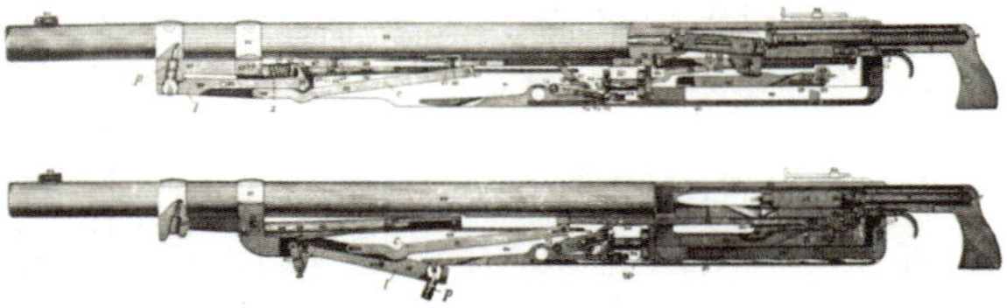

⊙ 柯尔特 M1914 重机枪的导气式结构示意图

的机枪。柯尔特 M1914 重机枪以弹带供弹，采用重型枪管来吸收全自动射击时的热量。该机枪的工作原理为：在距离枪口约 178mm（7 英寸）的枪管下方开有导气孔，枪弹击发后，火药燃气经导气孔冲击位于枪管下方的杠杆式活塞（其回转轴固定于枪管下方），杠杆式活塞向后下方旋转 170°，并通过与之铰接的活塞连杆驱动枪机开锁、后坐。枪机后坐到位后，在复进簧作用下复进。在复进过程中，从弹带中抽出的新弹上升至进弹位置，并被推进弹膛。同时，在复进过程中，输弹轮旋转带动弹带移动一发弹的位置，使次发弹进入输弹位置。枪机推弹入膛并闭锁后，只要射手按压扳机，退壳、抛壳、推弹入膛、枪机闭锁、击锤待击和枪弹击发过程将循环往复，直至弹药耗尽或者射手松开扳机。由于射击过程中杠杆式活塞不断地在枪管下以 170° 的弧度前后摆动，其动作很像当时采用的土豆挖掘机的铲子动作，因此该机枪被形象地称为“土豆挖掘机”（另外一种说法是：该枪枪架上的高低射界控制杆可使枪身下方的垂直弧形齿旋转，从而设定该型机枪的高低射角，但如果枪身放置得离地面太近时，就需要在地面上挖出一条沟槽，以让开这弧形齿圈，由此这型机枪得了一个绰号，叫“土豆挖掘

⊙ 捷克军团士兵和柯尔特 M1914 重机枪的合影。注意图中士兵穿着都是西伯利亚式的

机”)。

美国海军在美西战争期间曾经使用过这种机枪，英国、加拿大和几个拉丁美洲国家也都购买了一些这种机枪。1914年，柯尔特公司又进行了重新设计，采用一种更精良的、可以快速更换的枪管。1916年，又特许马林－洛克威尔（Marlin—Rockwell）公司进行生产。在第一次世界大战期间，这两家公司为美国、英国、加拿大、法国、意大利和俄国的军队提供了这种机枪。

⊙ 奥匈8毫米MG07/12机枪

柯尔特M1914重机枪带三脚架时重41.31千克，在那个年代比大多数重机枪要轻。俄国的柯尔特机枪采用M1908机枪弹和250发容量的布制弹带进行供弹，并具有每分钟425发的中等射速。从当时的许多照片中可以看出，捷克军团拥有相当数量的柯尔特重机枪。

奥匈MG07/12式8毫米重机枪。俄军大量缴获了奥匈MG07/12重机枪，该枪采用一种延迟后座的半自由枪机自动方式，通过枪机上连接的一套杠杆装置来达到延迟枪机后座。MG07/12带三脚架时仅重39.95千克，但是射速比较低，为每分钟400发，使用M98 8毫米枪弹，这也限制了它的使用。捷克军团在乌克兰战线上的时候装备了一些M07/12机枪，但大多数该型机枪都在他们开始前往海参崴的时候丢弃了。

德国MG08式7.92毫米重机枪。这是德意志第二帝国的制式重机枪，是另一种枪管短后座自动方式的马克沁设计，这种水冷式的MG08连同它的雪橇式三脚架共重53.37千克，射速每分钟600发，采用100发或250发容量的布制弹带供弹。俄

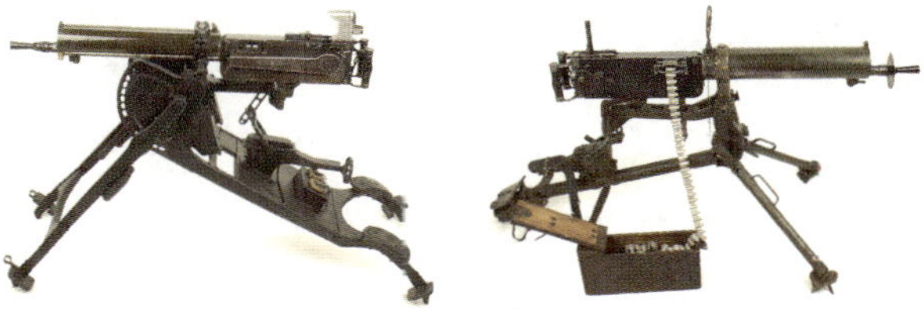

⊙ 别是采用四脚、三脚枪架的德国MG08重机枪

军在战争期间缴获了一部分MG08后，由于弹药的供给不足，限制了俄军广泛地使用这种机枪。捷克军团也拥有过MG08，但在弹药耗尽之后就丢弃了。

采用两脚枪架的MG08机枪及枪口特写

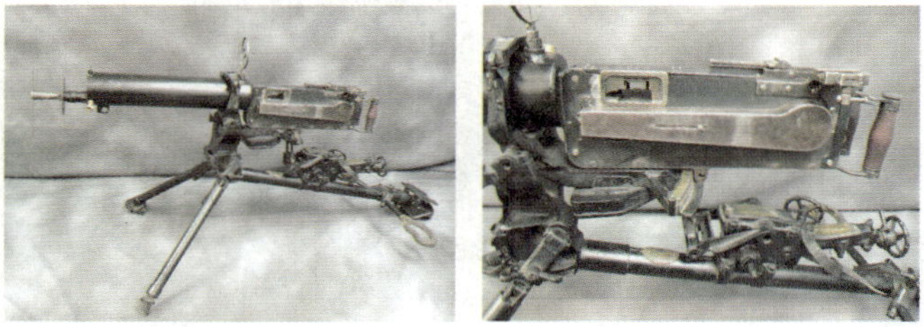

MG08机枪细部特征

法国绍沙M1915式8毫米机枪。绍沙M1915式机枪采用枪管长后坐式工作原理，利用枪管和枪机一起后坐的能量完成自动循环动作。闭锁机构为枪机回转式。该枪最特殊的外形特征是采用容弹量20发的半圆形弹匣供弹，弹匣位于机匣下方。使用弹性拉壳钩和弹性抛壳挺。开膛待击，击发机构为利用复进簧能量的击针式。发射机构可选择单发、连发射击。复进装置为两根弹簧内外并联的组合簧。瞄准具为由片状准星和U形缺口照门组成的机械瞄准具。由于枪管要与枪机一起后坐到位，然后枪管先单独复进，完成枪机开锁动作，待枪管复进到位后，枪机才复进，因而该枪结构较为复杂，射击频率低。

俄国内战时期的一张政府军照片，很好地显示了内战中使用的各种机枪。从左至右分别是：法国绍沙M1915式8毫米机枪，俄国马克西姆M1905/10式7.62毫米重机枪，奥匈MG07/12式8毫米重机枪，柯尔特M1914式7.62毫米重机枪，德国MG08式7.92毫米重机枪，刘易斯式轻机枪，右下方是丹麦麦德森轻机枪

意大利菲亚特—列维里M1914 6.5毫米机枪。菲亚特—列维里M1914机枪的机匣呈不规则的方形，分上下两层。上层容纳枪机、复进簧、击针、枪管套、枪管等零件，前端连接水冷却套筒。下层容纳扳机连杆、击发阻铁、单发阻铁、闭锁系统、拨弹系统等零部件，后端装握把及扳

⊙ 这张照片展现了捷克军团使用的主要机枪种类，包括马克西姆 M1905/10 式 7.62 毫米重机枪和柯尔特 M1914 式 7.62 毫米重机枪，照片拍摄的就是以机枪作为主要武器的，捷克军团自己改装的，第一辆取名为“ORLIK”的装甲列车

机。机匣顶端前部安装有铰接的抛壳窗盖，射击前需将抛壳窗盖打开，便于弹壳向右上方抛出。与枪机为一个整体的拉机柄从上层机匣后端伸出，呈“十”字形，便于握持。握把座顶部前侧面装有缓冲垫，枪机后坐过程中，拉机柄撞击缓冲垫后便停止后坐。射击时，外露的拉机柄在机匣上方做快速往复运动，这对正、副射手来说是一个潜在的危险，若不小心将手放在拉机柄附近，其结果可想而知。这是该枪设计上的一个不足之处。M1914 机枪采用独特的供弹系统，其供弹器呈方形，像捕鼠笼，所以被形象地称为“捕鼠笼”供弹器。供弹器有两种容弹量：50 发和 100 发，二者内部结构完全相同，只是外部尺寸不同。供弹器内部分若干格，每格装 5 发弹，50 发的供弹器分 10 格，100 发的则分 20 格，实际上这种供弹器可看作若干个容弹量为 5 发的弹仓横向排列而成。为便于描述，采用“弹仓”这个概念。通常 1914 机枪使用的是 50 发的供弹器，作防空武器时则用 100 发的供弹器。向这种供弹器中装弹时，可采用两种方法：一种是逐发地向其中装弹；另一种是利用一种特制的木质装弹器，一次向其中装 5 发弹。采用第一种方法时，左手抓住供弹器，并用拇指将突出于供弹器后部的托弹板尾端向下压，右手拿着枪弹，将弹底部插入抱弹口下方，在向下压的同时向后推枪弹，直至弹壳底部抵在供弹器后壁上，这样，一发弹便被

装了进去。使用同样的方法，便可一发一发地将供弹器装满。

利用木质装弹器装弹时，先将 5 发弹置于相邻的 5 个弹仓顶部、抱弹口前方，将装弹器放在 5 发弹上面，并使装弹器的 5 个齿与 5 发弹对齐，然后向下压装弹器，当枪弹低于抱弹口时，下压装弹器的同时并向后推枪弹，直至弹壳底部抵在供弹器后壁上，这样一次可将 5 发弹装进供弹器。与同时期的马克沁、维克斯、勃朗宁机枪一样，为了使枪管在连续射击过程中不致过热，M1914 机枪也采用水冷却系统。但与其他武器的水冷却系统不同的是，列维里设计的水冷却系统更先进一些，在水冷却系统中增加了一个额外的水补充机构。除了可以用冷却套筒顶部后端的注水孔向冷却套筒中加水外，列维里在泄气孔的前面又增加了一个注水孔，通过一个软管将水箱连接在该注水孔上，操作水箱上的水泵便可将水箱中的水送入冷却套筒中，这个动作一般由副射手完成。捷克军团在意大利前线主要使用的就是这种机枪，而且在卡波雷托战役之后，德奥军也大量俘获了这种机枪，一部分用于东线战场，反过来被捷克军团俘获。所以也可以看到俄国的捷克军团使用这种机枪的照片。

七、捷克军团的火炮和飞机

⊙ 博物馆中现存的沙俄 M1900/02 76.2 毫米野战炮

沙俄 M1900/02 76.2 毫米野战炮，即 M1902 师属步兵炮，是沙俄主要的一种轻型野战炮，在日俄战争、一战、俄国内战和两次世界大战期间与若干国家（苏联、波兰、芬兰、爱沙尼亚等）的武装冲突中使用过。二战早期，使用的是改进型的 M1902（又称为 M1930 野战炮）。该炮是沙俄最著名的火炮之一，也是最好的“三英寸”野战炮，1902 年，由圣彼得堡的普梯洛夫工厂开发。首席设计师是 L. A. Bishlyak，K. M. Sokolovskiy 和 K. I. Lipnitskiy。它结合了当时的许多新功能——带制退器的炮架，坐标和高程跟踪装置，精密瞄准直接和间接射击，间断式螺旋炮闩，手动单发装填。为简化批量生产流程，设计师使用了廉价型号的渗碳钢制造火炮，

⊙ 第 1 捷克师的 Farman F30 H3 侦察机

根本不用或极少使用含稀有金属的镍、锰、铬复合钢。早期型号在炮筒两侧有两个炮兵座位，1906 年替换成一个装甲炮盾。特殊在于，这是一个双层炮盾：外层的大炮盾有一个大的矩形开口，内层的小炮盾在它后面。大炮盾的上部和下部，在运输时可以折叠起来。M1902 与法国和德国的 75 毫米炮水平相当。该炮在日俄战争中首次使用，但由于炮兵缺乏训练，炮兵指挥官思想观念落后，实战效果不佳。该炮也用于一战，参加了一战各大战役。1917 年沙俄帝国垮台后，M1902 被不同政治派别利用，这些政治派别有：俄国政府军、捷克军团、保皇党、反政府的白军、俄罗斯少数民族地区的民族主义势力、波兰和芬兰的军队，以及纯粹的无政府主义者和前沙皇俄国整个广袤领土上的土匪。在一些战事中，该炮第一次起到反坦克作用。白军和协约国干预军曾使用过少量坦克，主要是法国雷诺坦克和英国 Mk VS 或惠比特坦克。对抗这些装甲仅能防子弹的坦克，初速高的 M1902 是一种有效的武器。驻俄国的捷克军团炮兵部队唯一大量装备的火炮就是 M1900/02 76.2 毫米野战炮，在对同盟国和俄国政府的作战行动中，起到了举足轻重的作用。

有资料表明，第 1 捷克师装备了 Farman F30 飞机，这些飞机主要作用是进行侦查。标志仍然使用俄罗斯三色（红蓝白），飞行员身着沙俄骑兵制服，只是上身衣着黑色皮夹克。

八、捷克军团的装甲车

1918 年 5 月 28 日，捷克军团在奔萨俘获了几辆装甲车，其中一辆绘有骷髅标志，由于当时拍摄了不少照片，使得这辆装甲车颇具代表性。从大量照片中可以看出，捷克军团

⊙ 捷克军团在奔萨俘获的几辆装甲车

最常用的标志是在装甲车的侧面涂上水平的条纹（颜色上白下红），或在驾驶员观察缝上方涂上交叉的条纹，但还是有一些例外的情况。捷克军团至少从政府军控制的城镇俘获了十几辆装甲车，从伏尔加河到海参崴的军团驻军都有使用，从第一次投入作战开始，捷克军团就尽最大可能利用好这些来之不易的装甲车，直到该年年末，海军上将高尔察克的强大白军投入战场为止。

九、捷克军团的装甲列车

装甲列车是俄国内战时的一种典型武器，主要的一种装甲列车被叫作“布罗聂维克”（Bronevik），是由披上装甲钢板的蒸汽机车车头和车厢构成，通常装备有多挺机枪，除此之外还具有带火炮炮塔的型号。这些装甲列车俨然成了陆地上的海军战舰，在内战中大出风头。装甲列车的优点是，它们可以快速地在长距离内移动。还可以携带大量的物资，包括弹药和维修轨道的材料。还有携带战马的专用车厢，这使得装甲列车可以使用骑兵出击，去对付那些想阻塞铁路线的敌军。但其最明显的缺点是，它们都依赖于铁路轨道，摧毁这些固定不变的轨道就等于限制了它们的活动。而且它们也很容易被空中力量发现和摧毁。正因为如此，二战之后装甲列车就退出了世界战争舞台。

⊙ 捷克军团的“Janicek”号装甲车，型号未知，该车投入了军团在乌拉尔战线的作战行动

⊙ 捷克军团自己改造的装甲列车，通常用于在火线上运输物资和兵员，从照片可见该装甲列车还搭载有骑兵

在俄国内战中，当装甲列车缓慢移动时，这些具有多台强力发动机和坚固装甲的爬行动物似的怪物为步兵提供了机动的火炮支援平台，并可以作为战略预备队，快速移动到需要的地方去。在内战中，拥有一辆“布罗聂维克”，对于任何一位军事指挥员来说都似乎是一种地位的象征，可以给予他的军队以一种实实在在的战术优势。在西伯利亚，这些装甲列车更是内战中的“战列舰”。由于内战初期的大多数战斗都是沿铁路线展开的，特别是在针对高尔察克白军作战的东线，从乌拉尔山，穿越西伯利亚，直到远东的海参崴，铁路几乎是联系各孤立居民点的唯一交通方式，双方部队的机动和补给完全依赖铁路线来完成。可以说，谁控制了铁路，谁就掌握了战场的主动权。1917 年秋天之后，装甲列车在俄国进行的所有主要战役中都有上乘表现。多数情况下，装甲列车是作为双方先头部队的一部分用来侦察敌情、扰乱敌军、掩护友邻部队进入展开地域并对其作战提供火力支援。装甲列车最大的优点在于它可以进行不间断射击，就是在列车运行中也可射击，而且其火力比较容易集中，另外它们还能对自身的成员和车载步兵提供装甲保护，这样他们就有可能独立战斗。

捷克军团利用获得的军械，自己改装了多辆装甲列车，用于运兵、运送物资时的先遣和后卫，还作为发起攻击时的火力支

⊙ 捷克军团的装甲列车“ORLIK”（意为小鹰）号，照片拍摄于海参崴附近的西伯利亚大铁路上

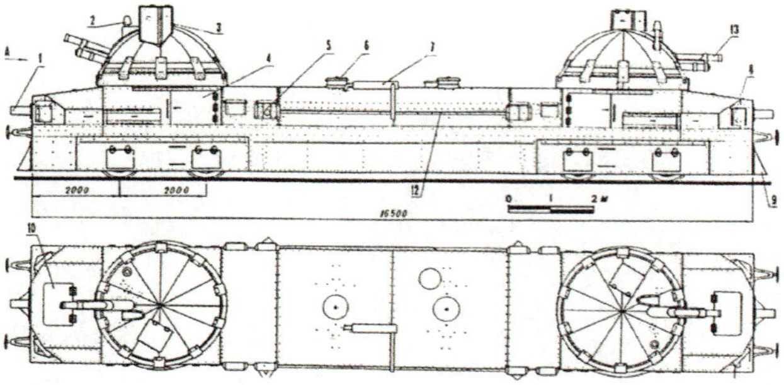

⊙ ORLIK”号装甲列车一号火炮车厢线图

点。因为重武器非常稀少（主要是老式沙俄山炮），这些捷克军团自己改装的简易装甲列车都是以机枪为主要武器。关于装甲列车，有捷克军团士兵在家书中写道：“敌人的射击很猛烈……多亏我们有‘布罗聂维克’，大家才毫发无损。但是上帝啊，那子弹击中钢板的声音真让人心惊胆战……”

捷克军团也有专业的装甲列车，那就是传奇的“ORLIK”（意为小鹰）号。该装甲列车原名“Zaamurets”，是 1916 年由沙俄制造的，装备有 12 ~ 16 毫米的装甲钢板和 2 台意大利制 60 马力汽油发动机，有 4 个炮塔，其中 2 个可以 360 度旋转，每个炮塔内搭载一门 57 毫米努登费尔大炮。该炮在炮塔内的仰角为 10 度，俯角为 60 度。另外还配备有 8 挺机枪，作为主炮的补充火力。

在一战中，俄国建造使用了多辆装甲列车，“Zaamurets”号也是其中的一员，它经过了几次装备更新。1917 年，该车增加了小型方形射击控制台，并且在 1918 年把主炮更换为四门 M1902 型 76.2 毫米野战炮。在内战初期，“Zaamurets”号装甲列车在政府军麾下作战，但在 1918 年 7 月 22 日，该车在辛比尔斯克（Simbirsk）被捷克军团缴获，捷克人把这辆装甲列车重新命名为“ORLIK”（这是捷克军团第二辆命名为 ORLIK 的装甲列车，第一辆是自己改装的装甲列车）。

⊙ 中西伯利亚铁路线上的捷克军团“ORLIK”号装甲列车。注意图中没有画出一号火炮车厢，只有两节二号火炮车厢和机车

⊙ “ORLIK”号装甲列车一号火炮车厢特写。注意巨大的探照灯

被捷克军团缴获时，“ORLIK”号装甲列车分别由以下

部分组成：三节封闭的火炮车厢（其中有两节外形相同）；一个被装甲钢板覆盖的动力机车；还有两节平板车厢被放置在列车两端以防止脱轨。一号火炮车厢通常被挂装在动力机车的前方，拥有两个装备76毫米火炮和观瞄装置的圆柱形炮塔。这两个沉重的炮塔需要靠电动机提供动力才能旋转。整个

⊙ 捷克军团技术兵种与“ORLIK”号装甲列车
1，1918年，捷克斯洛伐克民族委员会政委
2，1919—1920年，第3捷克斯洛伐克师工程队电话连步兵
3，1919—1920年，第1捷克斯洛伐克师空军分遣队下士

装甲列车的头尾和两侧都开有很多射击孔，以便乘员使用步枪和机枪朝外面射击。在火炮车厢中安装有中央通风系统，以排出火炮射击时的烟气。二号火炮车厢有锥形炮塔和跟一号一样的主炮，但是这个炮塔是不能旋转的，二号火炮车厢一共有两节。“ORLIK”号装

⊙ 冰天雪地的西伯利亚铁路上的“ORLIK”号装甲列车

⊙ 停在车站中的“ORLIK”号装甲列车

⊙ 九一八事变之后，被日寇俘获的“ORLIK”号装甲列车，当时已经被叫作东北军“第壹0五号”装甲列车

甲列车的最高速度达到每小时45公里，最高载重约130吨。其他附加的设备还包括8具潜望镜、一套对讲系统、信号设备、探照灯和测距仪。

“ORLIK”号装甲列车的经历颇具传奇性，直到1917年10月之前，它还在使用原名“Zaamurets”在西南前线为沙俄军队服务。十月革命后，它在很多政府军部队待过，直到1918年3月，最终由波卢帕诺夫（Polupanov）指挥，他以自己的名字把这辆装甲列车重新命名为第4号装甲列车——波里帕诺夫特斯（Polipanovtsi）。在1918年7月22日被缴获后，该车作为捷克军团的“ORLIK”号，跟随军团南征北战，尤其在西西伯利亚与政府军的激战中，立下了汗马功劳。

1919年，“ORLIK”号装甲列车参与了高尔察克对政府军的进攻，也经历了随后的败

⊙ 捷克军团“ORLIK”号装甲列车。照片是从二号火炮车厢方向拍摄的，依稀可见到动力机车和一号火炮车厢

退，在冰天雪地中退到海参崴。1920年，捷克军团将“ORLIK”号装甲列车转交给了当地日军。但它的传奇经历并没有就此结束，之后它又被败兵带入中国东北，被逃到中国东北的白俄雇佣兵用来为张作霖效力，成为奉军“第壹0五号”装甲列车，还参加过直奉大战，最后在1931年的九一八事变落入日寇之手。

“ORLIK”号装甲列车一号火炮车厢在捷克军团时期和奉军时期的涂装对比

十、捷克军团的遗产

第一次世界大战中，捷克军团在法国和意大利的部队由于兵力不足，并没有在西线和阿尔卑斯山战线产生重大影响力，尽管心存感激的协约国盟友和军团部队之间的关系非常融洽。不过，捷克军团从战争中收获了极有价值的系统训练和实战经验，这些对他们在战后多年的动荡岁月中，保卫自己新国家的边界非常有用。因为在此期间，许多东欧国家都试图通过武力重新划定他们的边界。

与此同时，他们在俄国的战友已经吸引了全世界的目光。俄国的捷克军团不但控制了一条延伸达6000英里，横跨整个欧亚大陆中心地带的铁路通道——这项成就或许可以说使得其他协约国获得的领土收益相形见绌——而且还曾经和俄国当地军队一起短暂地重建了反对同盟国及其代理人的东部战线。就像军旗上的箴言一样——“坚定不移”，他们把这条战线一直守到战争结束。此后，他们代表协约国驻守在这个世界最大国家的腹地，直到1920年初秋撤退归国为止。

1938年捷克斯洛伐克共和国发行的纪念捷克军团20周年邮票

归国之后，所有曾经在军团服役过的退伍军人于

⊙ 归国后的捷克军团老兵，其佩戴的勋章中左数第一个为捷克斯洛伐克带剑猎鹰勋章，1918年由捷战争部长（兼任法军少将）什特凡尼克设立，授予“捷克斯洛伐克军团”成员

1921年1月16日组建了捷克斯洛伐克军团共同体，这些老兵身上穿着各自战线的军服，在布拉格赫拉德恰尼城堡站岗警戒，一直持续到1939年。他们回到家乡后，发现在自由的宪法之下，共和国在很多方面都堪称典范。在纳兹达连组建十周年纪念庆典上，马萨里克总统宣布“军团官兵是懂得为公正世界秩序而斗争的历史意义的一群人”。

1938年，捷克斯洛伐克在慕尼黑会议上被盟友们抛弃。随后在次年，他们的共和国也被纳粹德国肢解，在这些黑暗的日子里，前捷克军团老兵一直作为抵抗运动的骨干。整个二战中，他们有1.3万人死于战斗或集中营，另外还有一些军团老兵逃到法国、英国和苏联继续战斗，几乎参加了所有欧洲主要战场的作战行动。

……

1993年，两个新国家诞生了：捷克共和国和斯洛伐克共和国。现在他们的许多部队都继承了其杰出的军团先辈的历史名称。最后的捷克军团成员，阿洛伊斯·沃察塞克，是一位经历过俄国艰苦卓绝的早期斗争的老兵，于2003年8月9日去世，享年107岁。他见证了祖国的诞生，亲眼看到祖国在纳粹的铁蹄下沦亡，又亲眼看到她脱胎换骨，成为一个自由的国家。Hej Slovane. Nazdar！（嗨！斯拉夫人，为了胜利！）

⊙ 捷克军团纪念碑